Hans-Dieter Schmidt
Evelyn Richter

Entwicklungswunder Mensch

Hans-Dieter Schmidt
Evelyn Richter

Entwicklungswunder Mensch

Urania-Verlag
Leipzig · Jena · Berlin

LUCAS CRANACH GALERI

Textautor:
Prof. Dr. sc. nat. Hans-Dieter Schmidt,
Sektion Psychologie
der Humboldt-Universität Berlin

Bildredakteur:
Evelyn Richter, Leipzig

ISBN 3-332-00048-9

3. veränderte Auflage 1986, 51. bis 65. Tausend

VLN 212-475/89/86
LSV 0199
Lektor: Lutz Heydick
Buchgestaltung: Walter Schiller, Altenburg
Gesamtherstellung: INTERDRUCK
Graphischer Großbetrieb
Leipzig–III/18/97
Printed in the German Democratic Republic
Best.-Nr.: 653 617 7
02500

Ihr sagt:
Der Umgang mit Kindern ermüdet uns.
Ihr habt recht.
Ihr sagt:
Denn wir müssen zu ihrer Begriffswelt
hinuntersteigen.
Hinuntersteigen, uns herabneigen, beugen,
kleiner machen.
Ihr irrt euch.
Nicht das ermüdet uns. Sondern - daß wir
zu ihren Gefühlen emporklimmen müssen.
Emporklimmen, uns ausstrecken,
auf die Zehenspitzen stellen, hinlangen.
Um nicht zu verletzen.

Janusz Korczak,
Wenn ich wieder
klein bin

. . . Ich darf noch ein wenig mit dir spielen,
Dann läßt du mich zurück.
Deine Beine wirbeln,
Schnell läufst du, ohne Atem zu holen –
Vor diesem Sturm werde ich still
Und kleiner als das kleinste Kind.
Du freust dich deines Geborenseins.
Mich ruft die Ungeborenheit.

Johannes R. Becher,
Auf ein Kind

Inhalt

An den Leser

Was wollen wir mit diesem Buch erreichen?

Unsere Beschreibung der psychischen Entwicklung des Kindes zwischen Geburt und Schuleintritt mit den Mitteln von Wort und Bild – nunmehr in einer dritten, veränderten Auflage – soll den Leser teilnehmen lassen am Wunder der zweiten Menschwerdung. In ihr wiederholt sich im Zeitraum weniger Jahre, was in grauer Vorzeit stattfand, als sich ein vormenschliches Wesen aus den Fesseln seiner tierischen Vergangenheit befreite; in ihr bildet sich das menschliche Antlitz, menschliches Bewußtsein heraus. Der Leser kann dieses Werden beobachtend und mitfühlend erfassen und dabei auch zur beglükkenden Kenntnis seiner selbst gelangen. Auf solche Weise angeregt und neugierig gemacht, wird er darauf brennen, eigenständig Entdeckungsreisen ins Land des kindlichen Geistes und Gemütes zu unternehmen und Neues auszukundschaften – am Kinde und an sich selbst.

Wir bringen Überzeugungen zum Ausdruck, mit denen sich der Leser so auseinandersetzen soll, daß daraus Gutes und Förderliches für Kinder entsteht, deren Entwicklung er trägt und beeinflußt. Es geht uns um die Ehrfurcht vor dem ungebrochenen, aber verletzlichen Wesen des Kindes, um die Bejahung der Einheit von liebender und zugleich vernunftgeleiteter Zuwendung zum Kinde, dessen Entwicklungskräfte zu erhalten und zu mehren uns allen aufgegeben ist. Wir vertrauen der Unermeßlichkeit dieser Kräfte, die nicht ausgeschöpft sind. Dieser Quell, so meinen wir, ist die verläßlichste Reserve unserer Zukunft. Er sprudelt in den neugierigen Fragen, in den gestalterischen Begabungen, in der schöpferischen Phantasie des malenden, singenden, werkschaffenden Kindes. Wieviel davon retten wir hinüber in die Welt der Schulstuben und Arbeitsplätze?

Der Leser soll auch befähigt werden, die Entwicklung durch genaueres Wissen besser zu verstehen. Das könnte in erzieherisches

Handeln umschlagen, das dem Aufbruch des Kindes in sein Leben mehr Sicherheit, Erfolg und Freude verspricht. Und es könnte geeignet sein, die günstigen gesellschaftlichen Bedingungen, die wir um uns herum vorfinden, bewußter dafür zu nutzen als bisher. Vermittlung genaueren Wissens – das wird hier und da auch bedeuten, auf alte Traditionen, auf liebgewordene Gewohnheiten der Betreuung und Erziehung hinzuweisen, von denen wir uns trennen sollten.

Unsere Darstellung ist getragen vom Vertrauen in die Bereitschaft der Erzieher, Verantwortung zu übernehmen. Wir glauben an den Wunsch, den Willen der jungen Frau und ihres Mannes, Kinder zu zeugen, sie aufzuziehen, sie zu formen. Wir haben Respekt vor allen Eltern und Großeltern, die Pflege, Belehrung und Führung des Kleinkindes als zentrale Aufgabe ansehen, als ernste Arbeit. Viele von ihnen bilden sich systematisch für diese Tätigkeit. Sie bemerken: Auch in der Erziehung eines jungen Menschenkindes, nicht nur in Produktionsleistungen und beruflichem Aufstieg, vollzieht sich eigene Persönlichkeitsentwicklung und Emanzipation. Wir empfinden Hochachtung vor allen Pädagogen in Krippen, Kindergärten und -heimen, die ihre Pläne kritisch durchmustern und nach Besserem suchen, die ihre Tätigkeit nicht als Durchsetzung von Planzielen, Mehrwissen, Erwachsensein oder Macht verstehen, sondern geduldig am Kind und mit dem Kind wirken, um eine sinnvolle Entwicklungsaufgabe gemeinsam mit ihm zu meistrn.

Wir zeigen eine trotz aller Anstrengungen helle, freundliche, zukunftsträchtige Entwicklung. Darüber darf nicht vergessen werden, daß sie woanders dunkel, unfreundlich, zukunftslos verläuft. Noch immer gibt es teuflische Kräfte, die kindliche Entwicklung zerstören, hemmen und verformen: Krieg und kolonialistische Unterdrückung; Armut, Elend, Verdummung als Folge von Ausbeutung und Entmachtung. Das ruft uns gebieterisch zu tätiger Solidarität, zur Mithilfe bei der Beseitigung menschen- und kinderfeindlicher Verhältnisse.

Wir verkennen aber auch nicht, daß die guten Entwicklungsbedingungen der Kinder in unserem Lande hier und da ungenutzt bleiben. Es gibt Menschen, die ein Kind lediglich als Kostenfaktor verbuchen, und andere, die den Verzicht auf das eigene Kind oder seine nachlässige Betreuung mit der Wichtigkeit ihrer Arbeit begründen. Es gibt Erzieher, die an den natürlichen Bedürfnissen des Kindes vorbei-, über sie hinwegkommandieren. Es gibt Ordnungs- und Disziplinbesessene, die das kalte Klima von Muß und Zwang schaffen anstelle fürsorglicher Wärme. Es gibt Angestellte von Behörden, die von ihnen geplante, projektierte oder verteilte Ein- und Zweiraumwohnungen als ausreichendes Feld kindlicher Aktivitätsentfaltung ansehen – ja, für die ein Kleinkind noch gar nicht als „Mieter" zählt. – Auch sie alle möchten wir mit unserer Darstellung erreichen, sie zum selbstkritischen Nachdenken über ihr Tun anregen. Wir wollen uns nicht abfinden mit den Unvollkommenheiten, den Mängeln unserer Umwelt, die so viele Möglichkeiten für erfolgreiche persönliche Entwicklungen bereitstellt wie nie zuvor.

Diesmal haben wir den kritischen Lesern der ersten bzw. zweiten Auflage zu danken: den Rezensenten Dr. J. Wagner, Dr. I. Zimmer, Dr. V. Johst und ganz besonders Gisela Steineckert, deren sensibles Gespür unser „Credo für den Menschen", wie sie es nannte, in den Mittelpunkt rückte; sodann den vielen, die uns angesprochen oder geschrieben haben. Ihnen allen sind die Veränderungen mit geschuldet, die in diese dritte Auflage eingegangen sind, vor allem das zusätzliche Kapitel „Anders als andere". Wir waren erfreut darüber, wieviele Leser die Bilder weniger als Textillustration, sondern mehr als textergänzende und zugleich -bewertende künstlerische Information verstanden haben. Das Literaturverzeichnis („Für den interessierten Leser") ist auf den neuesten Stand gebracht worden.

Berlin und Leipzig, im Januar 1985

Hans-Dieter Schmidt
Evelyn Richter

Im Schoß der Natur

Die Mutter trägt im Leib das Kind
dreiviertel Jahr;
die Mutter trägt auf Armen das Kind,
weil's schwach noch war;
die Mutter trägt im Herzen die Kinder
immerdar.

Friedrich von Logau

Klingt im Wind ein Wiegenlied,
Sonne warm herniedersieht,
seine Ähren senkt das Korn,
rote Beere schwillt am Dorn,
schwer von Segen ist die Flur –
Junge Frau, was sinnst du nur?

Theodor Storm

Geschützte Reifung

Die psychische Entwicklung des Menschen, die individuelle Lebensgeschichte seines Empfindens, Fühlens, Wollens, Denkens und Handelns, seines teils durchsonnten, teils beschatteten Erlebens und Verhaltens beginnt nicht erst mit der Geburt. Sie beginnt mit der Empfängnis. Dieser Vorgang fixiert die Erbanlagen des Kindes und legt somit Möglichkeiten der künftigen Entwicklung – mit weiten Spielräumen und schwer abschätzbaren Grenzen – fest. Mit der Empfängnis ist zugleich die Mutter bestimmt, in deren Leib das Kind wachsen wird als herbeigesehntes, hingenommenes oder verwünschtes Wesen, und der Vater – als besorgter, gleichgültiger oder sich davonstehlender Erzeuger. Der Zeugungsakt und die Befruchtung und das Maß an Liebe, Fürsorge, Schutz, Geduld, erzieherischer Toleranz, bildender Zuwendung seitens der Eltern und anderer Bezugspersonen gehören also zusammen. Sie bilden eine Konstellation entwicklungsfördernder oder -hemmender Trieb- und Richtkräfte des kindlichen Weges ins Leben.
Von Anfang an sind diese Kräfte biologischer wie sozialer Herkunft. Darum ist auch das folgende wichtig: Der Vater, die schwangere Mutter wohnen an einem freundlichen oder unwirtlichen Ort dieser Erde, arbeiten, wirken erfolgreich oder kämpfen um ihre nackte Existenz, sind sich der Zukunft sicher oder bangen ihr entgegen, fühlen sich in der großen Gemeinschaft geborgen oder sind ihr entfremdet, sind Beherrscher oder Entmachtete im Vollzug ihres Lebens. In diesem Sinne beginnt jede individuelle kindliche Entwicklung als Schicksal, manche als unsichere Chance. Von den entwicklungsfreundlichen oder -feindlichen gesellschaftlichen Bedingungen zuerst, sodann vom förderlichen oder abträglichen Klima in der Familie und in den sozialen Einrichtungen, schließlich vom Ausmaß individueller Aktivität, das eigene Leben zu meistern – davon hängen späterhin Wege und Weisen individuellen Werdens ab, werden Enge oder Weite der Persönlichkeitsentwicklung festgelegt.

12

Vorgeburtliche
Entwicklung
9 Wochen, 4 cm

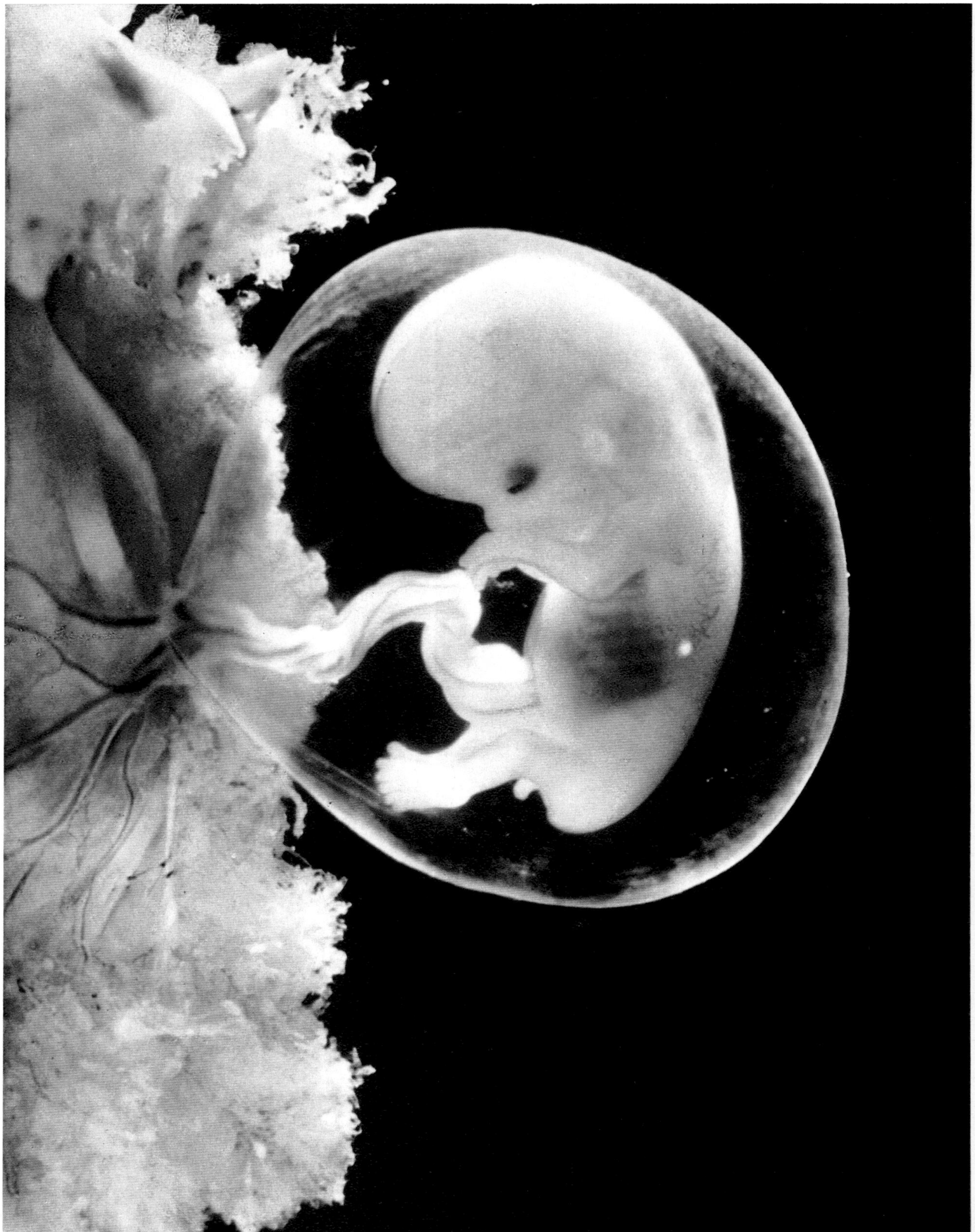

11 Wochen, 5 cm

Zunächst jedoch vollzieht sich die Entwicklung als geschützte, behütete Reifung innerhalb der mütterlichen Gebärmutter: als Reifung, weil ein genetisch kodiertes Programm die Phasen der vorgeburtlichen Herausbildung anatomischer, physiologischer und psychischer Merkmale steuert und regelt; geschützt, weil die Bedingungen in der Gebärmutter Embryo und Fötus* vor schädlichen Außenreizen bewahren und günstige Wechselbeziehungen zwischen dem kindlichen und mütterlichen Organismus bereitstellen.

* Embryo = 2.–8. Lebenswoche, Fötus = 9. Lebenswoche bis zum Ende der vorgeburtlichen Entwicklung

Dieser Reifungsprozeß ist als Teil des Vererbungsgeschehens ein Wunder eigener Art. Sein Wesen, seine natürlichen (vor allem biochemischen) Grundlagen und Mechanismen hat die Molekulargenetik bereits so umfassend aufgeklärt, daß es ihr gelang, auf synthetischem Wege Gene zu erzeugen und sie als vollwertige biologische Erbeinheiten in niederen Organismen zur Wirkung zu bringen. Davon soll hier nicht die Rede sein.

über 4 Monate, 20 cm

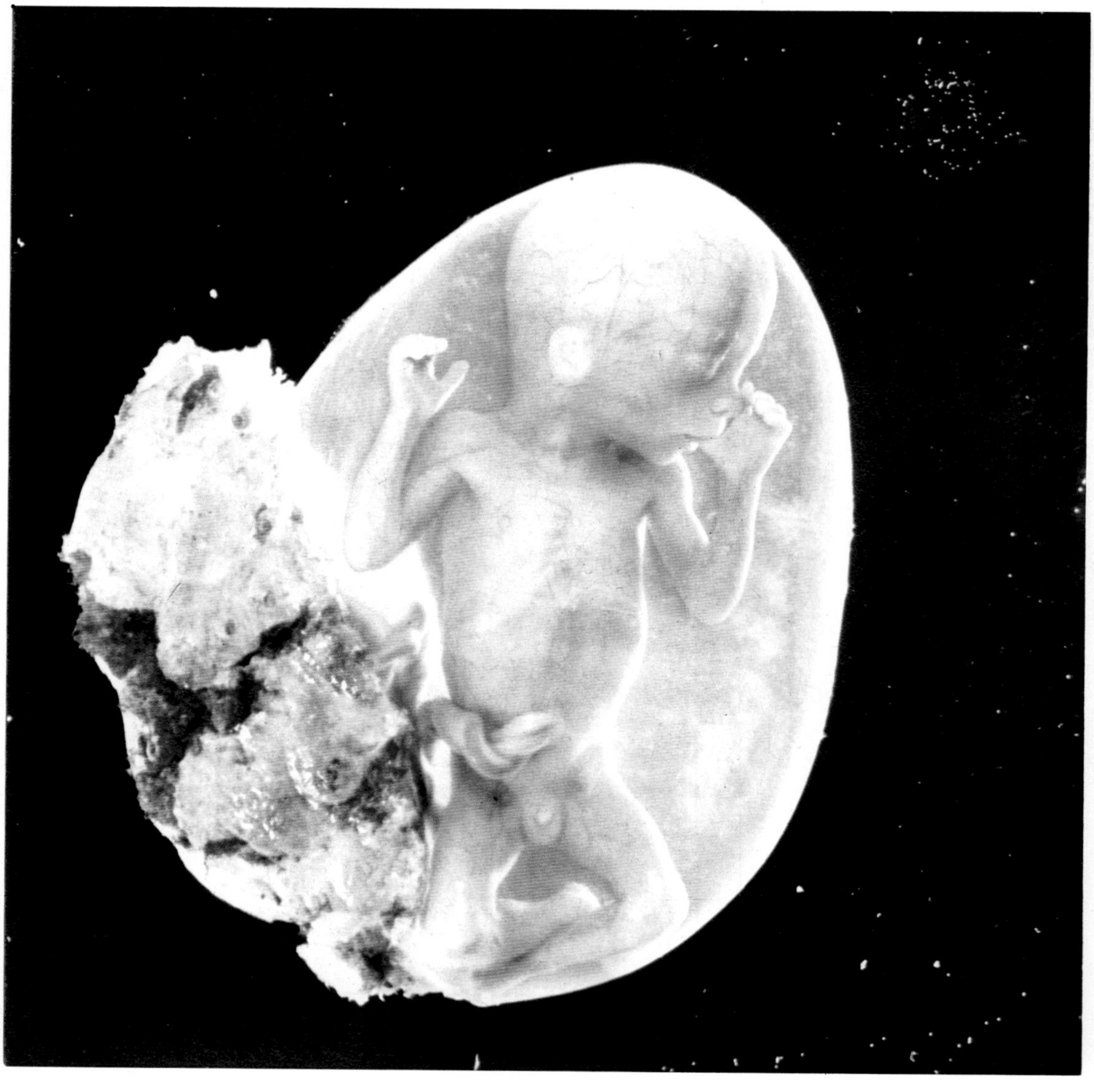

Unser Thema ist vor allem das außerordentlich schnelle Entwicklungstempo, mit dem das Kind in der ersten Periode seines Lebens jene Befähigungen erwirbt, die seine Einpassung in die materiellen, sozialen und kulturellen Lebensbedingungen nach der Geburt ermöglichen.

Die atemberaubende Geschwindigkeit, mit der das Kind heranwächst, registrieren wir zunächst in der Ausformung seines Körpers.

Aus dem unförmigen, undefinierbaren, zuckend-lebendigen Etwas, dem wir noch nicht ansehen, was aus ihm wird, keimen plötzlich die Organe hervor, und wir vermögen zu erkennen: Hier entsteht ein Mensch mit Kopf und Rumpf, Armen und Beinen, Fingern und Zehen, Augen und Ohren. Das gleiche gilt für das Verhalten, für die Bewegungsreaktionen unter bestimmten Einwirkungsbedingungen. Aus den wurmartigen Massenbewegungen des winzigen kindlichen Organismus gliedern sich schon frühzeitig Einzelaktionen heraus, hinter denen sich auch Empfindungen verbergen.

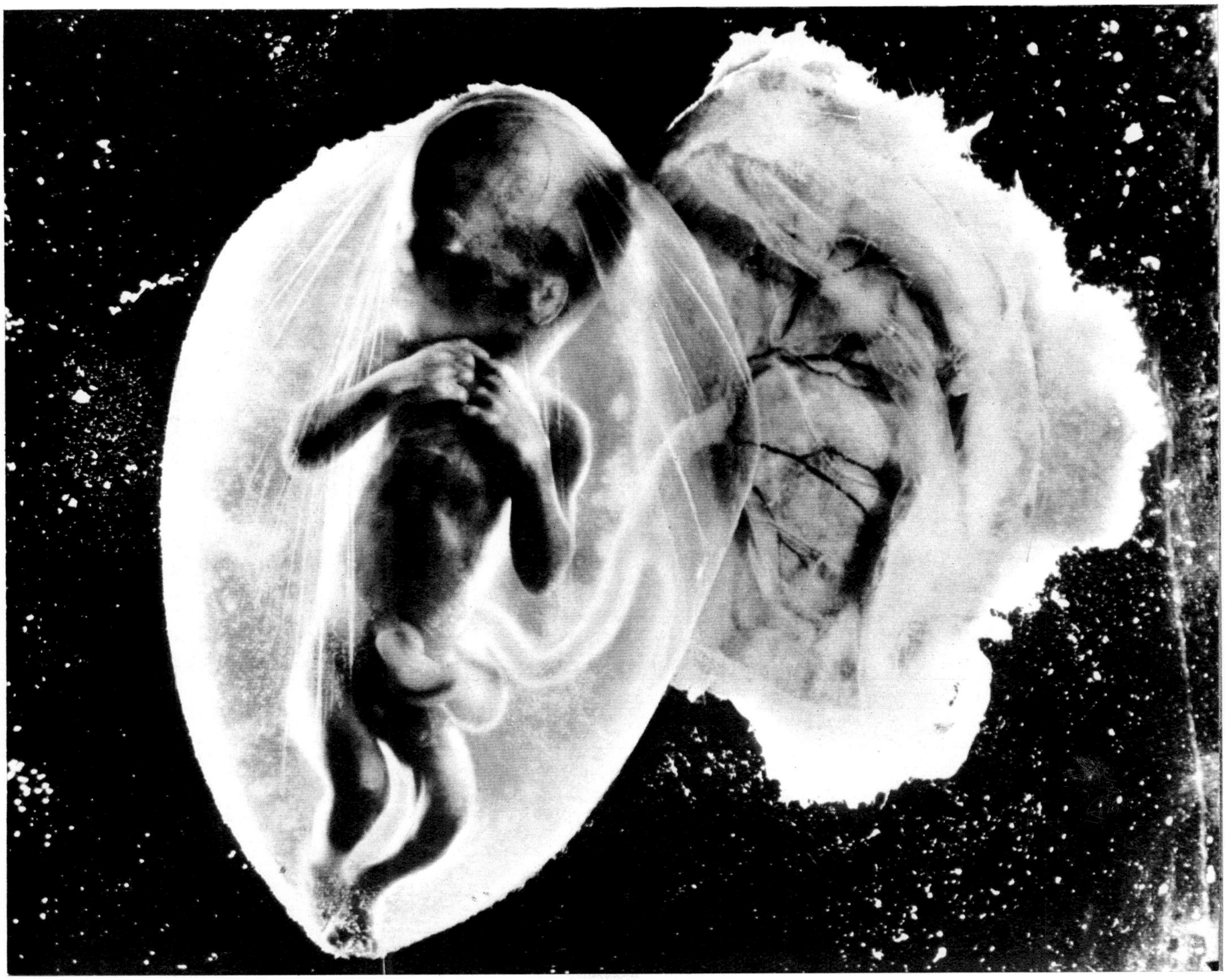

Ihr Wachstum erfolgt in einer strengen, allgemeingültigen Folge von Entwicklungsetappen. Tabelle 1 stellt eine Auswahl aus dieser Sequenz vor:

Tabelle 1: Ausgewählte Verhaltensmuster der pränatalen Phase

Alter (in Wochen)	Verhaltensmuster
3.	das Herz beginnt zu schlagen
8.	die Berührung der Mundregion führt zu einer Nackenbeugung. Arm-, Bein-, Rumpfbewegungen
11.	reflektorische Bewegungen nach dem Berühren der Fußsohle. Reizung der Handinnenfläche führt zu einem reflektorischen Schließen der Finger
12.	Blinzelreaktion der geschlossenen Augenlider nach mechanischer Reizung. Augenbewegungen hinter den Lidern
13.	die gesamte Hautoberfläche spricht auf Berührungsreize motorisch an. Vielfältige Bewegungen
14.	rhythmische Brustbewegungen (Frequenz: 38 bis 76 pro Minute). Viele motorische Muster des späteren Neugeborenen sind jetzt ausgebildet
15.	echter Handgreifreflex: Reizung der Handinnenfläche führt zum Umklammern des Reizobjektes
17.	Bewegungen des Fötus werden von der Mutter wahrgenommen. Motorische Reaktionen des Fötus nach intensiven Schallreizen (Hupe, Musik)
22.	Augenlider trennen sich voneinander. Trinken von Fruchtwasser. Lutschen am Daumen
24.	bei vorzeitiger Geburt ist der Fötus in der Lage, ein- und auszuatmen und schwach zu schreien. Dennoch ist die volle Lebenstüchtigkeit nicht erreicht
28.	jetzt vorliegender Reifegrad von Sinnesorganen, Motorik, Zentralnervensystem usw. garantiert im Falle vorzeitiger Geburt und entsprechender Pflegebedingungen das Überleben. Geschmacks-, Geruchs-, Gehörs- und Gesichtsempfindungen sind nachweisbar. Anzeichen eines Schlaf-Wach-Rhythmus

Die Daten dieser Tabelle verraten etwas über den biologischen und psychologischen Sinn der vorgeburtlichen Etappe. Innerhalb des Schutzkreises, den der mütterliche Körper und die mütterliche Lebensweise bilden, nimmt die pränatale Entwicklung den Ernstfall der späteren Existenz außerhalb des Mutterleibes gleichsam vorweg. Reaktions- und Empfindungsfähigkeiten entstehen, ehe sie gebraucht werden. Im Verborgenen und Geborgenen erwachen diese Funktionen und werden ausprobiert. Die vorgeburtliche Entwicklung garantiert, daß Atmen und Schlucken, Verdauen und Ausscheiden, Sichbewegen und Reagieren, Schlafen und Wachen, Empfinden und Wahrnehmen sofort nach der Geburt, ohne Belehrung und Lernen, funktionieren. So gesehen, ist das Neugeborene keineswegs hilflos, wie man es manchmal lesen und hören kann. Denn die pflegende Fürsorge von Mutter und Vater, Säuglingsschwester und Arzt, Großmutter und Großvater, Schwester und Bruder – sie ist eine Komponente des für den Menschen natürlichen, selbstverständlichen sozialen Wirkungsgefüges, in das die herangereiften Befähigungen des Neugeborenen harmonisch eingepaßt sind. Wer das neugeborene Kind hilflos nennt, der verkennt vollkommen den *zugleich biologischen und sozialen* Charakter unseres menschlichen Daseins. Der isolierte, von Gemeinschaft und Gesellschaft abgetrennte Mensch wäre auch als Erwachsener hilflos! Robinson konnte nur existieren, weil ihm das halbgesunkene Schiff zur Verfügung stand und – noch wichtiger – weil er die in seiner Lage erforderlichen Produktions- und Lebenserfahrungen der Gesellschaft, aus der er kam, im Kopf hatte!

Das Entwicklungswunder der pränatalen Verhaltensreifung, imponierend als unbeirrbares zielgerichtetes Geschehen, das in einem sehr kurzen Zeitraum seinem Höhepunkt zustrebt, ist von der Mutter nicht zu trennen.

Ihre an die Bedingungen der Schwangerschaft angepaßte Lebensweise, Hygiene und Diät befördern das Wachstum von Embryo und Fötus. Aber auch ihr psychisches Befinden, ihre Einstellung zu dem in ihr keimenden Wesen, ihre gefühlsmäßige Verarbeitung von Erfahrungen, Problemen, Konflikten spielen eine Rolle. Wie läßt sich das erklären? – Im Grunde auf sehr einfache Weise, ohne Aberglauben und Mystik. Emotionale Zustände wie Freude, Haß oder Angst gehen einher mit gesteigerter Aktivität des autonomen Nervensystems. Und diese Aktivität ist ihrerseits verbunden mit der Ausschüttung bestimmter biochemischer Substanzen (Azetylcholin, Adrenalin, Hormone) in die Blutbahn, so daß durch die Verknüpfung des mütterlichen und kindlichen Kreislaufs der Zellstoffwechsel von Embryo und Fötus beeinflußt werden kann. Entsprechende Forschungen haben ergeben: Die Schwangere sollte sich vor emotionalen Belastungs- und Streßsituationen schützen. Ihre sozialen Partner – Mann, Eltern, Arbeitskollegen, Vorgesetzte – müssen bemüht sein, ihre gefühlsmäßige Ausgeglichenheit, ihre bejahende, zustimmende Einstellung zum werdenden Kind, zu sich selbst, zu anderen Menschen, kurz: zu ihrer gesamten Lebenslage mit allen Kräften zu unterstützen. Die Schwangerenberatung könnte hier wirksam werden, das Wohnungsamt müßte entgegenkommender sein.

Nur wenn die Bedingungen einer heiteren, entlasteten, optimistischen Atmosphäre in der Schwangerschaft erfüllt sind – nur dann ist die Mutter fähig, das, was mit ihr und in ihr geschieht, Wunder und Schönheit von Kindesreifung und Geburt, auch als wundervoll zu empfinden und zu genießen. Nur dann trägt sie dazu bei, durch ihre Gefühle die Entwicklungschancen ihres Kindes zu verbessern.

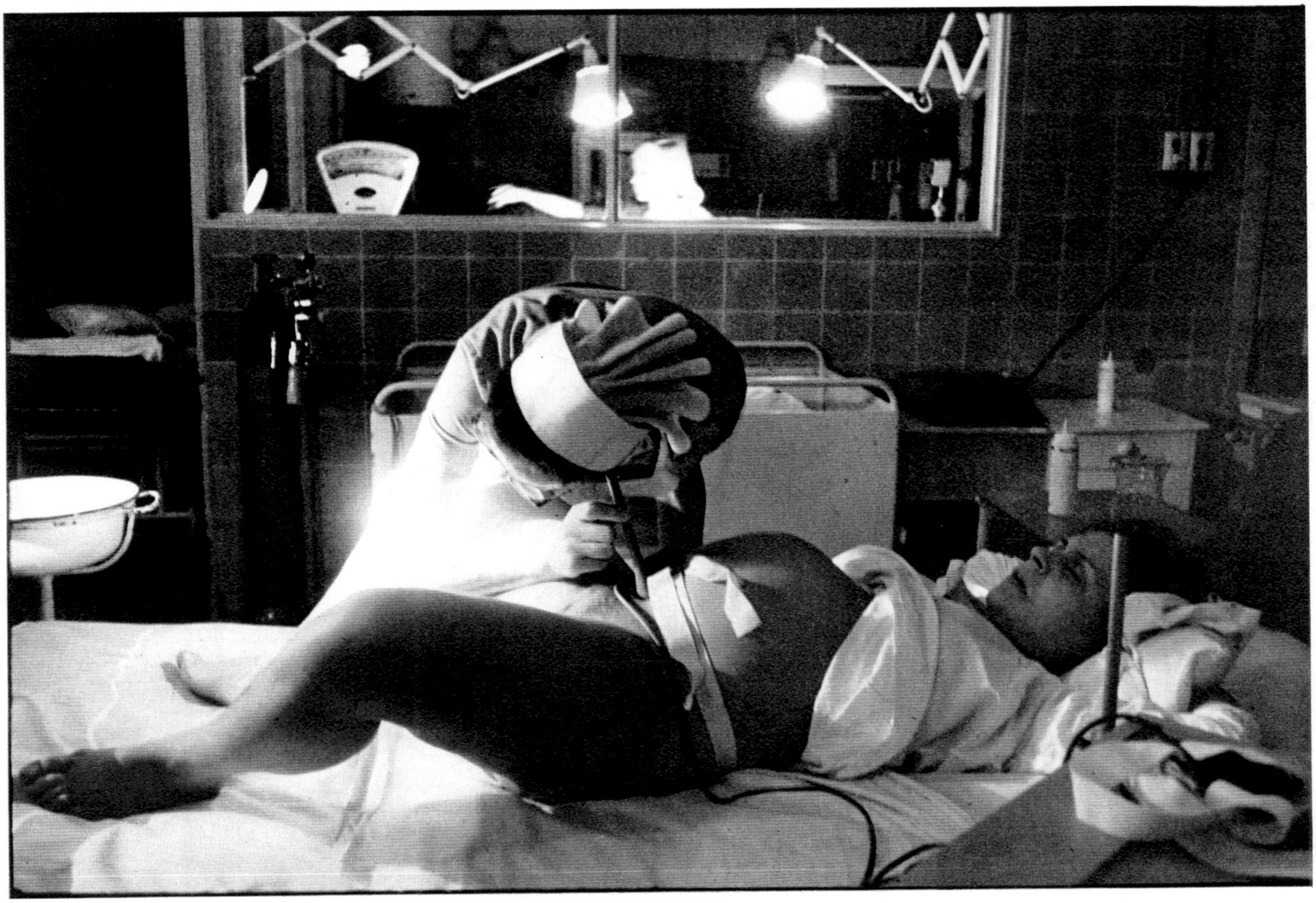

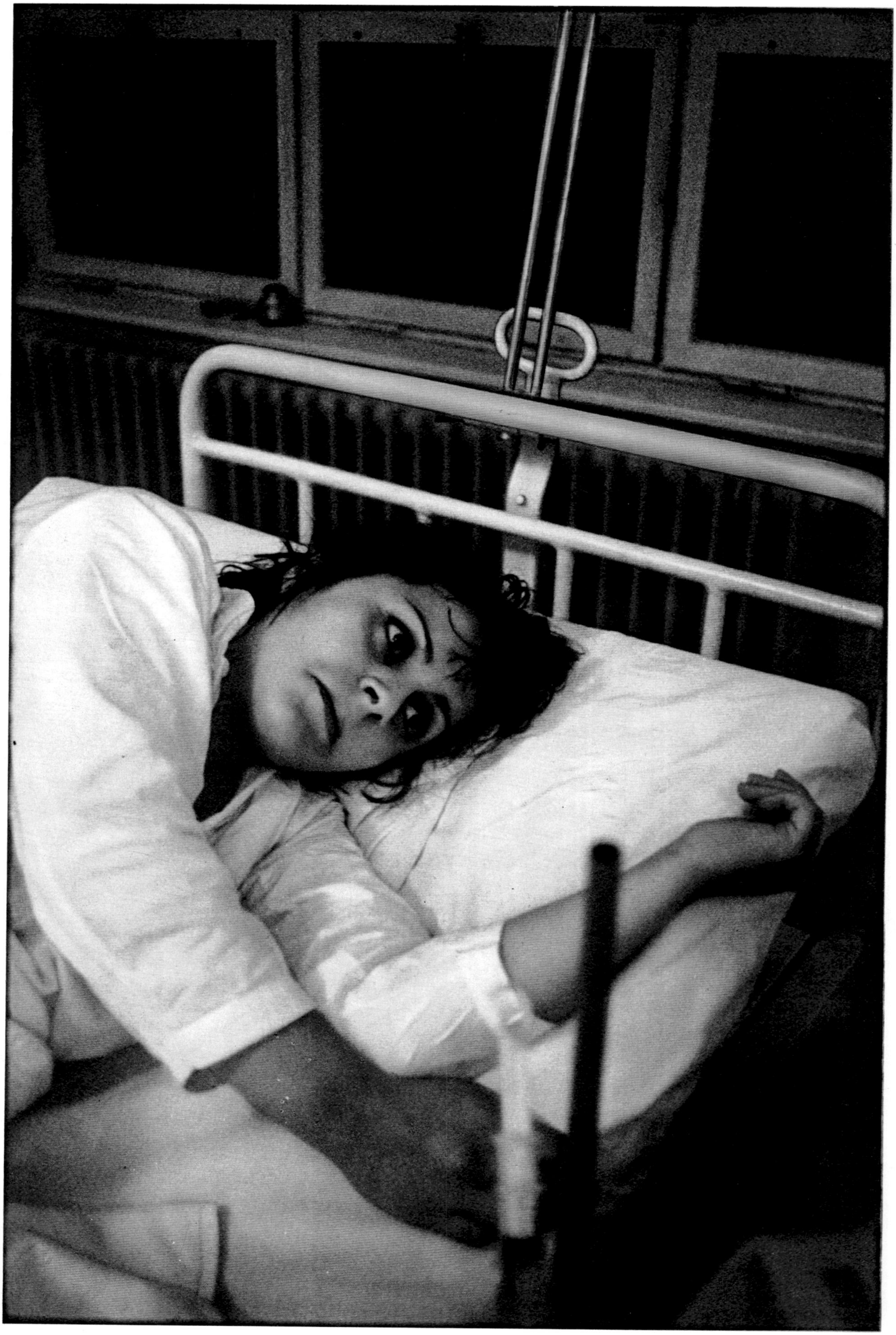

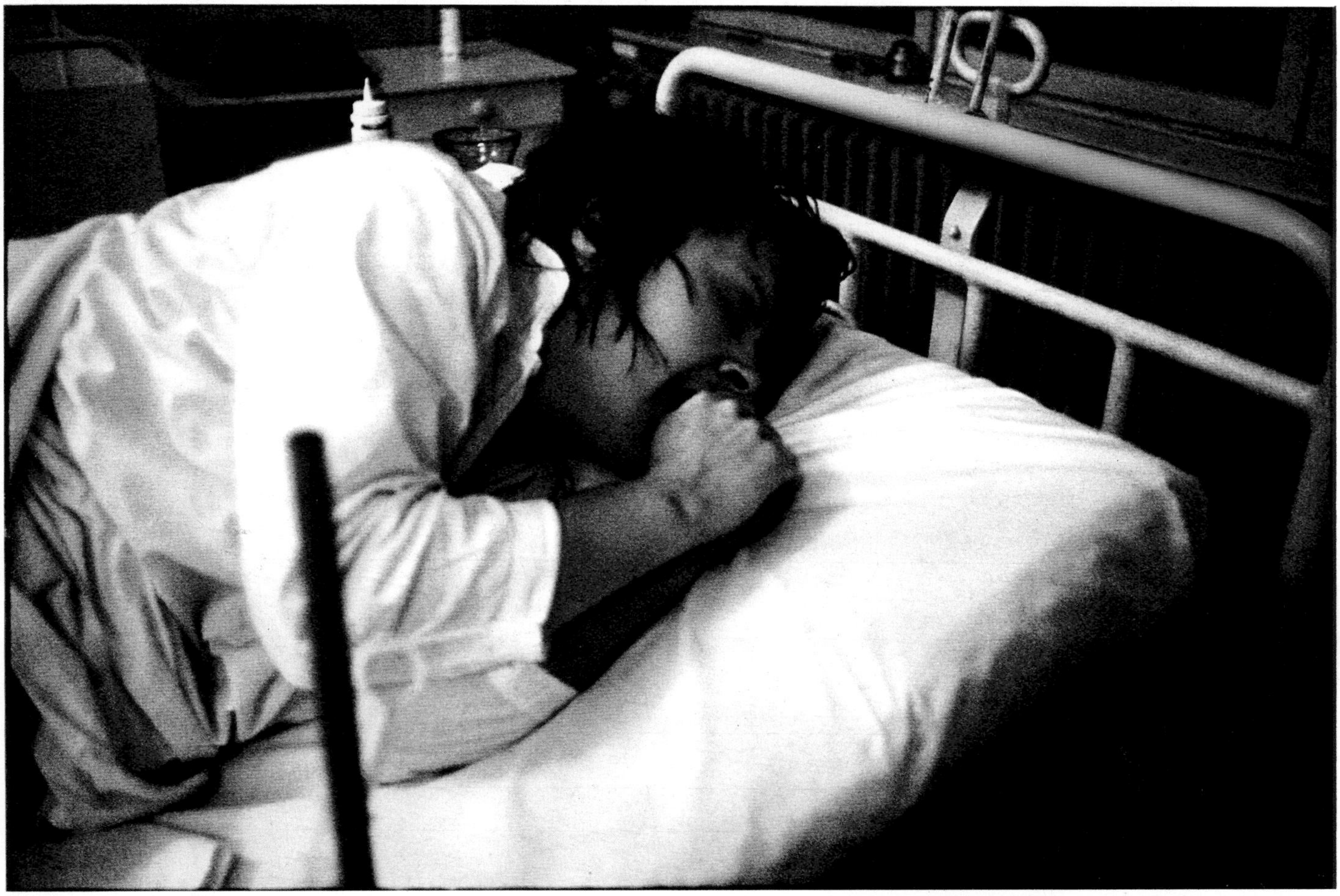
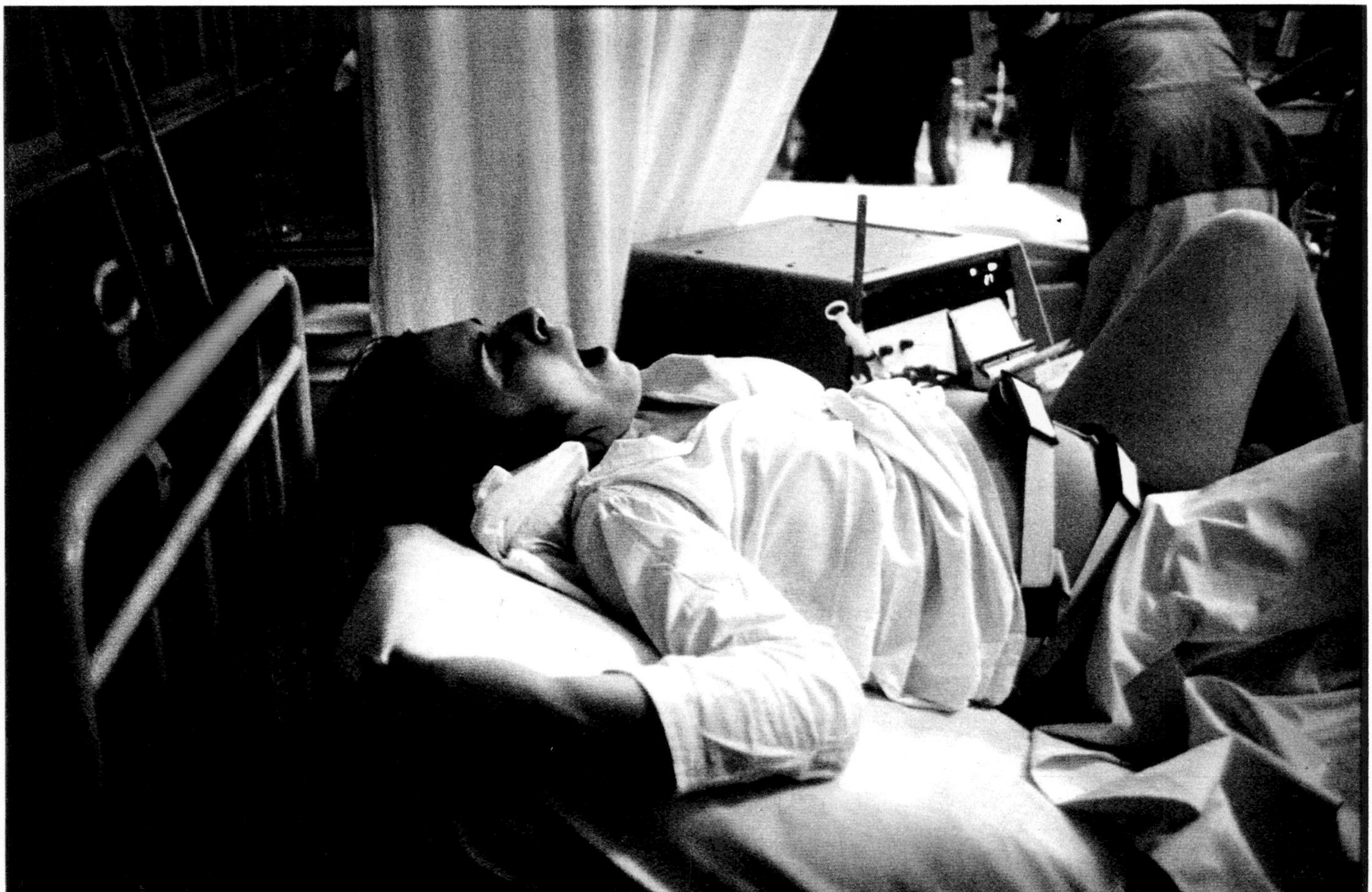

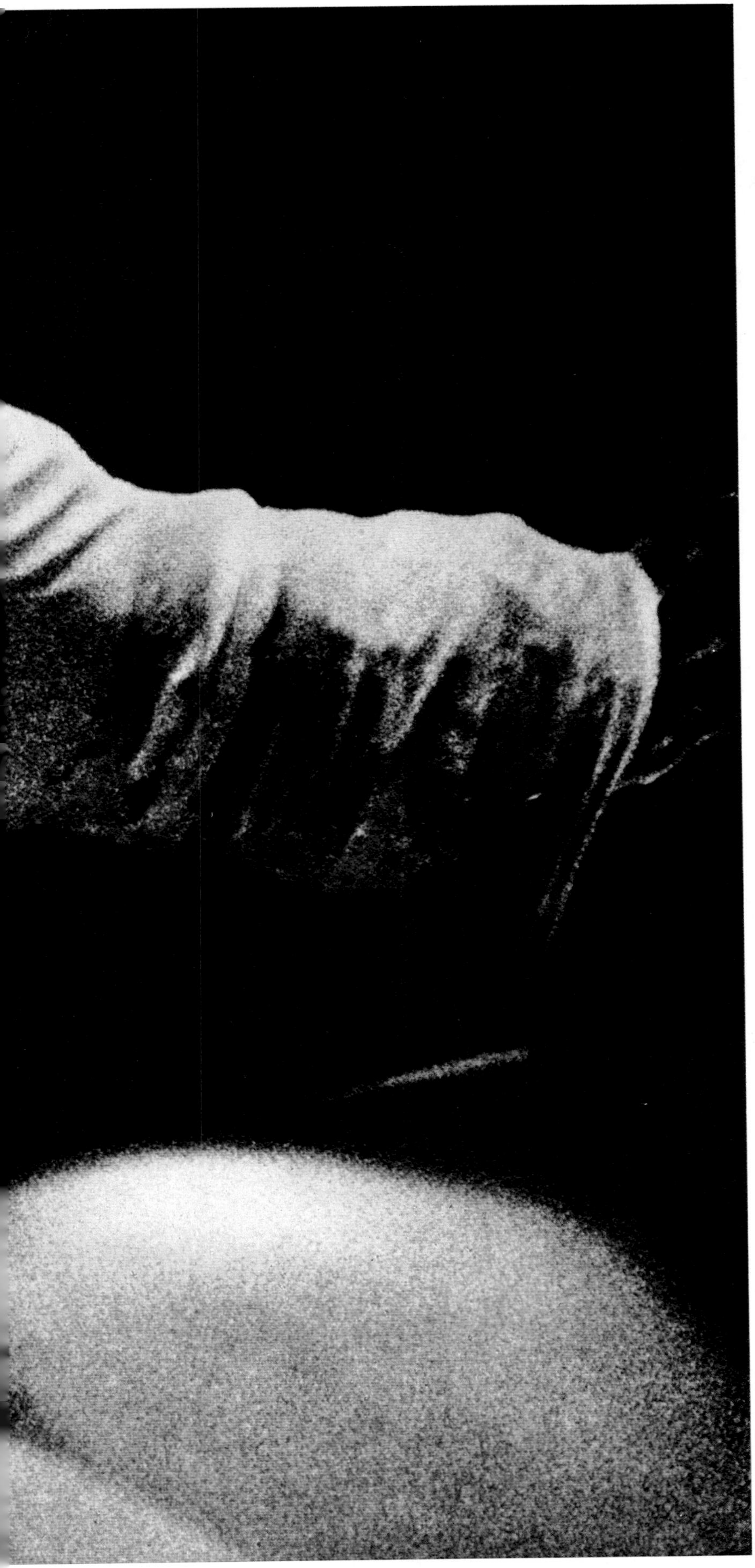

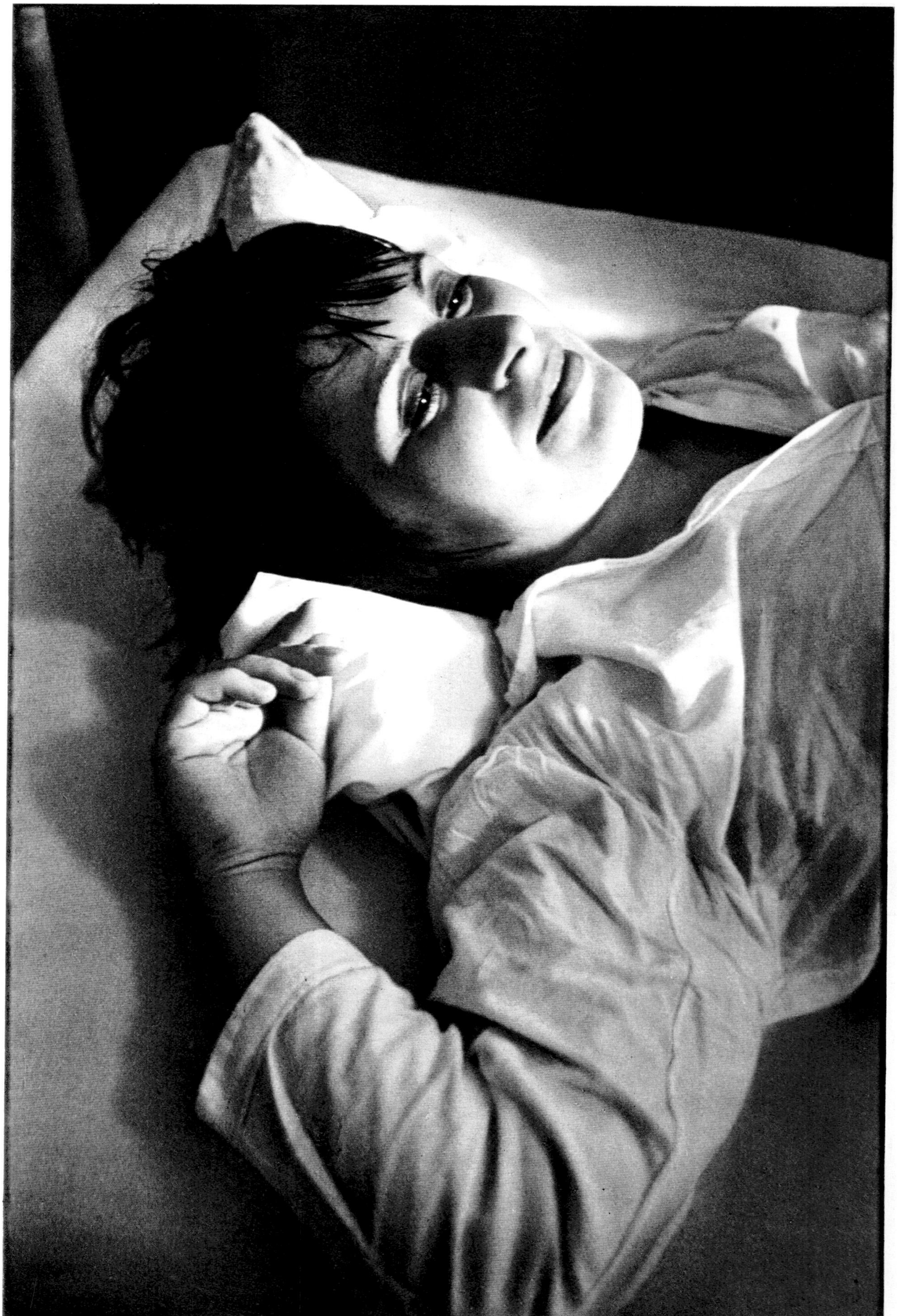

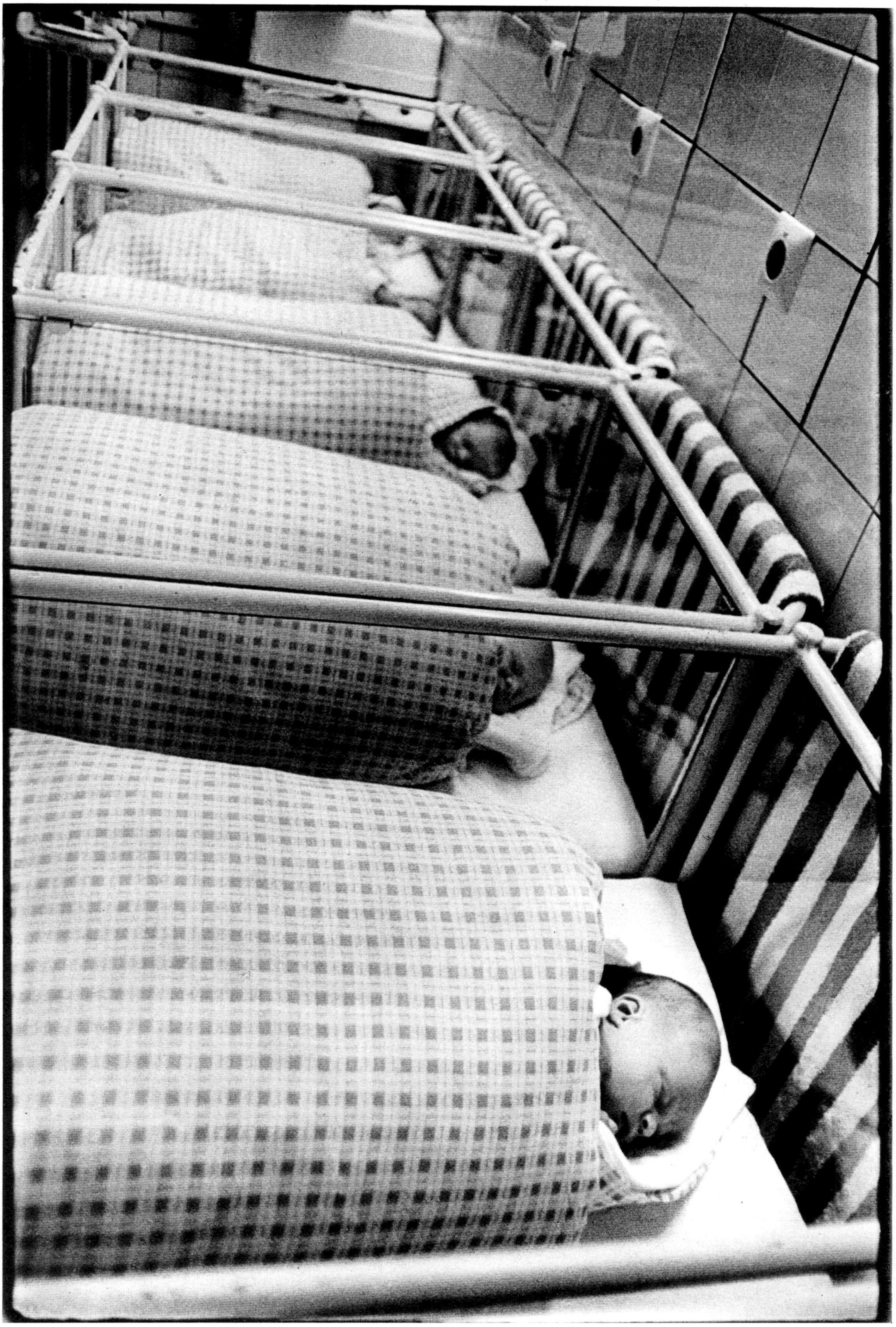

Uralte Programme

So wie der Physiologe nur durch die Anatomie des Tieres die Konstruktion des Menschen erfaßt hat, so sollte auch der Psycholog mit dem Tiere anfangen und durch die an diesem beobachteten geistigen Erscheinungen zum Menschen hinaufsteigen.

Friedrich Hebbel, Tagebuchnotiz (1835)

Daß das physische und geistige Leben des Menschen mit der Natur zusammenhängt, hat keinen anderen Sinn, als daß die Natur mit sich selbst zusammenhängt, denn der Mensch ist Teil der Natur.

Karl Marx, Ökonomisch-philosophische Manuskripte (1844)

Jeder von uns ist stolz auf das, was er durch eigene Initiative, »im Schweiße seines Angesichts«, lernend und arbeitend erreicht und hervorgebracht hat. Jeder von uns weiß, daß dies nur möglich ist, weil wir auf den Schultern vieler Generationen von lernenden und arbeitenden Menschen stehen, über deren Erfahrungen wir verfügen, die wir nutzen. Wir alle sind uns dessen bewußt: Wir verdanken unser Wissen und Können den angesammelten Erfahrungen der Menschheitsgeschichte, die wir in unserem Tätigsein teils bewahren, teils negieren, um ein höheres Niveau des Lebens zu erreichen. Jedoch – selten genug verschaffen wir uns Klarheit über einen anderen wichtigen Tatbestand: Die biologische Naturgeschichte hat unseren Organismus mit hocheffektiven Organen und Verhaltensmechanismen ausgerüstet, die es erst möglich machten, die menschliche Entwicklung aus ihrer naturhaften Existenzform in eine gesellschaftliche zu überführen. Seitdem das geschehen ist – vor mehr als zwei Millionen Jahren –, verkörpern wir ein Wesen, dem sowohl seine biologische Naturgeschichte als auch seine gesellschaftliche Geschichte »anzusehen« sind; die erstgenannte an den erblich festgelegten Möglichkeiten des Verhaltens, die zweite an den lernend erworbenen individuellen Fähigkeiten und Inhalten des Fühlens, Wollens, Denkens und Handelns. Beide Komponenten bilden eine Einheit, sind miteinander verflochten.

Die Erbanlagen bestimmen als genetisch fixiertes Programm die Ausreifung des Verhaltens in der pränatalen Phase, die Ausbildung von psychischen Merkmalen in dieser frühen Etappe und auch noch im Kleinkindalter sehr eindeutig, sehr spezifisch. Diese Anlagen haben ein unterschiedliches entwicklungsgeschichtliches Alter. Die jüngsten sind entstanden als Folge der Evolution des Menschen, des Homo sapiens, deren Beginn wir mit der Herausbildung des anthropologischen Cromagnon-Typus gleichsetzen. Wesentlich ältere Anlagen entstammen der Periode des Tier-Mensch-Übergangsfeldes, in der aus dem Affenmenschen langsam der Mensch emporwuchs. Noch ältere Grundmuster des Verhaltens verbinden uns mit den Säugetieren.

Alle diese elementaren verhaltensbiologischen Strukturen und Mechanismen, die dem Druck und Zwang der Lebensbedingungen unseres Planeten standgehalten haben, sich einer Härteprobe im Feuer der Belastungen unterzogen und sich in der Auseinandersetzung mit ihnen bewährten – sie sind trotz aller Höherentwicklung des Menschen (weit über die Tiere hinaus) in seinem Erbgefüge konserviert worden und bilden einen Teil seines genetischen Entwicklungsprogramms. Es sind Reste der Stammes- und Menschheitsgeschichte, die ihre Existenz der Tatsache verdanken, daß sie erfolgversprechende Mittel der biologischen Anpassung sind.

Die Fähigkeit, Formen, Farben und Bewegungen von Objekten wahrzunehmen, haben wir mit vielen Tieren gemeinsam. Unsere Art und Weise, auf Helligkeitsunterschiede durch eine reflektorische Verstellung des Durchmessers unserer Pupille zu reagieren oder ein Objekt in unterschiedlicher Entfernung durch eine variierende Konvergenz der Augenachsen und durch die Regulation der Linse genau zu fixieren und scharf abzubilden – auch diese Fähigkeiten verbinden uns mit denjenigen Tieren, die frontal gerichtete Linsenaugen besitzen. Tierischer Herkunft sind aber auch – das wird oft übersehen – unsere elementaren Mechanismen des individuellen Lernens und Behaltens! Daß wir lernen können, ist ein Geschenk der Stammesgeschichte; wie schnell, wieviel, wie effektiv und vor allem, *was* wir lernen und wie lange wir es speichern – das ist spezifisch menschlich. Das meiste Neue daran – verglichen mit den Tieren – verdanken wir dem Erlernen und Ausnutzen von sprachlichen Zeichen.

Komplizierte, wohlkoordinierte Fortbewegungsweisen sind als Verhaltens*potenz* bereits beim Säugling des 1./2. Lebensmonats nachweisbar. Wenn man ihn auf eine rauhe Unterlage stellt und vorwärtsschiebt, gelingt es, Schreitbewegungen auszulösen. Ferner: »Läßt man das Kind mit leicht vorwärts geneigtem Oberkörper ... auf einer Ebene entlangschreiten und nach einigen Schritten eine Treppe ersteigen, so macht ihm das keine Schwierigkeiten«, sofern man eine zu den Proportionen des kindlichen Körpers passende Treppe benutzt (Peiper)*.

* Die in Klammern gesetzten Namen von Forschern verweisen auf das Literaturverzeichnis am Ende des Buches.

Derselbe Autor berichtet: »Wird ein Säugling von wenigen Wochen, waagerecht unterstützt, ins Wasser gebracht, so treten deutlich koordinierte Streck-Beuge-Bewegungen in Armen und Beinen auf, ausreichend, um das Kind eine kurze Strecke vorwärts zu treiben.« Diese stammesgeschichtlichen Reste von Fortbewegungsmechanismen des Gehens, Steigens und Schwimmens büßen normalerweise sehr bald ihre Funktionstüchtigkeit ein. Damit sie späterhin wieder entstehen, bedarf es eines neuen Reifungsantriebs, oder sie müssen mühsam erlernt werden. Als weitere Beispiele stammesgeschichtlich erworbener Verhaltensweisen seien Sichrekeln und Gähnen, aber auch Lächeln, Lachen und Weinen – schon bei Schimpansen beobachtbar! – genannt.

Der Name »Säugling« weist auf ein kompliziertes Verhaltensmuster des Kindes hin, das naturgeschichtlich sehr alt ist. Man rechnet es zweckmäßig zu den instinktiven Verhaltensweisen, weil es im Unterschied zu vielen Reflexen einen triebhaften Motivationsanteil enthält, den wir als Hunger bezeichnen. Die einzelnen Komponenten des menschlichen Saugverhaltens entsprechen genau denjenigen aller Säuger:

- motorische Unruhe, Lautäußerungen, die einen Mangelzustand (Hunger) signalisieren;
- pendelartige, drehende Suchbewegungen des Kopfes, Vorstülpen, Bewegen der Lippen, die manchmal »ins Leere« saugen;
- Auslösung des Saugens durch mechanische, geruchliche und Wärmereize der mütterlichen Brust und Brustwarze (oder des ihr nachgebildeten Saugers);
- Saugbewegungen, die sich (gut koordiniert, »eingetaktet«) mit Atembewegungen abwechseln;
- Ausstoßen der Warze oder des Saugers, wenn Sättigung eingetreten ist, die den Saugantrieb »abschaltet« und oft eine Schlafphase einleitet.

Das Saugen – und die davon abgeleitete Form des Lutschens – werden nicht nur vom Hunger angetrieben. Es gibt daneben noch einen »oralen Trieb«, der das Kind veranlaßt, diese Tätigkeiten am Daumen, Bettzipfel oder Schnuller zu vollziehen. Auch das ist ein stammesgeschichtlich erworbenes, starkes Elementarbedürfnis; bei vielen Affenarten ist Daumenlutschen beobachtet worden. Aus entsprechenden Untersuchungen ist bekannt, daß ein Teil dieses Bedürfnisses durch das Einsaugen von Nahrung mitbefriedigt wird, besonders beim Brustsaugen, das jeweils etwa eine Viertelstunde dauert. Das ist der zweite Grund (neben dem ernährungsphysiologischen), der die Brustfütterung als optimale Art der Nahrungsaufnahme ausweist. Bei Flaschenfütterung muß man durch eine hinreichend kleine S182augeröffnung dafür sorgen, daß sie ebensolange dauert und ebensolcher Sauganstrengungen bedarf wie bei einer Brustmahlzeit. Sonst kommt der orale Trieb nicht zu seinem Recht! Auch beim Übergang zur Benutzung der Tasse sollte man auf ihn Rücksicht nehmen. Die Aneignung dieser kulturellen Norm darf nicht allein von den Ansprüchen der Erwachsenen bestimmt werden! Im angepaßten Gebrauch der Tasse dokumentiert sich weder ein entscheidender motorischer noch geistiger oder sozialer Entwicklungsfortschritt; der Vorteil liegt allein auf seiten des Erwachsenen, der einen bequemeren Abwasch hat oder sich die Illusion eines »kleinen Erwachsenen« erzeugen will. Ganz ähnlich verhält es sich mit der Einstellung zum Schnuller. Viele Eltern nehmen Anstoß an diesem Saugspielzeug, weil sie ihr Kind gerne »größer«, »reifer« sehen möchten. Für das Kind aber ist der Schnuller ein wichtiges Mittel der Beruhigung, der Verarbeitung von Konflikten, der Befriedigung des oralen Triebes. Nach wem sollen wir uns richten? – Die Antwort ist klar: Frühkindlichen biologischen Bedürfnissen gebührt der Vorrang, und wenn wir sie alle befriedigen, verliert das Kind eines Tages von selbst das Interesse am Schnuller.

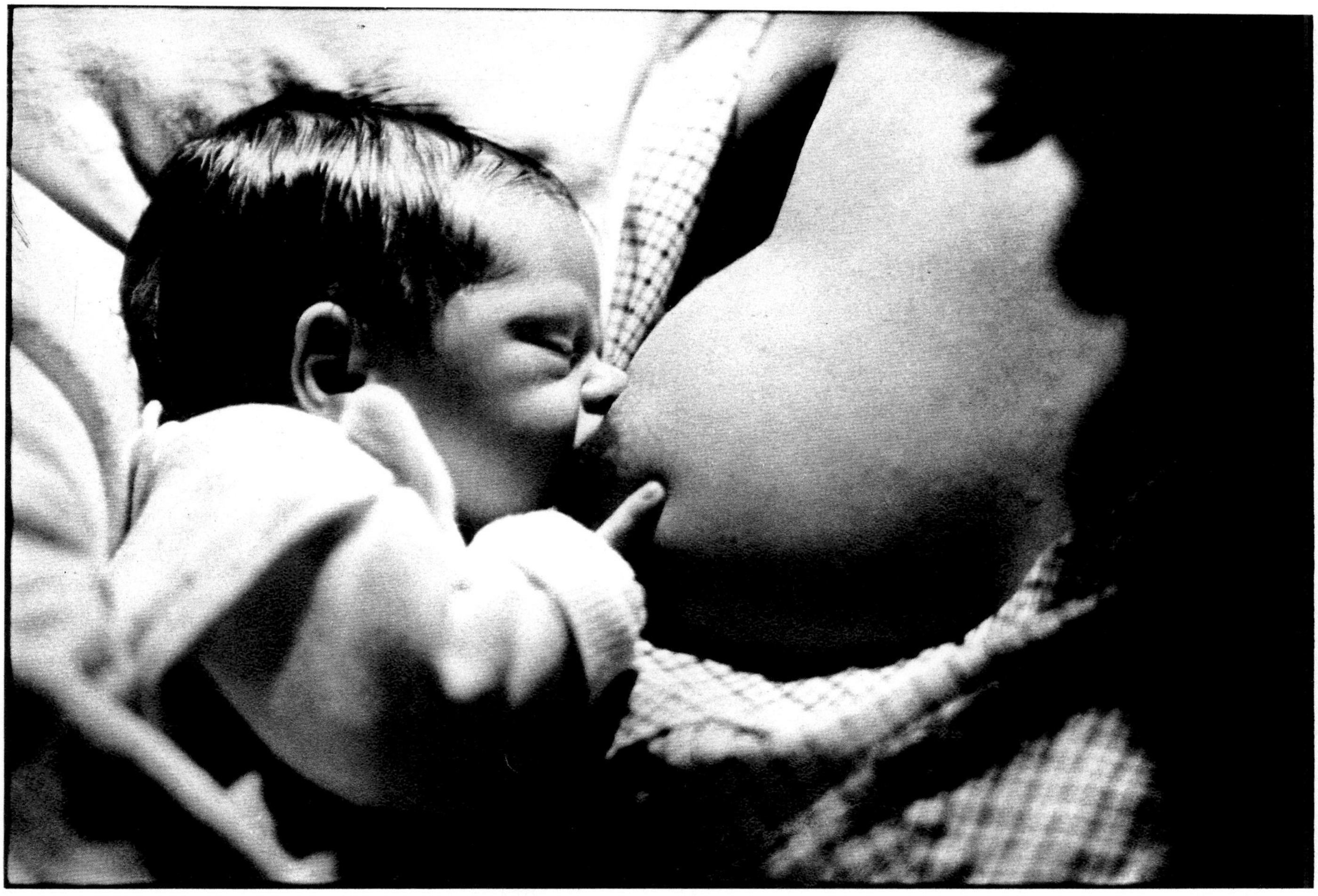

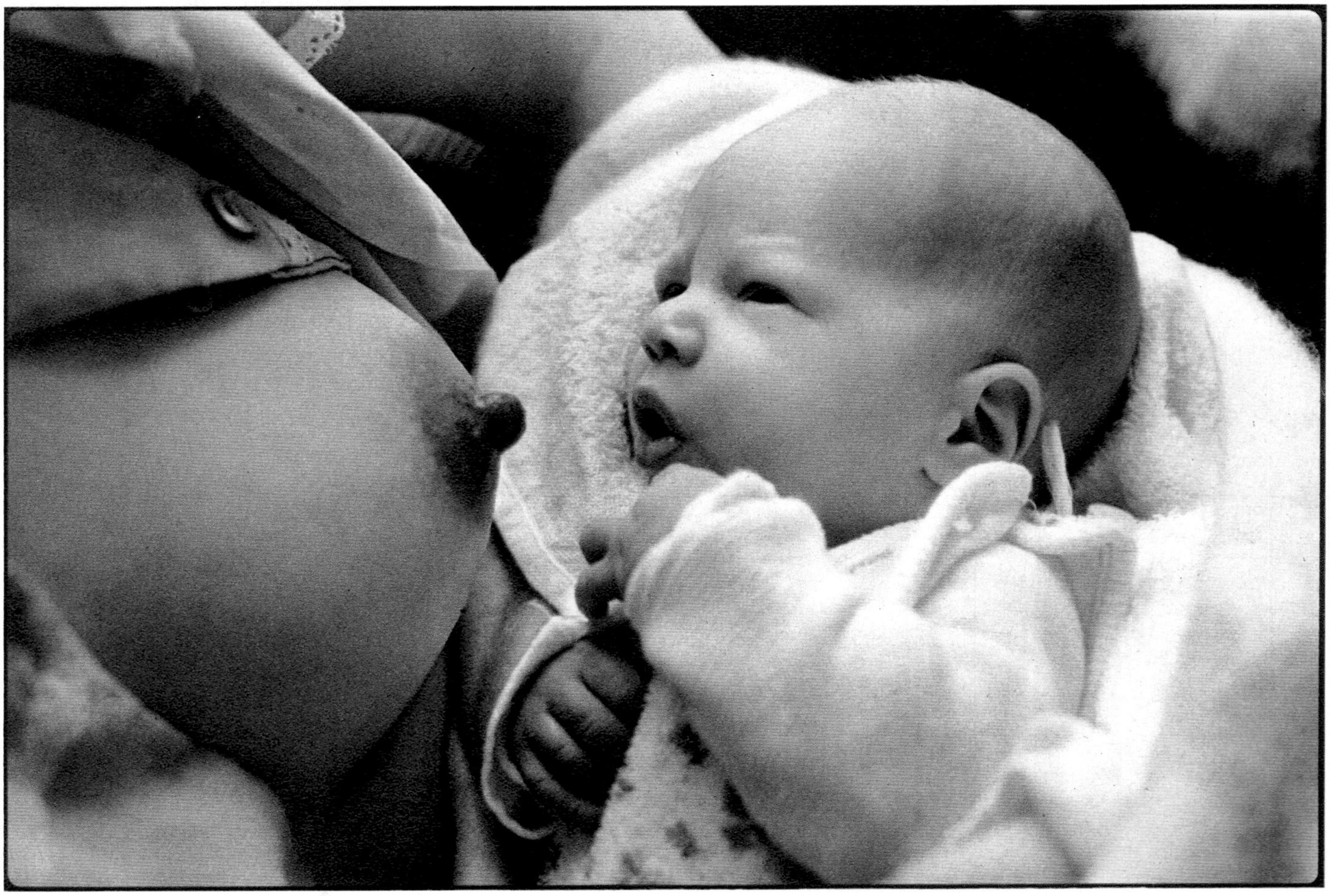

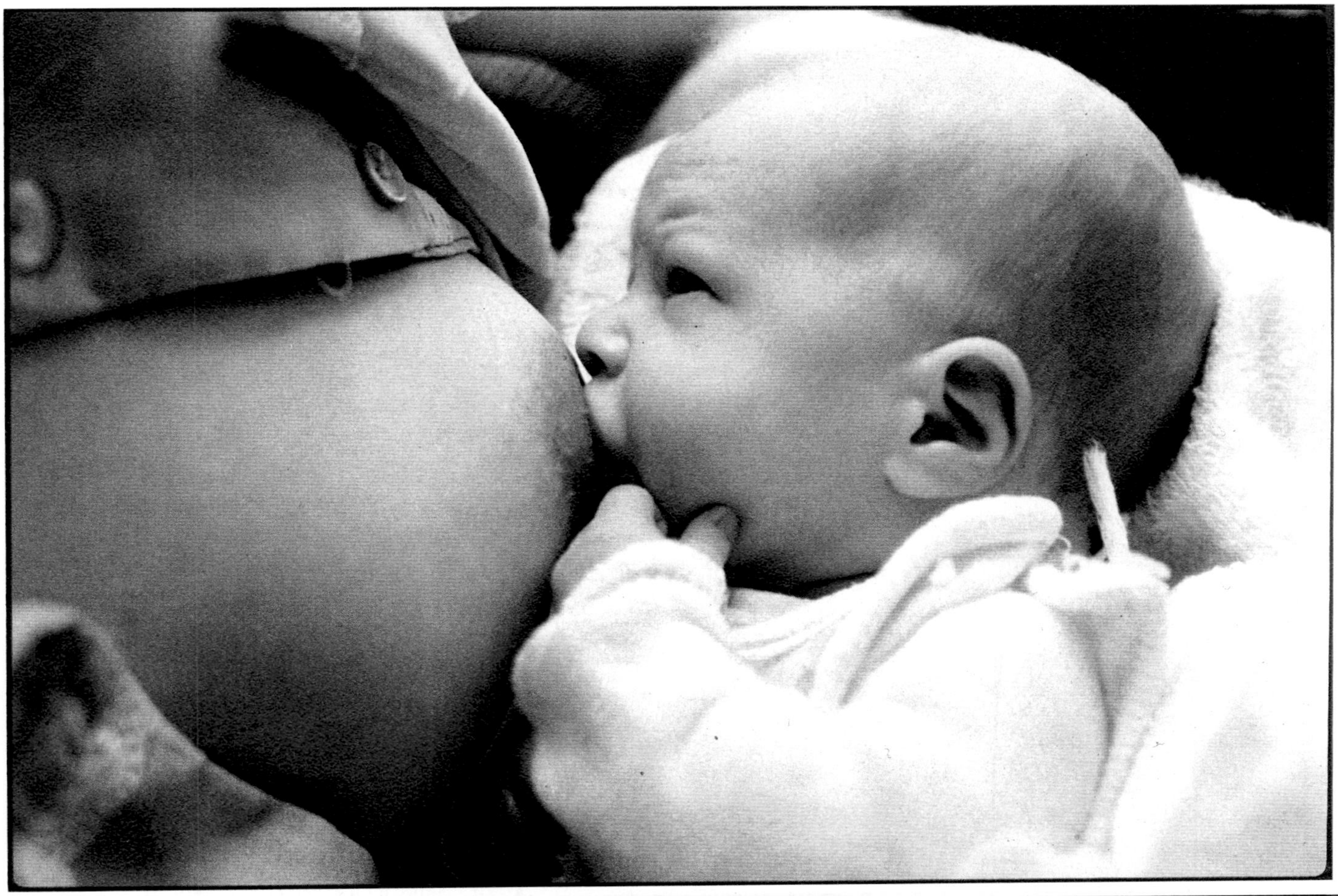

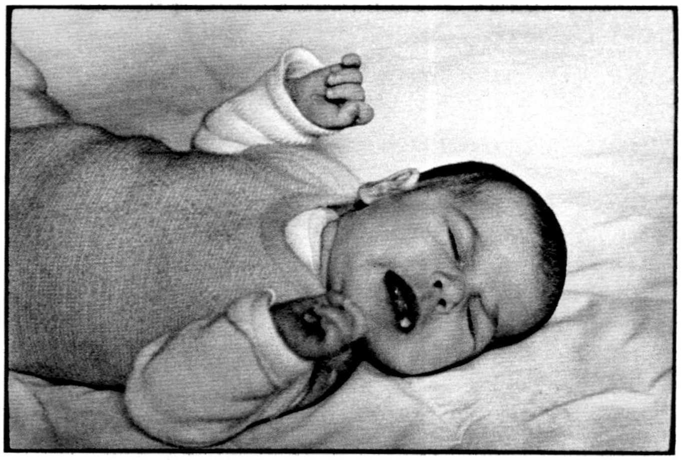

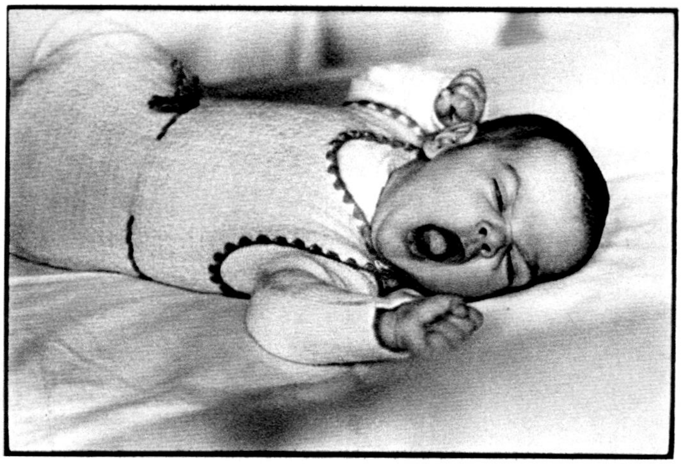

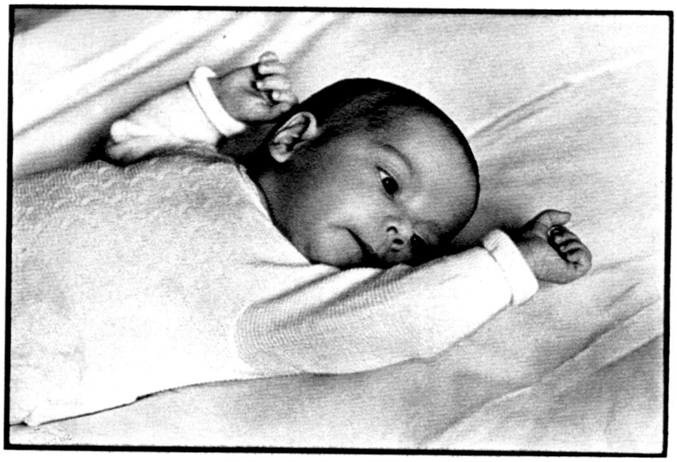

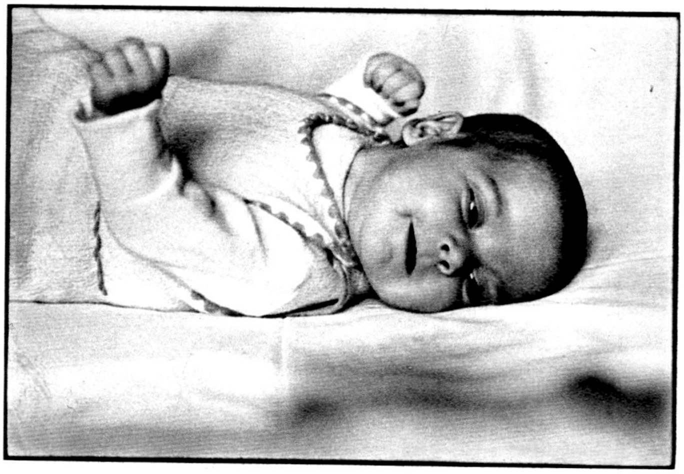

Das Menschenbaby ist nicht nur ein Säugling, sondern auch ein »Tragling«. Mit diesem Begriff bezeichnen die Verhaltensbiologen eine Lebensform, bei der Mutter- und Jungtier ein geschlossenes System bilden: Die Mutter trägt das Junge fast ständig mit sich umher. Wir kennen dieses System aus dem Studium des Aufzuchtregimes von Affen. Bestimmte Verhaltensweisen des Jungtieres sind darauf zugeschnitten: Klammerreflexe der Hände und Füße, »Fühllaute« (damit ein Kontaktverlust signalisiert wird), ein frühes Einprägen der mütterlichen Merkmale (so daß ein Wiedererkennen gewährleistet ist). Reste dieses Traglingsverhaltens finden wir im Handlungsrepertoire des Säuglings wieder: Hand- und Fußgreifreflex (die durch haarige, fellartige Reizobjekte am besten ausgelöst werden können), eine bestimmte Art des Schreiweinens »aus Verlassenheit« (das abklingt, wenn das Kind Hautkontakt mit der Pflegeperson herstellen kann) und eine sehr früh ausgeprägte Fähigkeit des Erkennens und Bevorzugens der vertrautesten Bezugsperson, die es nährt, wärmt, wickelt und streichelt. Es ist zu vermuten, daß auch die beruhigende Wirkung des Schaukelns (auf dem Arm, in der Wiege) mit Traglingsmerkmalen zusammenhängt; das Wiegen simuliert gleichsam die Fortbewegung der Mutter.

Von wesentlicher Bedeutung ist das aus der Traglingskonstitution herrührende Bedürfnis des Säuglings nach hautnahem Kontakt, nach Streichelreizen, nach kosendem Schmusen und nach stimmlicher Fühlungnahme mit dem Partner. Dieser kann seinerseits durch Körperkontakt, durch Sprechen und Singen die Kommunikation aufrechterhalten. Unsere zivilisatorisch überformten Pflegebedingungen und -normen bringen es mit sich, daß diesem Bedürfnis oftmals nicht ausreichend entsprochen wird. Das Kind liegt von Anfang an in einem Korb, Wagen oder Bettchen, allein, abgetrennt von den Eltern. Das wird sich kaum vermeiden lassen. Aber schlimmer: Viele Eltern nehmen den in der Nacht schreienden Säugling nicht zu sich ins Bett; sie wollen durch das Schreienlassen eine Disziplinierung durchsetzen – gegen das Kontaktbedürfnis, unter Umständen gegen den biologischen Rhythmus des Nahrungsbedarfs.

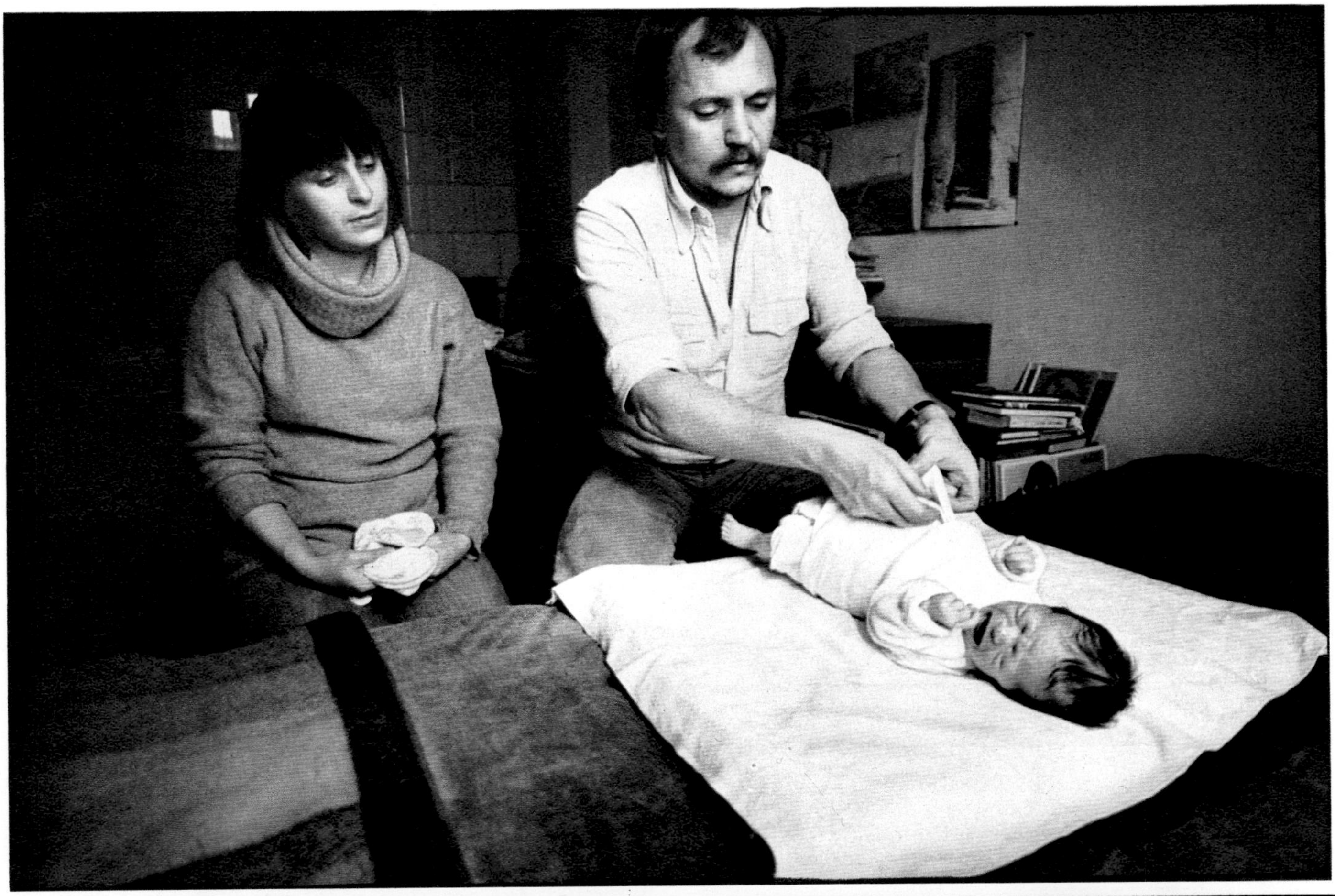

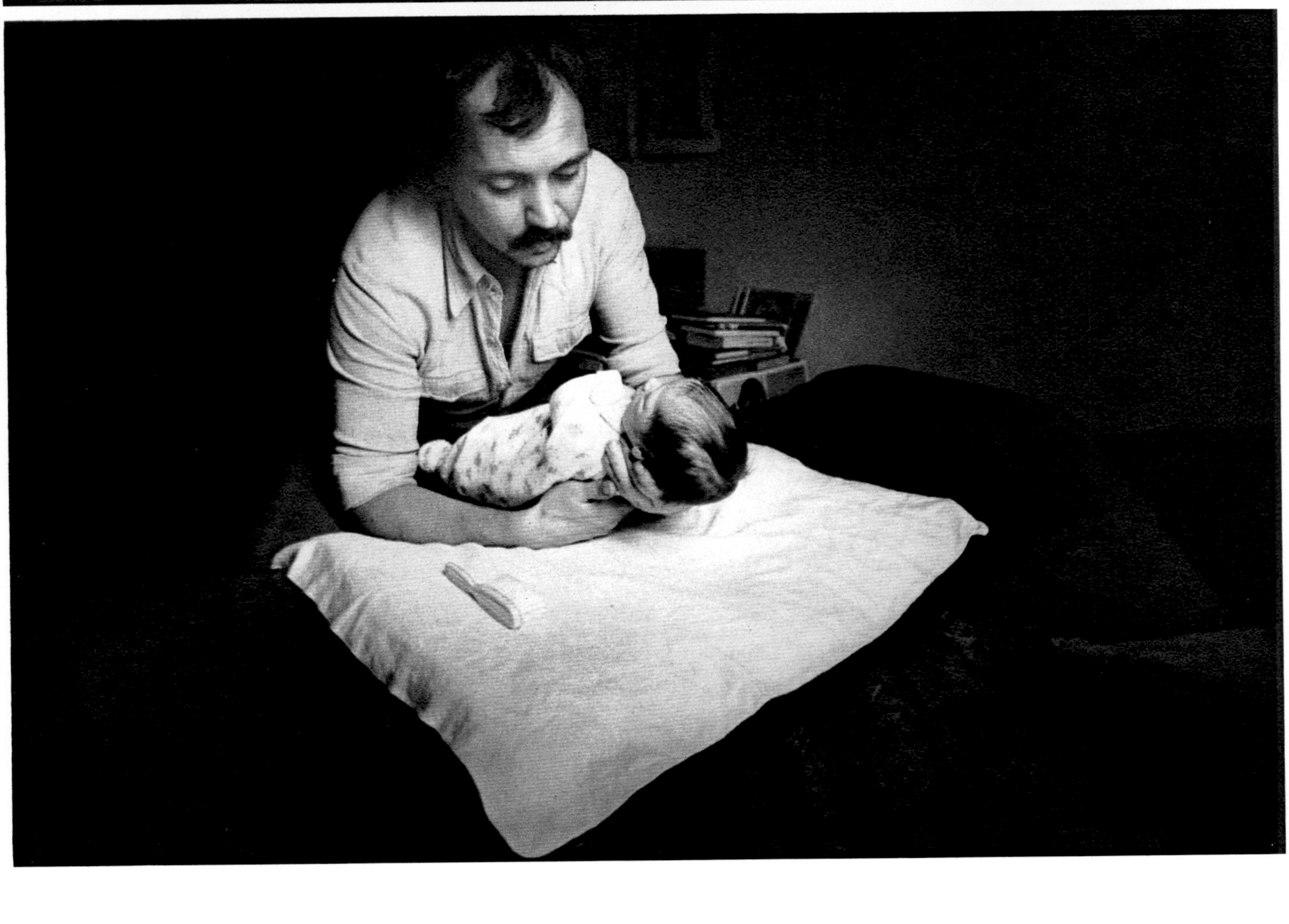

Das ist hart und rücksichtslos – eine frühe, erste Bekundung falscher Erziehung, falsch deshalb, weil allein und ausschließlich die Motive des Erwachsenen das Erziehungsziel bestimmen.

Bedenken wir außerdem das folgende: Aus Untersuchungen an kaum zivilisierten Naturvölkern weiß man, daß der dort gepflegte Dauerkontakt zwischen Mutter und Kind (auf gemeinsamem Lager schlafen, Mitnehmen des Kindes in einem Tragetuch auf dem Rücken der Mutter zur Arbeit, zum Markt) sich sehr positiv auf die Entwicklung des Säuglings auswirkt. Sein Entwicklungstempo im ersten Lebensjahr eilt dem unserer Kinder oft weit voraus, sofern gute Ernährungsbedingungen gesichert sind.

Nicht nur im Säuglingsalter, sondern die gesamte frühe, vorschulische Kindheit hindurch hält das starke Bedürfnis nach körperlichem Kontakt an. Mit der Herstellung einer solchen Beziehung äußert das Kind seine emotionale Bindung an Pflegepersonen und Erzieher, die ihrerseits mit den gleichen Mitteln die Liebe zurückgeben und damit zur Festigung sozialer Bindungen beitragen können. Tun sie das immer? Ist es ihnen nicht oft lästig, wenn sie vor dem Fernseher sitzen? Haben sie Zeit und »Antennen« dafür? – Es ist ein Mangel der durch berufliche Arbeit überlasteten oder sich überfordernden Familien, aber auch mancher vorschulischen Erziehungseinrichtungen (sei es hier aus Gründen fehlenden Personals oder eines Qualifizierungsrückstandes), daß sie diese wichtige Seite der kindlichen Bedürfniswelt vernachlässigen oder befürchten, Eifersuchtsäußerungen von Kindern zu provozieren. Dieser Mangel wird dann dem fremden Gast der Familie oder dem Besucher eines Heims mit Erschrecken bewußt: Er sieht sich plötzlich von Kindern umringt, die gierig, gewaltsam einen engen Körperkontakt herzustellen suchen. – Wird hier nicht vielleicht eine reiche Quelle kindlicher Liebesfähigkeit negiert und damit getrübt oder gar zugeschüttet? Hat das nicht, wer weiß, Auswirkungen in spätere Entwicklungsetappen hinein, wenn es darum geht, anderen gegenüber dauerhafte Zuneigungs-, Bindungs- und Liebesfähigkeiten zu aktivieren?

Die stammesgeschichtlichen Überbleibsel im Entwicklungsprogramm der kindlichen Anlagen, von denen auch späterhin noch mehrfach gesprochen werden wird, lassen sich mit geeigneten Methoden des Tier-Mensch-Vergleichs als objektive Befunde schlicht erheben, registrieren. Wenn man jedoch tiefer lotet, über sie reflektiert – und dies mit fühlender, wertender Anteilnahme –, dann gelangt man zu Einsichten, die einen weiten Horizont der Weltsicht und des Verstehens menschlichen Wesens aufschließen.

Aus der lebendigen Anschauung kindlichen Werdens wird uns bewußt, wie wahr das Marx-Wort unseres Mottos ist: »Denn der Mensch ist Teil der Natur.« Im Neugeborenen, im Säugling, im Kleinkind tritt uns ein Stück der großen Natur entgegen, in die auch wir als großgewordene Kinder fest eingebettet sind. Dieses Verbundensein mit dem Strom des Lebens, dieses Verwandtsein mit den Organismen unserer Erde kann Anlaß sein zum Nachdenken über das, was Albert Schweitzer »Ehrfurcht vor dem Leben« genannt hat: »Das Wesen des Guten ist: Leben erhalten, Leben fördern, Leben auf seinen höchsten Weg bringen. Das Wesen des Bösen ist: Leben vernichten, Leben schädigen, Leben in seiner Entwicklung hemmen.« Und Ehrfurcht vor dem Leben heißt auch: Ehrfurcht vor den biologisch angelegten Elementarbedürfnissen des Kindes!

Der aufrechte Gang des Menschen ist ihm einzig natürlich: ja er ist die Organisation zum ganzen Beruf seiner Gattung und sein unterscheidender Charakter... Mit der aufrechten Gestalt des Menschen stand ein Baum da, dessen Kräfte so proportioniert sind, daß sie dem Gehirn, als ihrer Blume und Krone, die feinsten und reichsten Säfte geben sollten.

Johann Gottfried Herder, Ideen zur Philosophie der Geschichte der Menschheit (1784)

Wie genau zielt dieser große Denker der deutschen Aufklärung und trifft dabei ins Schwarze! Im aufrechten Gang erfassen wir etwas einzig Menschliches. Und der aufrechte Gang ist eine Voraussetzung für die Höherentwicklung des Gehirns, weil eine weitere und breitere Weltsicht – vom Boden weg in die Ferne – entsteht, weil Arme, Hände und Finger freigesetzt werden für ihr selbständiges Agieren. Beides zusammen führt zu einem Mehr an aufzunehmender und zu verarbeitender Information über die Welt. Aus diesen Tatsachen heraus läßt sich vermuten, daß die Entstehung des aufrechten Ganges in der kindlichen Entwicklung uns Aufschluß gibt über ein wichtiges Stück Menschwerdung, das wir unmittelbar beobachten können. Diese Vermutung läßt sich in eine Fragestellung überführen: Wie gelangt das auf dem Rücken oder auf der Seite liegende neugeborene Kind, das kaum einer Ortsbewegung fähig ist, schließlich dahin, sich unabhängig von der Unterstützung durch andere in den ihm verfügbaren Räumen frei zu bewegen?

Um diese Wie-Frage zu beantworten (die ja auf Bedingungen und Ursachen abzielt), ist es zunächst zweckmäßig, Angaben darüber zu machen, in welcher Reihenfolge Verhaltensweisen auftreten, die zur Entwicklung der Lokomotion gehören.

Tabelle 2 auf der folgenden Textseite gibt darüber Auskunft. Dabei handelt es sich um Durchschnittswerte, die im Einzelfall unterschritten (Frühentwicklung) oder überschritten (Spätentwicklung) werden können. Warum das so ist, wird später zu erörtern sein.

Was lehren die Daten dieser Tabelle? – Zunächst machen sie darauf aufmerksam, daß dieser Entwicklung ein biologischer Reifungsprozeß zugrunde liegt, der sich eines ererbten Entwicklungsprogramms bedient.

Tabelle 2: Entwicklung der Lokomotion

Alter (in Monaten)	Verhaltensweise
1.	Anheben des Kinns, wenn das Kind auf dem Bauch liegt
2.	Anheben von Brust und Kopf, wenn das Kind auf dem Bauch liegt
3.	das Kind ist fähig, sich aus der Bauchlage spontan in die Rückenlage zu drehen
4.	Sitzen mit Hilfe (durch Festhalten in Höhe der Hüftregion)
6.	Krabbeln, d. h. Fortbewegung mit Hilfe der aufgestützten Arme und mit nachschleppenden Beinen
8.	Sitzen ohne Hilfe, frei, auf waagerechter Unterlage
9.	Stehen mit Hilfe der Pflegeperson, mit Festhalten am Spielgitter, an geeignetem Mobiliar
10.	Kriechen, d. h. Fortbewegung mit gekreuzter Koordination* von Armen und Beinen; dabei berühren Hände, Unterschenkel und Füße den Boden. Gleichzeitig Aufstehversuche
11.	Gehversuche, wenn die Pflegeperson die Hand festhält und führt
12.	Sichhochziehen zum Stand mit Hilfe des Spielgitters oder geeigneten Mobiliars
13./14.	allein, ohne Unterstützung, stehen, dann gehen

* Von gekreuzter Koordination spricht man, wenn linker Arm und rechtes Bein (oder umgekehrt) sich gleichzeitig vorwärtsbewegen. Diese Lokomotionsweise ist ebenfalls ein stammesgeschichtlich erworbenes Erbe. Auch Menschenaffen praktizieren sie, wenn sie sich auf ebener Erde fortbewegen.

Es finden Wachstumsvorgänge statt, die biologischen Strukturen und Funktionen verfeinern sich im Vollzug ihrer Entfaltung, sie schließen sich zu Einheiten zusammen, die z. B. die Koordination von Bewegungsmustern regulieren. Diese Prozesse spielen sich in den sensorisch-motorischen Bereichen des Zentralnervensystems ab, betreffen aber auch das Wachstum des Knochengerüsts und des Muskelapparats. Der Reifungsvorgang läßt sich durch streng gültige Abhängigkeiten in der Aufeinanderfolge der Etappen belegen, die für alle Kinder, überall auf der Welt, gelten. Kein Kind gelangt zum Sitzen, wenn nicht zuvor die Stellreflexe funktionstüchtig sind. Sie befähigen das Kind, auf Schwerkraftreize, die im Labyrinth des Innenohrs auslösend wirken, mit Balancereaktionen zu antworten (z. B. Anheben von Kinn, Brust, Kopf mit der Tendenz, die Augenebene auf die Horizontale einzupendeln). Kein Kind vermag zu gehen, das nicht zuvor frei zu sitzen und zu stehen in der Lage ist. Reifungsvorgänge müssen wir zu denjenigen Bedingungen der Entwicklung rechnen, die *innerhalb* des Organismus wirken. Zu dieser inneren Bedingungsgruppe zählen außerdem das ernährungsabhängige Körpergewicht (schlanke Kinder sind den überernährten überlegen, sie treten früher in die Etappen ein) und das Bewegungstemperament (es gibt lebhafte, motorisch sehr aktive, aber auch träge, langsame Kinder). Ein Teil der oben erwähnten individuellen Unterschiede hängt mit solchen Variationen innerer Entwicklungsbedingungen zusammen.

Aber das Entwicklungsprogramm, von dem oben die Rede war, ist keine starre, strenge Vorschrift, kein schematischer Ablaufplan. Es besitzt Freiheitsgrade, es weist »Leerstellen« auf. Was heißt das? – Diese Leerstellen sind zunächst dazu da, *äußeren* Umgebungsfaktoren die für einen normalen Entwicklungsverlauf notwendigen, unerläßlichen Wirkungsfelder einzuräumen. Beispielsweise ist die Aufeinanderfolge vieler Etappen der Fortbewegung daran gebunden, daß dem Kind Gegenstände zur Verfügung stehen, die es wahrnehmen, an denen es sich festhalten und hochziehen kann. Eine kindliche Welt ohne solche Objekte – es gibt diese Welt natürlich nirgends – würde der Entwicklung wahrscheinlich eine ganz andere

Richtung geben, mindestens würde sie das Entwicklungstempo erheblich verlangsamen. Auch Hilfeleistungen der Pflegepersonen gehören zu diesen unbedingt notwendigen äußeren Bedingungsfaktoren. Andere Leerstellen des Programms haben eine andere Funktion. Sie machen es möglich, daß bestimmte äußere Umweltmomente und -anreize zu Abänderungen des durchschnittlichen Programms führen oder die zeitlichen Verhältnisse des Auftretens von Sitzen, Stehen und Gehen verschieben. In jedem Falle ist das, was innerhalb dieser Leerstellen an äußeren Einflüssen wirksam wird, die zweite Quelle für das Zustandekommen individueller Unterschiede.

Die Leerstellen im genetischen Programm haben etwas mit Lernvorgängen zu tun. Auch die Lokomotion ist – trotz ihres starken Reifungsanteils – ein Beispiel für die *prinzipiell* sehr enge Verflechtung von Reifungs- und Lernprozessen bei der Entwicklung menschlicher Grundbefähigungen. Was heißt hier »Lernen«?

Jedem von uns ist dieser Begriff aus der Alltagssprache geläufig: Menschen lernen Autofahren oder Klavierspielen, Vokabeln oder Gedichte, sie lernen den Sinn von Sprichwörtern verstehen oder die Allgemeingültigkeit eines physikalischen Gesetzes begreifen. In einem berühmten Roman steht sogar der Satz »Ich lerne sehen«. Er ist eigentlich inkorrekt, weil das Sehen zu unseren stammesgeschichtlich erworbenen Grundbefähigungen gehört, die wir nicht zu lernen brauchen. Der Dichter meint aber natürlich etwas anderes, nämlich die Veränderung seiner Auffassung und Einstellung durch die Auseinandersetzung mit der Wirklichkeit, die er wahrnimmt.

Wenn wir den Versuch machen, aus den unterschiedlichen Bedeutungen, die uns in den genannten Beispielen entgegentreten, das allen Gemeinsame herauszufiltern, dann gelangen wir zur Erkenntnis dessen, was für Lernvorgänge charakteristisch ist (Klix):

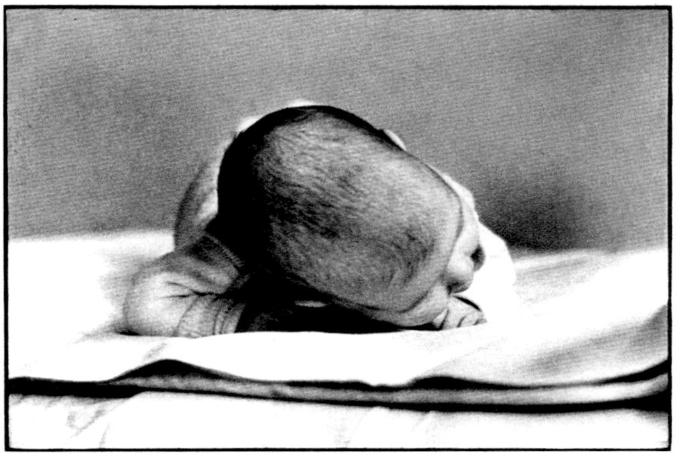

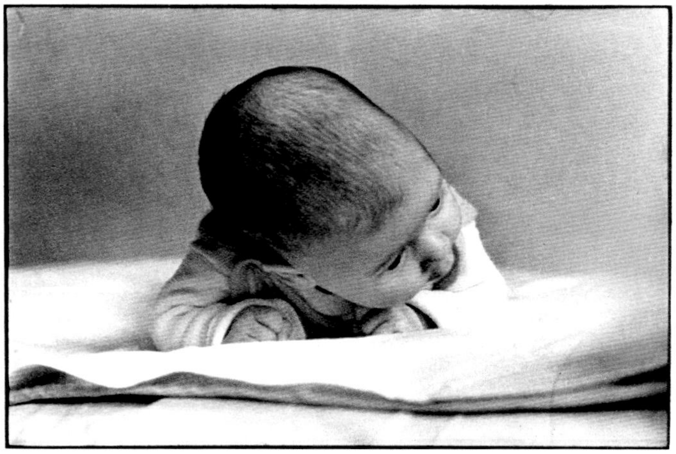

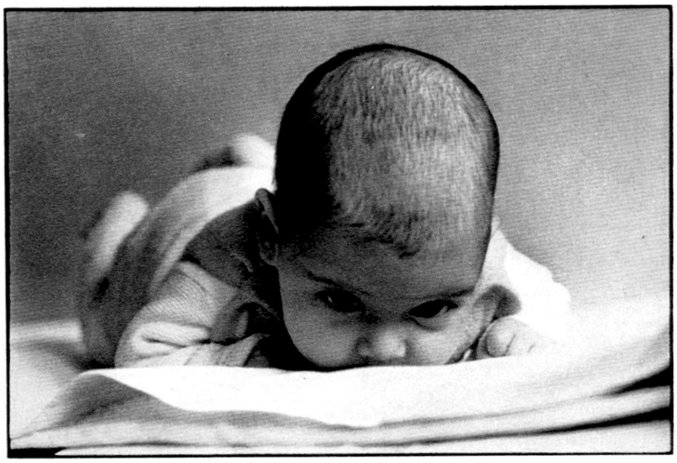

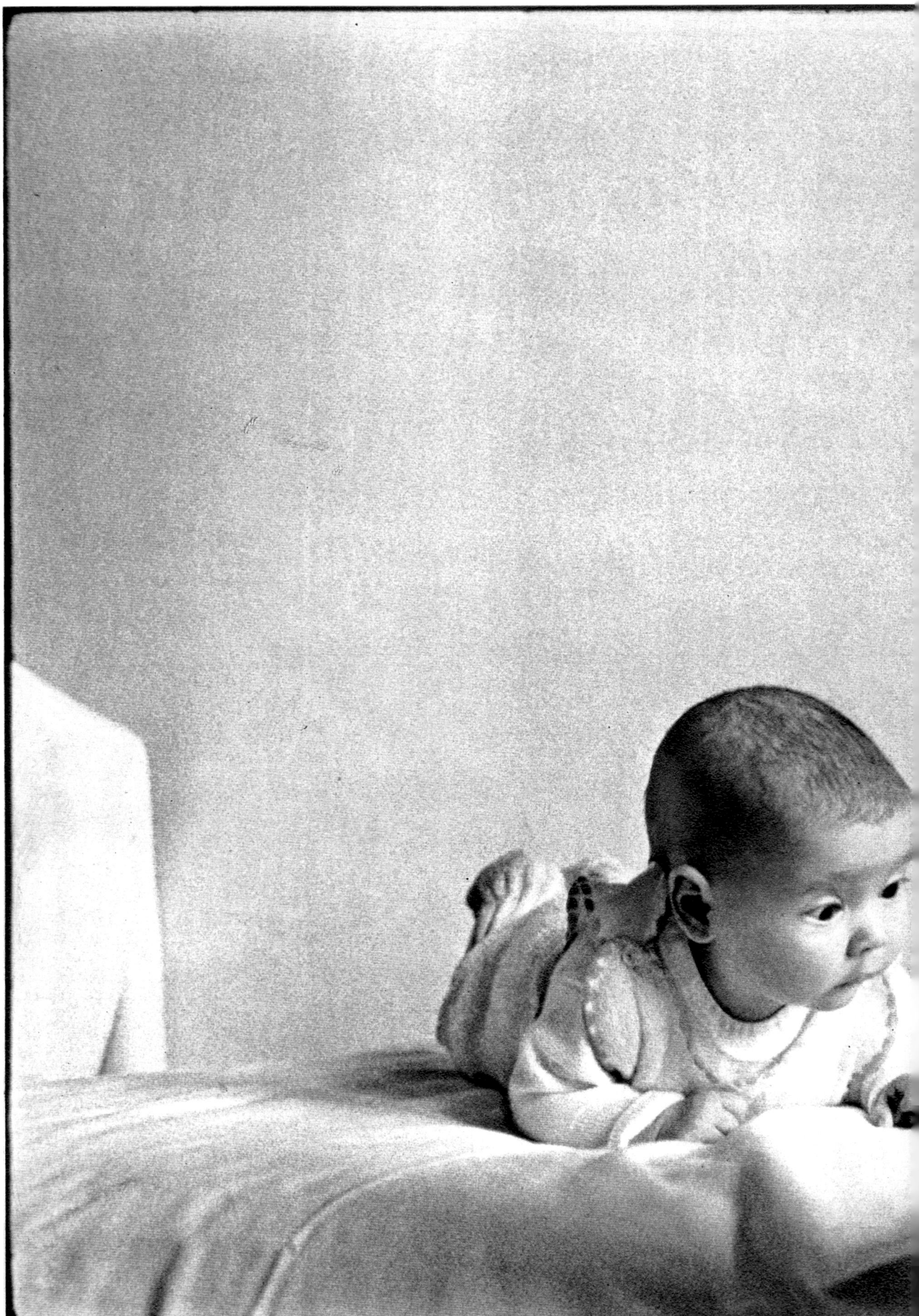

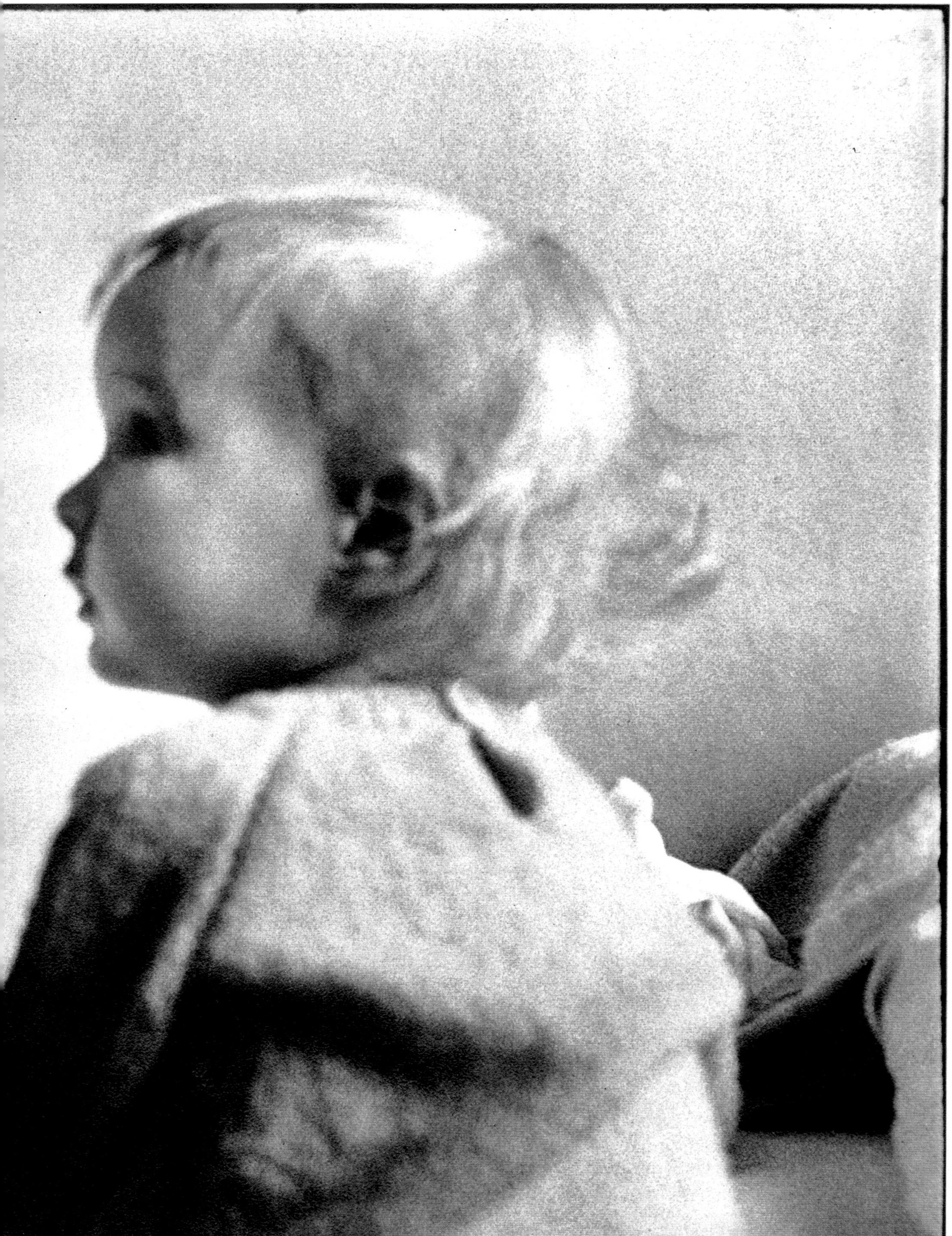

In jedem dieser Fälle handelt es sich um eine *Änderung* des Könnens oder Wissens, wenn man den Zustand vor und nach dem Lernen vergleicht. Diese Änderung hängt direkt oder indirekt mit Erfordernissen der Wechselwirkung zwischen Mensch und Umgebung zusammen, mag nun dieser *Umgebungsbezug* durch einen Lehrenden verkörpert sein oder durch andere äußere Momente. Ferner ist offensichtlich, daß nicht alle Menschen das gleiche lernen, sondern daß wir es mit einem *individuellen* Prozeß der Verarbeitung neuer Informationen zu tun haben. Wir können Menschen anhand unterschiedlicher erlernter Befähigungen voneinander unterscheiden. Und schließlich ist klar: Das Lernresultat ist greifbar in Form des Zuwachses oder der Korrektur gespeicherten Könnens oder Wissens, also im individuellen *Gedächtnisbesitz*. Lernen und Gedächtnis gehören zusammen, bedingen einander.

Diese Abschweifung und auch die etwas abstrakte Charakterisierung dessen, was Lernen ist, war notwendig. Wir wollen ja die Lernkomponenten der Lokomotionsentwicklung verstehen, und wir wollen – darüber hinaus – überhaupt verstehen, wie der Zusammenhang zwischen Entwicklung und Lernen zu deuten ist. Denn: »Das Kind entwickelt sich, *indem* es erzogen und gebildet wird« (Rubinstein), und das heißt, stets sind Lehrbedingungen gegeben, die ein Lernen in Gang bringen und befestigen. Entwicklung und Lernen sind also nicht voneinander zu trennen. Bei der Lokomotionsentwicklung läßt sich die Wirkung von Lernvorgängen überall dort nachweisen, wo durch die Einwirkung einer spezifischen Umgebungsbedingung individuell unterschiedliche Verarbeitungen dieser Umgebungsreize und -informationen stattfinden, die sich in ebenso variierenden Fortbewegungsformen, Etappenfolgen und Zeitdifferenzen zwischen den Etappen niederschlagen. Dabei wird im Zusammenhang mit der Verhaltensänderung ein motorisches Gedächtnis aufgebaut oder korrigiert.

Das Beweismaterial für das Hineinwirken von Lernvorgängen in die Entwicklung der Fortbewegung ist mittlerweile erdrückend. Einige aussagekräftige Belege sollen hier vorgestellt werden.

Alle Psychologen und Mediziner, die auf diesem Gebiet Untersuchungen angestellt haben, berichten übereinstimmend, wie häufig einzelne Kinder bestimmte Etappen überspringen. Beispielsweise kommt es bei einigen vor, daß sie sich niemals krabbelnd (im Sinne der Tabelle 2) fortbewegen.

Die Zeitdauer zwischen den Etappen differiert von Kind zu Kind erheblich, und je älter sie werden, desto mehr. Ein Kind, das geschickt und wendig im Kriechen ist und auf diese Weise sein Ziel, sich Gegenständen oder Personen anzunähern, mühelos erreicht, kann sehr lange auf dieser Stufe verharren, ehe es zu einer anderen, erfolgreicheren Technik übergeht. Diese Abhängigkeit der Entwicklung vom Erfolg und Mißerfolg einer Lokomotionsform ist ein starkes Argument für die Existenz von Lernvorgängen.

Es gibt seltener auftretende Lokomotionsformen, z. B. das Rutschen auf dem Gesäß (mit Hilfe von Beinen und Füßen, in sitzender Haltung). Man hat die sehr schnelle Ausbreitung dieser Lokomotionsweise in Kinderkrippen beobachtet, nachdem ein Kind diese »Gangart« praktizierte. Das Zustandekommen einer solchen Lokomotions*mode* läßt sich nur durch das Beobachtungs- und Nachahmungslernen erklären. In diesem Zusammenhang ergibt sich die folgende Frage: Ist es nicht von Bedeutung, daß das Kind ständig von stehenden, gehenden, sitzenden, hockenden Personen umgeben ist? Auch sie könnten ja als Lokomotions-Vorbilder wirksam werden!

Fast alle Kinder »experimentieren« mit der Bewegungsweise, die sie gerade erworben haben. Beispielsweise wird das sichere, stabile Stehen gleichsam auf seine Anwendungsgrenzen hin geprüft: Das Kind blickt zur Decke, beugt den Kopf langsam nach hinten, nackenwärts, bis es zu schwanken beginnt und dem Umfallen durch ein schnelles Hinsetzen zuvorkommt. Oder: Gerade hat es begonnen, frei zu gehen, schon probiert es, sich im Laufen umzuschauen oder dabei die Augen zu schließen, sich im Kreis zu drehen, rückwärts zu laufen. In allen diesen Fällen handelt es sich um eigenständige Übungen, die natürlich dazu beitragen, das Balancehalten – das zentrale Problem der Lokomotion – schneller zu erwerben. Daß die Balance eine problemhaltige Anforderung ist, die mit der Entstehung von Gefühlen der Unsicherheit und Angst einhergeht, läßt sich durch die lange Latenzzeit von 20 bis 25 Tagen zwischen freiem Stehen und Gehen belegen (Abb. 1).

Schließlich gibt es experimentalpsychologische Untersuchungen, die Beweise für den Einfluß des Lernens auf die Entwicklung der Lokomotion erbrachten. Erwähnt sei ein sehr aufschlußreicher Befund, der das Verschwinden der stammesgeschichtlich erworbenen Schreitbewegungen (es wurde im vorangegangenen Abschnitt erwähnt) genauer erklärt. Er macht nämlich deutlich, daß es eine Folge fehlender Übung ist. Die Versuche wurden von Zelazo u. a. durchgeführt; in einem Lehrbuch (Mussen u. a.) finden wir die folgende Zusammenfassung der Ergebnisse:

»Man kann das Gehen im frühen Alter fördern, indem man dem sehr jungen Kleinkind mit besonderen Maßnahmen seine Geh- und Schreitreflexe üben hilft ... Eine Gruppe Mütter ließ ihre Kinder zwei bis acht Wochen lang täglich zwölf Minuten mit ihrer Hilfe den Schreitreflex üben. Bei diesen Kindern verschwand der Gehreflex nicht; im Vergleich zu Babys, die zu Hause nicht geübt hatten, liefen diese Kinder mehr, wenn man sie im Alter von acht Wochen entsprechend an den Armen festhielt. Auch konnten sie zweieinhalb Monate eher – durchschnittlich im Alter von zehn Monaten – gehen als Babys ohne die spezielle Vorerfahrung.«

Alle gesicherten Hinweise auf solche Einflüsse haben mehr eine theoretische als praktische Bedeutung. Sie besagen vor allem: Die Entwicklung des Sitzens, Stehens und Gehens ist in höherem Ausmaß durch Lernen mitbedingt, als man früher annahm; sie spult sich nicht – durch Erbanlagen gesteuert – spontan, von selbst, »von innen heraus« ab. Wir müssen den Entwicklungsvorgang unterstützen, indem wir durch gegenständliche Hilfen (Spielgitter, Stühle u. dgl.) und durch unsere tätige Unterstützung (aufnehmen, auf den Schoß setzen, Gehhilfen geben) Gelegenheiten zum Trainieren des Erworbenen vermitteln. Aber wir sollten vorsichtig sein mit Übungen, die der künftigen Entwicklung gewaltsam vorgreifen! Zu leicht geschieht es, daß wir das Kind überfordern und Schäden erzeugen, die einer orthopädischen Behandlung bedürfen. Letztlich ist es ziemlich gleichgültig, ob das Kind mit 11 oder mit 14 Monaten frei laufen kann. Die Qualität, das Niveau seiner künftigen Entwicklung bleiben davon unberührt.

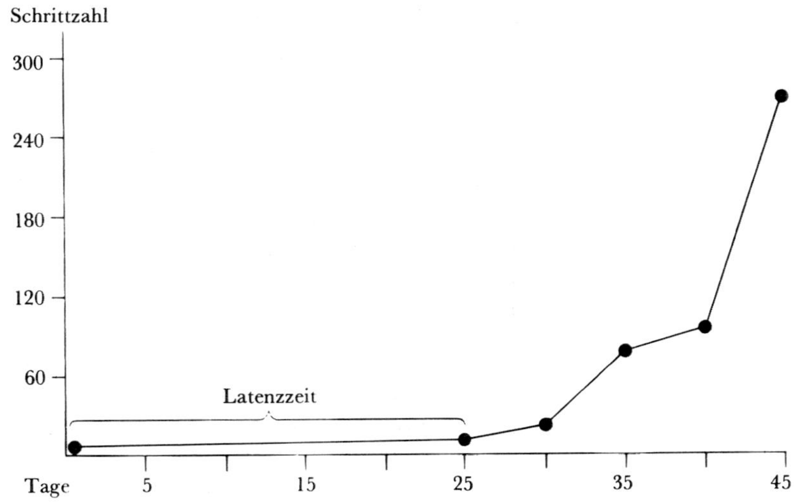

Abb. 1. Latenzzeit zwischen freiem Stehen (Nullpunkt) und freiem Gehen (ablesbar an der Schrittzahl). Nach Versuchen von Shapiro (1962), aus Hurlock (1970)

Wir sind staunende Zuschauer eines erheblichen Tempos der motorischen Entwicklung. Fast täglich geschieht etwas Neues. Wir kehren heim von einer Dienstreise und erkennen unser Kind nicht wieder: Den Abschiedskuß gaben wir ihm, als es im Gitter stand, unbeholfen und wacklig; jetzt läuft es uns entgegen, fällt uns in die Arme, in den Begrüßungskuß hinein. Was ist angesichts solcher Erfahrungen natürlicher als die Frage: Welchen Quellen entspringt eigentlich der Antrieb dieses Geschehens? *Wir* haben ihn jedenfalls *nicht* erzeugt – trotz unserer zahlreichen Hilfestellungen!

Eigenaktive Bewegung ist Ausdruck und Merkmal organismischen Lebens. Das gilt auch für den Fötus, für Säugling und Kleinkind, für den Menschen überhaupt. Wir müssen davon ausgehen, daß ein Teil der Dynamik des motorischen Entwicklungsgeschehens im Körper entsteht, ohne durch Außenreize verursacht zu werden. Die Biologen nennen das »Spontanaktivität«, die durch innere Reize, im Zentralnervensystem selbst, erzeugt wird. Durch geeignete Methoden vermögen sie diesen Antriebsfaktor objektiv nachzuweisen.

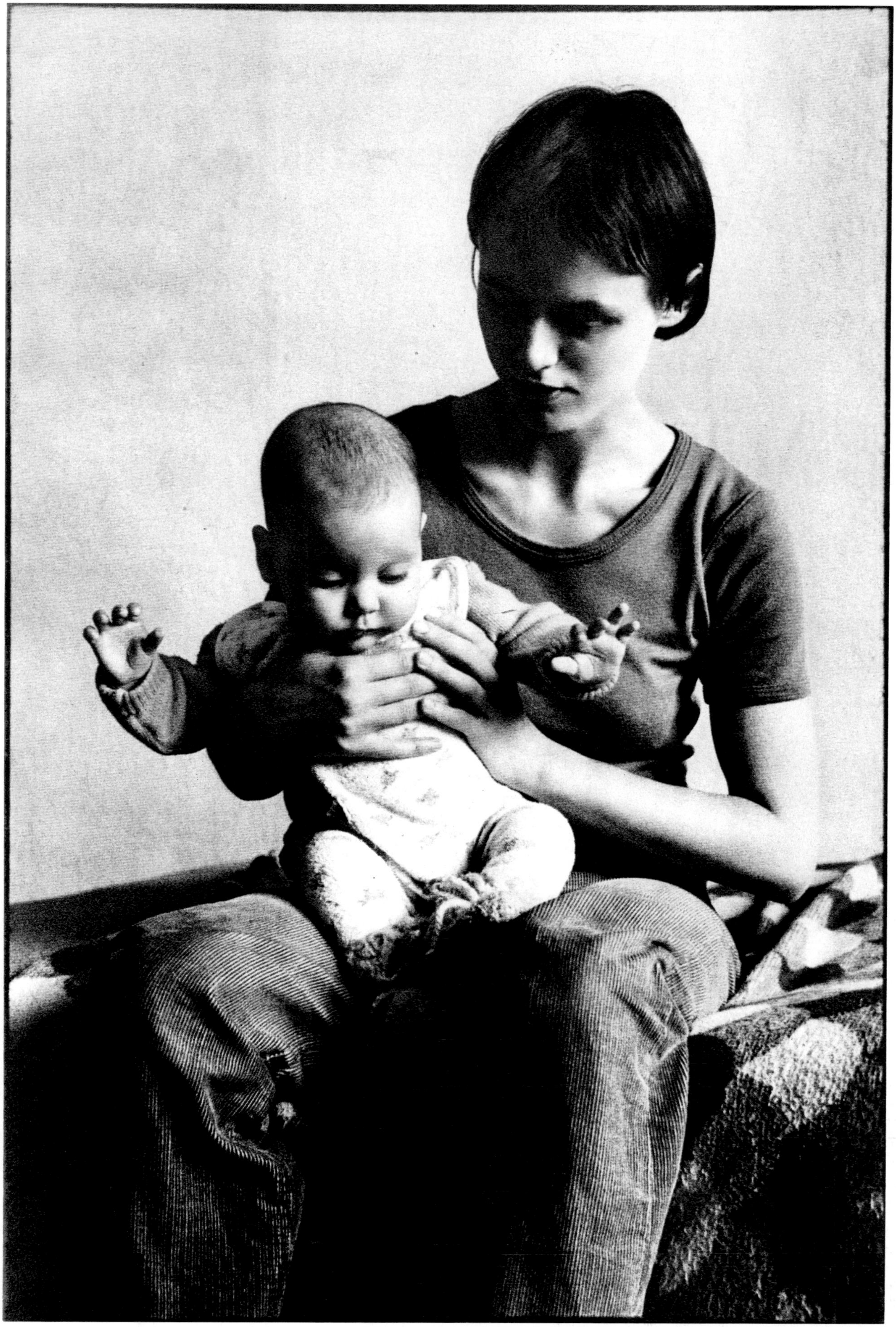

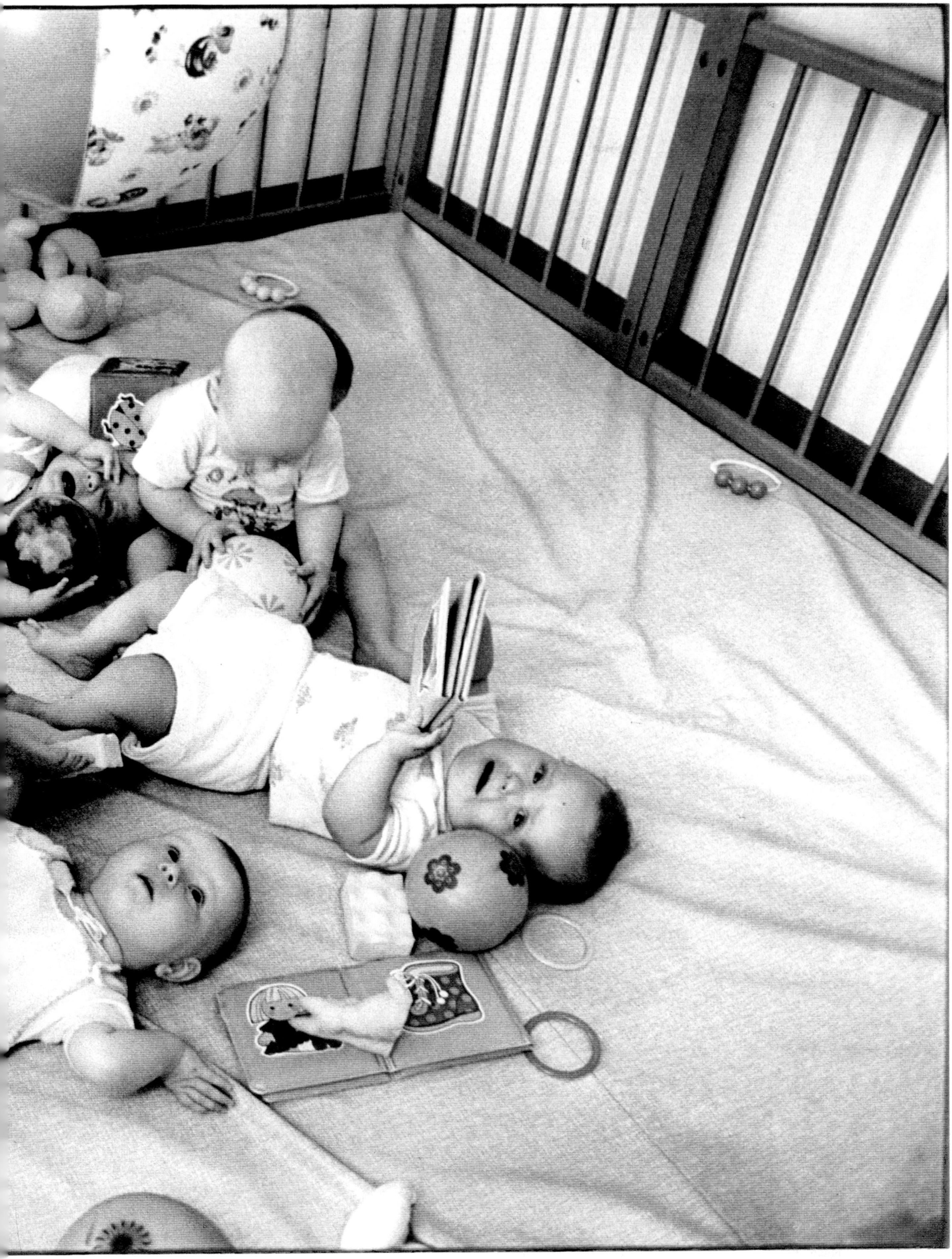

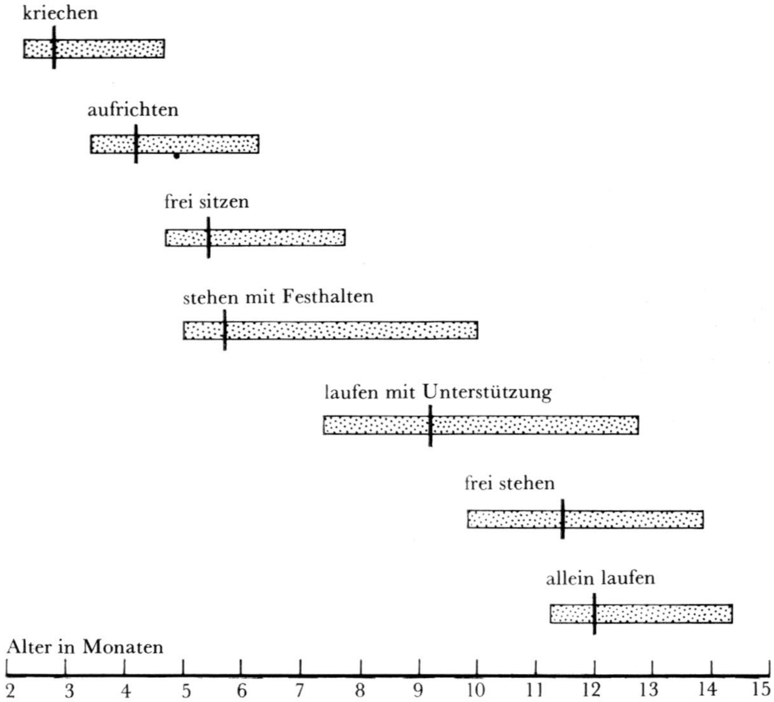

Abb. 1a. Interindividuelle Unterschiede der Lokomotionsentwicklung. Nach Hilgard, Atkinson (1976)

Eine zweite Quelle des motorischen Antriebs verstehen wir besser, wenn wir die innigen Beziehungen zwischen objektgerichtetem Wahrnehmen, Ergreifen und Hinzubewegen in Rechnung stellen. Mit jeder neuen Etappe der Lokomotorik-Entwicklung erweitert sich die Welt der wahrnehmbaren Gegenstände, Personen und Ereignisse. Wenn das Kind sitzen oder stehen kann, erblickt es bisher unbekannte Objekte, die nicht im Greifbereich liegen, die es aber gern anfassen, betasten, belecken möchte. Denn die Objektwelt des sichtbaren Fernraums wird nicht kühl, teilnahmslos abgebildet, sondern ist neuartig, überraschend, interessant, anreizend. Aus dem Widerspruch zwischen *anlockenden* Gegenständen und Personen im Fernraum und noch nicht realisierbaren Möglichkeiten der Annäherung resultiert nicht nur die Vervollkommnung sozialer Techniken der Inanspruchnahme von Pflegepersonen, um solche Annäherungen vollziehen zu können (Zeigegesten, Lautäußerungen des Begehrens, »flehende« Blickkontakte). Aus diesem Widerspruch erwächst zugleich auch der Antrieb, mit Anstrengung, Kraftaufwand und Konzentration eigenständige Handlungen der Inbesitznahme des fernen Objekts durch eine geeignete Lokomotorik in Gang zu bringen und zu vervollkommnen. Nur der Erwerb neuer Techniken der Fortbewegung vermag den Widerspruch wirklich zu lösen. Denn nicht immer ist die Pflegeperson zur Hand, nicht immer ist sie gewillt, den dienstbaren Geist zu spielen – sei es aus pädagogischen Gründen oder aus Bequemlichkeit. Aber die Lösung des Konflikts hat ein Nebenergebnis: Es entstehen neue Widersprüche. Beispielsweise erklärt sich der Antrieb, Kletterbewegungen zu erproben und zu verfeinern, daraus, daß durch Kriechen und Laufen zwar Objekte in der Nähe des Fußbodens erreichbar sind, nicht jedoch solche, die an der Wand hängen oder auf dem Schrank stehen.

Imponierend ist die Stärke und die geringe Erschöpfbarkeit all dieser Antriebe. Sichstoßen und Hinfallen, Mißerfolge und Schmerzen vermögen auf die Dauer ihr Wirken nicht einzuschränken. Das mit Beulen und blauen Flecken gezeichnete Kind kämpft sich wahrhaft empor zum aufrechten Gang seiner Gattung! Wieviel Initiative, Selbstantrieb und Ausdauer stecken in diesem Entwicklungsprozeß, mit wieviel Produktivität ist er angereichert, wenn wir an das Experimentieren mit lokomotorischen Fertigkeiten denken! Gelänge es uns, dies für den Vollzug des *gesamten* Lebensprozesses zu erhalten – welch ein Mensch stünde vor uns!

Und noch etwas: Damit das alles geschieht, bedarf das Kind kaum unseres Lobes, nicht dauernder Belohnung durch Zärtlichkeit und Süßigkeit. Nein, ein geistiges Moment ist im Spiel. Das forschende Erkunden der gegenständlichen und sozialen Welt, das Begreifen ihrer Eigenschaften und Funktionen, das Experimentieren durch tätiges Einwirken auf diese Welt – das alles ist Lohn genug für die Mühen, Nöte und Leiden des Erlernens von Stehen und Gehen, von Steigen und Springen, von Klettern und Hangeln. Freilich kommt Spaß am Sichbewegen – als Selbstzweck – hinzu, aber dieses Motiv allein reicht nicht aus. Der Antrieb, der das Kind von einer Stufe der Lokomotionsentwicklung auf die nächsthöhere hebt, hat wesentliche Wurzeln im geistigen Bedürfnis, sich die Welt forschend dienstbar zu machen.

Die Verflechtung von geistiger und lokomotorischer Entwicklung ist noch an anderen Phänomenen sichtbar zu machen. Bisher wurde gezeigt, wie geistige Bedürfnisse dynamisch in die motorische Entwicklung eingreifen. Irgendwann aber verwandelt sich die Lokomotion aus einem Entwicklungs*ziel* in ein *Mittel* der Entwicklung. Das geschieht, sobald sich eine lokomotorische Technik in eine automatisierte Fertigkeit umgeformt hat, derer sich das Kind bedienen kann. In dem Augenblick, wenn sich Stehen und Gehen in diesem Sinne verselbständigt haben, ist das Kind imstande, sie als Instrument zur Lösung eines bestimmten Typs von Problemen einzusetzen, den die Psychologen »Umwegbewältigung« nennen. Diese Art von Problemlösen – eine der ersten Formen, die wir in der Kindheit vorfinden – sei im folgenden kurz gekennzeichnet und veranschaulicht (Abb. 2).

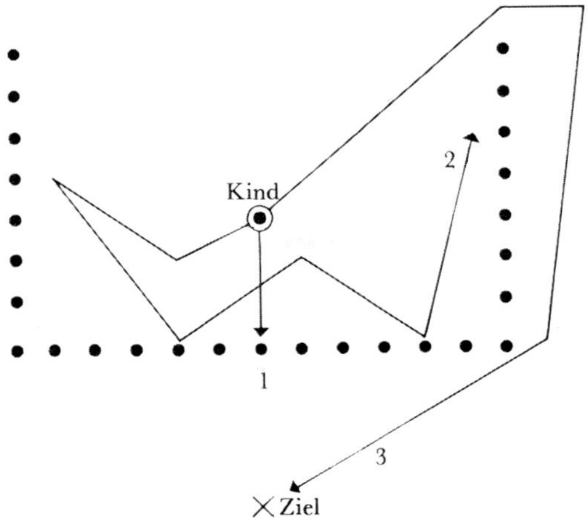

Abb. 2. Schematische Darstellung einer Umwegaufgabe mit 3 Lösungsmöglichkeiten

Gehen wir also davon aus (wie es die Abbildung vorschreibt), das Kind befände sich innerhalb eines U-förmigen »Käfigs«, vor sich, außerhalb des durchsichtigen Gitters, ein lockendes Zielobjekt (eine geliebte, das Kind heranrufende Person; Schokolade auf einem kleinen Tischchen u. ä.). Wie entspre-

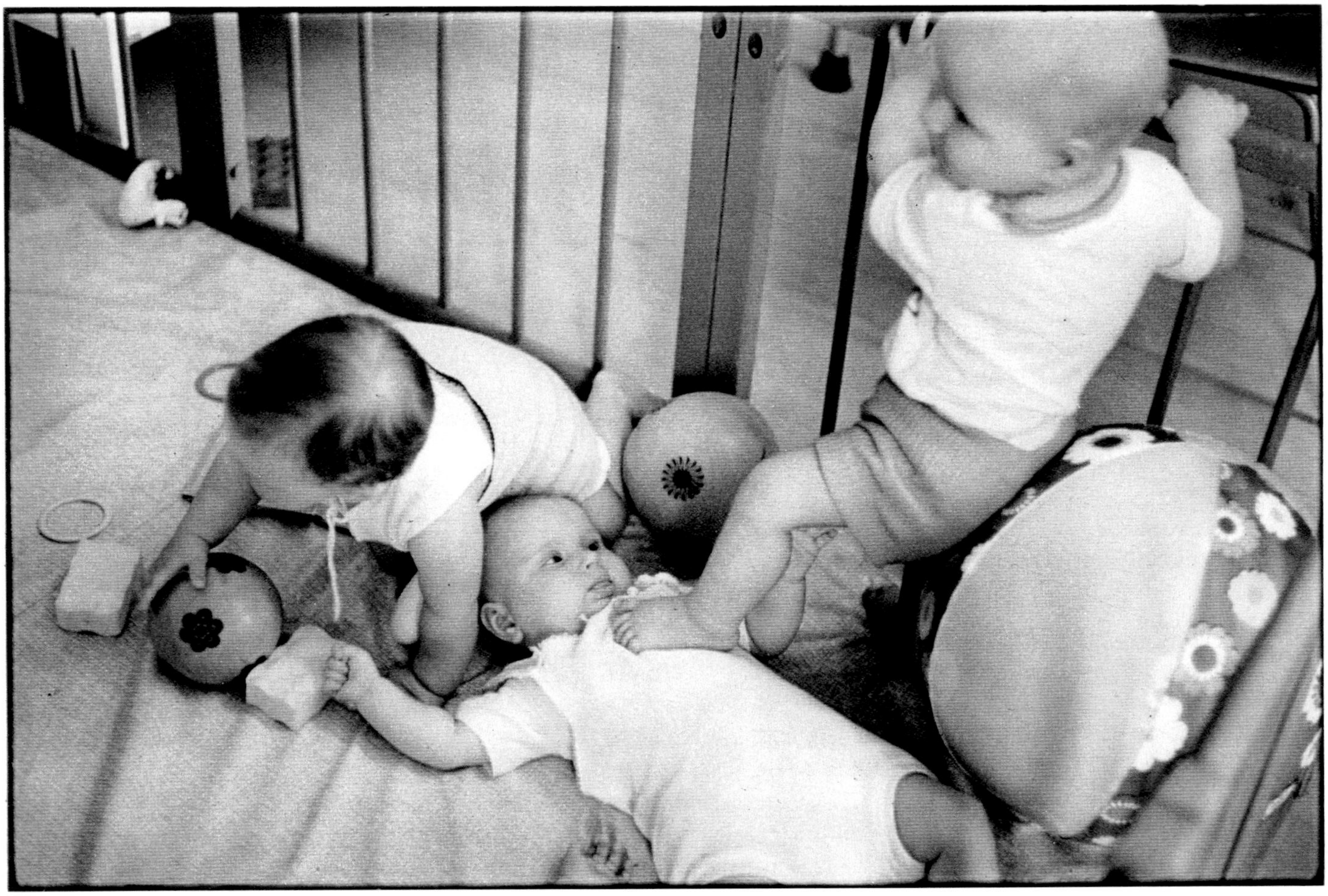

chende Untersuchungen (Kässner) ergeben haben, realisieren Kinder im Krippenalter (1 bis 3 Jahre) drei verschiedene Techniken der Zielnäherung:

- zielfixiertes Verhalten, d. h. erfolglose Versuche der unmittelbaren Zielerreichung, durch das Gitter hindurch, gegen das Gitter »anrennend« (Variante 1);
- diffuse Aktionen, d. h. mehr oder minder zufälliges, nur teilweise zielgebundenes Hin- und Herrennen in Zielnähe, wobei manchmal unabsichtlich der richtige Weg entdeckt wird (Variante 2);
- vorausschauendes Verhalten, d. h. beobachtendes Überblicken der Gesamtsituation (ohne Lokomotorik), dabei inneres Durchprobieren der Möglichkeiten, dann erst Bewegung zum Ziel hin über den Umweg (Variante 3).

Im zweiten Lebensjahr finden wir überwiegend die Varianten 1 und 2, erst im dritten Lebensjahr setzt sich Variante 3 als die dominierende durch. Dieser Fortschritt ist auf die Automatisierung der lokomotorischen Fertigkeiten zurückzuführen, ferner auf die Fähigkeit des Kindes, zunehmend weniger den starken Lockungen des Ziels zu unterliegen und – auf diese Weise vom Bedürfnis-»Druck« befreit – in beobachtender Überschau zu erkennen: Das anfängliche »weg vom Ziel« ist in Wahrheit die einzige und (psychologisch, nicht physikalisch) kürzeste Alternative des »hin zum Ziel«. Hier steht die Lokomotorik als völlig untergeordnetes Mittel im Dienste der im Wahrnehmen, Beobachten, Analysieren erfolgenden psychischen Um- und Neuorganisation der Situation, die durch diese Aufgabe provoziert wird. Solche Fähigkeiten müssen wir zu den frühesten Bekundungen kindlicher Intelligenz rechnen, wenn wir diesen Begriff mit der Kompetenz, Probleme zu lösen, in Beziehung bringen.

Lernen, lernen, lernen

Mit dem Leben des Menschen fängt seine Erziehung an; denn Kräfte und Glieder bringt er zwar auf die Welt, aber den Gebrauch dieser Kräfte und Glieder, ihre Anwendung, ihre Entwicklung muß er lernen.

Johann Gottfried Herder, Briefe zur Beförderung der Humanität (1793)

Eines nach dem anderen öffnete der kleine Marc seine Fenster auf die Welt. Klareres Licht begann über die ebene Fläche des flüssigen Blicks dahinzuziehen ... Das Menschlein hatte sich beruhigt und vom Leben Besitz ergriffen. Und er fand es gut. Er forschte, betastete und kostete es gierig mit dem Mund, den Augen, den Füßen, den Händen, den Lenden.

Romain Rolland, Die verzauberte Seele

Es gibt kein dummes Vierteljahr

Erziehung ist allemal ein Risiko. Groß ist die Zahl der Fehler, die wir machen können. Schwer ist es, sie immer als solche zu erkennen, weil es oft erst Spätwirkungen sind, die sie ausweisen. Eine wohlbekannte Quelle pädagogischer Fehler liegt in der Unterschätzung kindlicher Fähigkeiten. Diese Quelle entdecken wir bereits in der Erziehung des Säuglings. Das Verständnis der Entwicklung im Säuglingsalter ist nämlich durch ein weitverbreitetes Vorurteil belastet: »das dumme Vierteljahr«. Neugeborenes und Säugling der ersten Monate, sie seien Wesen, die nur essen, trinken, schlafen und ausscheiden wollten. Weder soziale Fähigkeiten noch Tendenzen geistiger Tätigkeit seien vorhanden. Es käme lediglich darauf an, die genannten Bedürfnisse zu befriedigen, hygienische Normen zu beachten und ansonsten dem Kind seine Ruhe des Dämmerns und Schlafens zu lassen.

Diese Auffassung ist wissenschaftlich längst widerlegt. Der Säugling der ersten Monate nimmt während seiner Wachperioden Informationen aus der Umgebung reichlich auf, verarbeitet sie, speichert sie kurzzeitig im Gedächtnis. Er vermag in Abhängigkeit von individuellen Erfahrungen lernend sein Verhalten zu ändern. Ein geistiges Wesen ist der Mensch also von Geburt an, wenn wir in den Begriff des »Geistigen« auch jene frühkindlichen Befähigungen einschließen, die dem logischen, schlußfolgernden Denken des Erwachsenen entwicklungsmäßig vorausgehen, und das heißt: die zum Aufbau, zur schrittweisen Vervollkommnung dieses Denkens beitragen – im Sinne einer notwendigen Vorbedingung seines Entstehens.

Geistige Leistungen, die auf ein Erkennen der Wirklichkeit abzielen, bedürfen der sinnlichen Vermittlung. Damit Lernen und Denken möglich sind, müssen die Sinnesorgane (und die dazugehörigen Bereiche im Gehirn) funktionstüchtig sein, so daß Objekte, ihre Merkmale und Wechselbeziehungen wahrgenommen werden können. Der Reifegrad dieses Wahrnehmungs-»Apparats« ist beim Neugeborenen schon erheblich – ein Produkt der vorgeburtlichen Entwicklung.

Die niederen Nahsinne (Tast-, Geschmacks-, Geruchssinn) sind weitgehend ausgereift, ebenso der Distanz-Sinnesbereich des Gehörs. Nur der optische Analysator* ist zunächst noch relativ unentwickelt und erreicht erst gegen Ende des ersten Lebensjahres seine volle Kapazität aller Teilleistungen** Um so erstaunlicher und beachtenswerter sind Befunde, die ein enormes Sehvermögen mit Hilfe dieses unvollkommenen Instruments belegen.

*»Analysator« – sensorisches Gesamtsystem, das die peripheren Anteile (Sinnesorgan) und die dazugehörigen zentralen Bereiche (Hirnrindenabschnitte) einschließt.

** Die Unreife des optischen Analysators trifft nur für das Auge zu; die zentralen Anteile im Gehirn sind wesentlich weiter entwickelt, also relativ viel reifer.

Wenden wir uns also den Fähigkeiten wahrnehmender Widerspiegelung zu. Die folgenden Beispiele sind sicherlich geeignet, den Leser zu verblüffen.

Bereits Neugeborene sind in der Lage, visuelle Muster unterschiedlicher Reizvielfalt als verschiedenartige Gebilde zu erkennen. Sie fixieren – ebenso wie ältere Säuglinge – solche Muster, deren Reize eine Abwechslung bieten, länger als ein einförmig-graues, »langweiliges« Bild (Abb. 3). Man kann diesen Befund auch so ausdrücken: Aufgrund einer groben Merkmalsauftrennung (komplex gegen einförmig) ordnen sie die Muster in zwei Gruppen, denen sie ein unterschiedliches Maß an Aufmerksamkeit widmen.

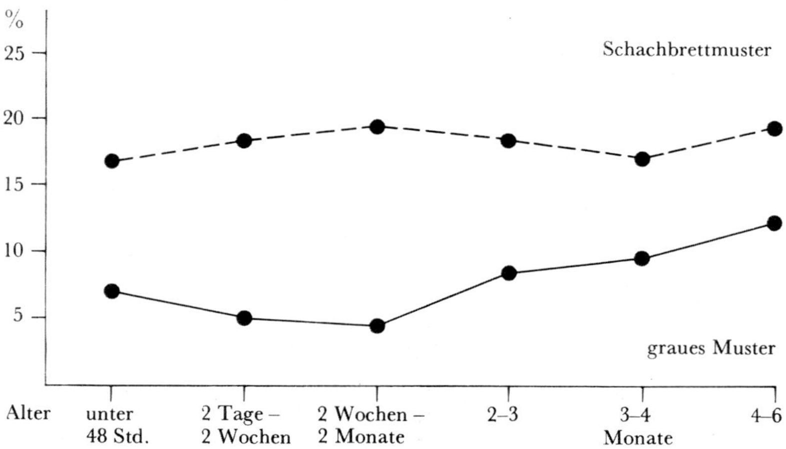

Abb. 3. Visuelle Orientierung von Kleinstkindern nach Versuchen von Fantz (1965), aus Mussen/Conger/Kagan (1976). Die Prozentzahlen beziehen sich auf die Darbietungsdauer der beiden verschiedenen Muster; sie drücken die Intensität der Aufmerksamkeit aus.

Was geschieht eigentlich, wenn der junge Säugling ein solches Objekt betrachtet? – Darüber geben andere Experimente Auskunft, in denen man Kindern dreieckige Strichmuster (schwarz, auf hellem Hintergrund) darbot und mit Hilfe einer speziellen fotografischen Technik die Augenbewegungen registrierte. Hier tasten die Kinder ebenso wie wir das Muster mit den Augen ab. Sie umfahren es, verharren einige Zeit an markanten Elementen (Seiten, Ecken) und gleiten kaum in den »leeren« Raum des Hintergrundes ab. Und das tun sie, obwohl das Auge in den ersten vier Monaten keine scharfen Abbildungen auf der Netzhaut zuläßt!

In anderen Versuchen ist der Nachweis erbracht worden, daß Säuglinge im Alter von zwei bis sieben Wochen das Gesicht der vertrautesten Pflegeperson (in diesem Falle war es die Mutter) erkennen und die Zuordnung von Gesicht und Stimme erlernt haben. In einem Bericht über diese Untersuchungen heißt es (Johst):

»In einem Wahlversuch wandten sie sich vorzugsweise dem Gesicht der Mutter zu und fixierten es besonders aufmerksam, wenn gleichzeitig ihre Stimme wiedergegeben wurde. Sie betrachteten es aber auch dann länger als ein fremdes Gesicht, wenn es stumm blieb. Dagegen kehrten sie sich vom Gesicht der Mutter ab, wenn es ihnen zusammen mit einer fremden Stimme angeboten wurde.«

Das Unterscheidungsvermögen dieser sehr jungen Säuglinge ist also beträchtlich. Zahlreiche andere experimentelle Daten können das bestätigen. So saugen drei Wochen alte Säuglinge länger an der Brust oder am Sauger der Flasche, wenn gleichzeitig die Stimme der Mutter diese Handlung begleitet. Eine fremde Stimme führt in diesem Falle zu einer erheblichen Verkürzung der Zeit des Saugens (Versuche von Mills und Melhuish). Neugeborene im Alter von zehn Tagen unterscheiden die vertrauteste Bezugsperson auch mit Hilfe des Geruchs von anderen Menschen, wie entsprechende Wahlexperimente ergaben.

Es scheint so, als seien die Fähigkeiten des wahrnehmenden Erkennens und Unterscheidens dort besonders entwickelt, wo es um Eigenschaften, Merkmale und Besonderheiten sehr vertrauter Personen geht, z. B. der Mutter. Handelt es sich hier um eine ererbte Sensibilität, die aus der Traglings-Natur des Säuglings herrührt? Oder ist dies eine Folge des häufigen Kontakts und der »Interessantheit« der Pflegeperson? –

Tatsächlich gibt es kein Objekt in der kindlichen Welt dieses Alters, das mehr Anreize zu bieten hat: sich bewegende Teile (Kopf, Arme, Hände, Finger, Augen, Lippen), stimmliche Äußerungen, Glanz der Augen, Nahrung, Wärme, Hautkontakt. Vielleicht wirken beide Bedingungsgruppen beim Zustandekommen des erstaunlichen Widerspiegelungsvermögens zusammen; mit Sicherheit vermag das heute niemand zu sagen.

Wahrnehmendes Widerspiegeln, Abbilden – das hört sich irgendwie passiv an. Der psychische Vorgang, um den es hier geht, ist aber keineswegs passiv, auch beim jungen Säugling nicht. Wie beim älteren Kind, beim Jugendlichen und Erwachsenen ist es gerichtete *aktive Orientierung*. Woher weiß man das? – Bereits das Neugeborene verfügt über einen ererbten Verhaltensmechanismus, der als »Orientierungsreflex« bezeichnet wird. (Pawlow, der ihn bei Tieren entdeckte, nannte ihn zutreffend »Was-ist-das-Reflex«.) Er wird durch solche Reize ausgelöst, die sich von zeitlich vorangegangenen Reizmustern in irgendeiner Hinsicht unterscheiden. Ungewohnte, neuartige, plötzlich auftretende Reize – auf sie reagiert der Säugling durch eine Verlangsamung der Herzfrequenz und einen kurzzeitigen Atemstillstand, durch Suchbewegungen, um die Reizquelle zu orten. Der ganze Organismus wird in einen wachen Zustand konzentrierter Aufmerksamkeit versetzt. So werden günstige Vorbedingungen dafür geschaffen, Informationen aus der Umgebung aufzunehmen. Der Orientierungsreflex erzeugt die Aktivitäts- und Antriebsgrundlagen für den Wahrnehmungsprozeß, der auf diese Weise seine biologische Anpassungsfunktion, die auf Umgebungserkundung gerichtet ist, zu erkennen gibt.

Verlassen wir nun den Bereich der Wahrnehmung und wenden wir uns dem Lernverhalten zu. – Auch hier gibt es Grund genug, über die Fähigkeiten des Säuglings der ersten Monate erstaunt zu sein. Wiederum sollen aussagekräftige Beispiele vorgestellt werden.

Die Orientierungsreaktion, von der zuvor die Rede war, unterliegt lernbedingten Veränderungen. Immer dann, wenn ein zunächst neuartiger Reiz mehrfach nacheinander in kurzen Zeitabständen dargeboten wird – ohne daß besondere positive oder negative Konsequenzen eintreten –, läßt die Reaktionsintensität nach und bleibt schließlich ganz aus.* Abbildung 4 demonstriert das Ergebnis einer experimentellen Untersuchung an Säuglingen (Engen u. a.). Geprüft wurde die Orientierungsreaktion der Kinder auf einen ungewohnten Geruchsreiz, nämlich Anisöl. Sie äußerte sich als Zunahme motorischer Gesamtaktivität und in kurzzeitigem Aussetzen der Atmung. Wie die Kurve zeigt, führt das zehnmalige Darbieten des Reizes zu einem starken Absinken der Reaktionsbereitschaft. Der 11. Test, der vom 10. zeitlich länger entfernt war, ließ diese Bereitschaft wieder zunehmen.

* Schmerzreize z. B. mit ihren negativen Konsequenzen (Schmerzempfindungen) bleiben unverändert wirksam. Hier offenbart sich ein tiefer biologischer Sinn: Diese Reaktionen werden nicht durch Abgewöhnen verlernt, weil Schmerzen eine Gefährdung der organismischen Existenz anzeigen könnten.

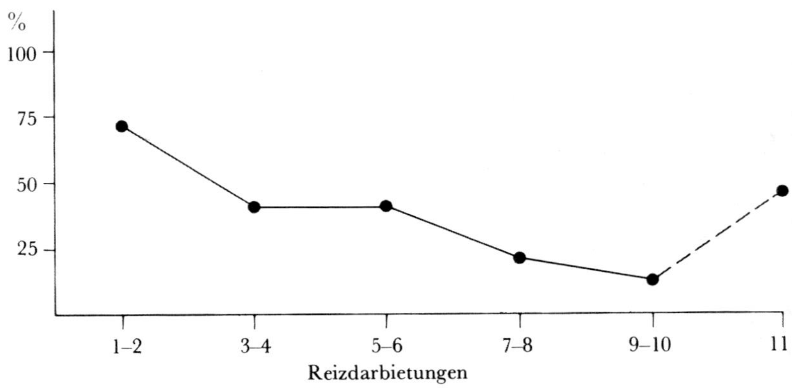

Abb. 4. Gewöhnungslernen von Säuglingen im Experiment, durchgeführt von Engen/Lipsitt/Kaye 1963 (aus Lipsitt 1967). Die Prozentzahlen sagen aus, wie häufig das Anisöl eine Orientierungsreaktion auslöste.

Was hier geschehen ist, nennt man Gewöhnungslernen. Das Kind macht sich mit einem anfänglich fremden, neuartigen Reiz bekannt, indem es seine Qualitäten im Kurzzeitgedächtnis speichert. Da dieser Reiz keine für das Kind wesentlichen Folgen zeitigt, verliert er seine Bedeutsamkeit, wird als »uninteressant« nicht mehr beantwortet. Weil er jedoch nur für kurze Zeit behalten wird, tritt nach einem längeren Zeitintervall die Orientierungsreaktion auf ihn wieder ein. – Diese Art von Lernen besitzt eine große biologische Bedeutung. Sie verkörpert nämlich eine Schutzfunktion angesichts der permanenten Reizfülle, der das Kind – wie wir alle – ausgesetzt ist. Das Gewöhnungslernen entlastet den Organismus, indem es dazu führt, die unwichtigen Reize von den bedeutsamen zu trennen und nur auf die letzteren in angepaßter Weise zu reagieren.

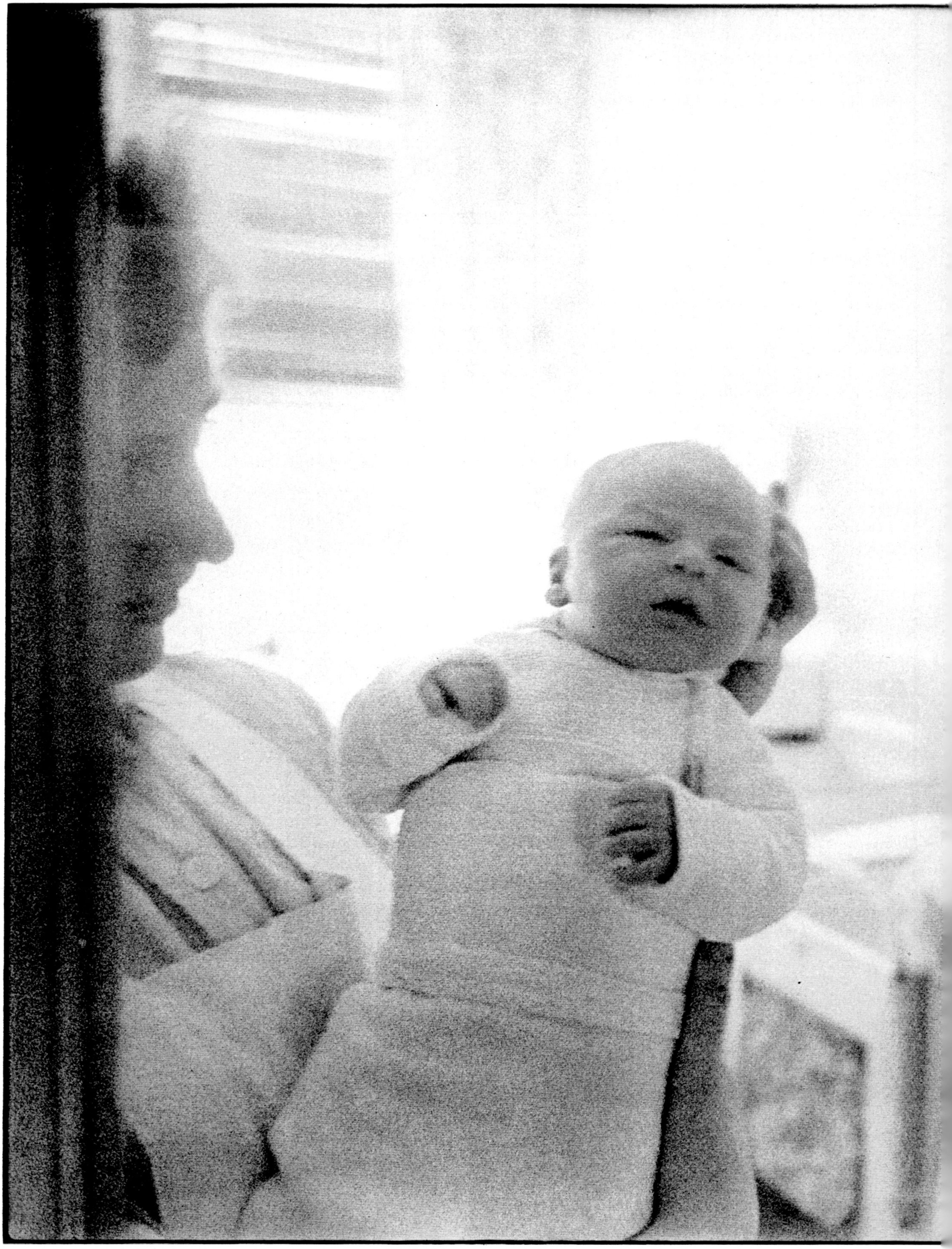

Um eine höherentwickelte Art des Lernens handelt es sich überall dort, wo der Säugling Beziehungen zwischen ihm bedeutsamen Reizen, Merkmalen, Objekten herstellt und gedächtnismäßig speichert. Diese Beziehungen können gleichzeitig existieren, und dann wird eine räumliche Merkmals- oder Objektkonstellation, eine *Situation* erlernt. Wir kennen das bereits, nämlich als Zuordnung der mütterlichen Stimme zu ihrem Gesicht. Sofern die Beziehungen zwischen nacheinander auftretenden Sachverhalten gestiftet werden, haben wir es mit einem Fall von erlernten *Ereignisfolgen* zu tun. Psychologisch gesprochen, werden auf der Grundlage aktiver Erkundungsmotive entweder räumliche oder zeitliche *Assoziationen* (als Konsequenz häufiger räumlicher oder zeitlicher Nachbarschaft von Reizmustern, Objekten usw.) ausgebildet. Beiden Formen assoziativen Lernens begegnen wir beim jungen Säugling.

Abb. 5. Ergebnisse eines Experiments zum bedingt-reflektorischen Lernen bei Neugeborenen, durchgeführt von Siqueland/Lipsitt 1966 (aus Lipsitt 1967). Die Prozentzahlen besagen, wie häufig der bedingte Reiz mit einer unbedingten Reaktion beantwortet wurde.

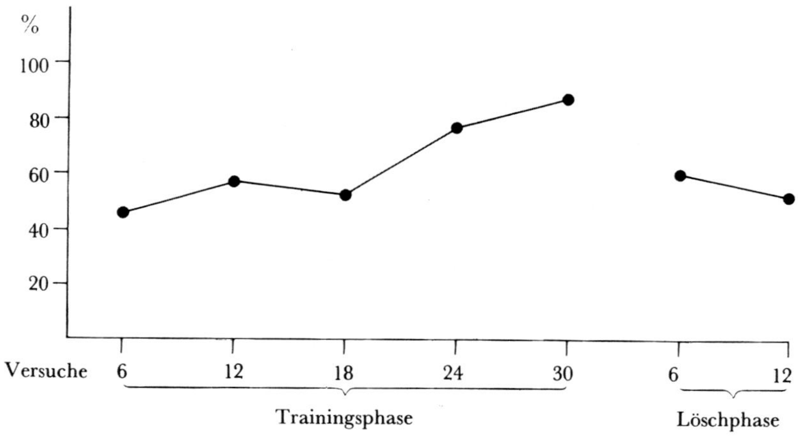

Im Experiment läßt sich die Bildung beider Assoziationstypen am mittlerweile »klassischen« methodischen Modell der Ausarbeitung bedingter Reaktionen verfolgen. Seit Pawlow dieses Verfahren erfand und an Tieren erprobte, haben viele Forscher den erfolgreichen Versuch gemacht, bei Neugeborenen und Säuglingen bedingte Reaktionen zu erzeugen. Am Beispiel der Abbildung 5 lassen sie sich verdeutlichen.

Ausgangspunkt solcher Versuche ist immer ein zum ererbten Verhaltensschatz gehörender Reflex. In diesem Falle war es ein Streicheln der linken Wange des Neugeborenen, ein Reiz, der regelhaft mit einer Kopfwendung zur gereizten Seite hin beantwortet wird. Dieser »unbedingte« Streichelreiz wurde nun durch eine kurzzeitige Nahrungszuführung (Zuckerlösung) belohnt und zeitlich mit einem »bedingten« Reiz gekoppelt, nämlich mit einem Summton. Er ertönte bei jedem Einzelversuch genau fünf Sekunden lang; zweieinhalb Sekunden nach seinem Einsetzen wurde die linke Wange gestreichelt und die auf den einsetzenden Summton hin erfolgende Reaktion (Kopfwendung) registriert. Es sollte ermittelt werden, ob das Kind eine Assoziation zwischen dem unbedingten Streichelreiz und dem zeitlich vorausgehenden bedingten Summton bildet. Sie mußte sich darin niederschlagen, daß der Säugling sofort nach dem Einsetzen des Summers, ehe das Streicheln und Füttern erfolgt, die Kopfwendung zeigt. Abbildung 5 enthält die Resultate: Nach 6 Versuchen wurden etwa 45% der Summtöne (bedingte Reize) mit einer Kopfwendung beantwortet, nach 12 Wiederholungen waren es schon fast 60%, und am Schluß der Serie, nach 30 Einzelversuchen, wurde eine Häufigkeit von über 80% erreicht. Sie spricht ganz eindeutig für einen Lernprozeß: Die Neugeborenen reagierten sehr präzise auf das Einsetzen des Summers mit einer Kopfwendung, ehe sie gestreichelt wurden. Und sie reduzierten diese erlernte Assoziation, sobald die Belohnung (Streicheln, Füttern) in der »Löschphase« solcher Experimente ausblieb – ein sehr sinnvolles, »vernünftiges« Verhalten!

Wie man weiß, reagiert das Kind zu Beginn solcher Versuche auf den neuartigen, plötzlichen bedingten Reiz wiederum mit einer Orientierungsreaktion. Dadurch ist die aktive, orientierende Zuwendung gesichert, die den Lernvorgang einleitet. Ist die Assoziation hergestellt, vermag das Kind den bedingten Reiz als Anzeichen, als Anzeiger der zukünftigen Belohnung zu verwenden. Es findet also gleichsam eine »Vorhersage« kommender, »erwarteter« Ereignisse statt! Wenn diese dann ausbleiben, wird die Assoziation gelockert und schließlich aufgegeben.

Das Erlernen von Situationen und Ereignisfolgen im beschriebenen Sinne findet im Alltag des jungen Säuglings (und natürlich auch späterhin, das ganze Leben hindurch) fortlaufend statt, sofern er sich im Wachzustand befindet. Das kann man im Zusammenhang mit dem Saugverhalten besonders gut studieren. Bei der Flaschenfütterung z. B. ist der Sauger der unbedingte Reiz für das Saugen (die unbedingte Reaktion). Sehr schnell baut nun das Kind Assoziationen auf. Wir können sie ausmachen, wenn wir darauf achten, auf welche Reizbedingungen hin das Saugen *vorzeitig* einsetzt. Bald ist es der Anblick der Flasche, ferner das Einnehmen der typischen Trinkhaltung (liegend, im Arm der Pflegeperson), das Umbinden des Lätzchens, die Anwesenheit der Mutter. Erforderlich ist natürlich, daß das Kind hungrig ist und nach Nahrung verlangt. Diese Tatsache ist wichtig: Alle Lernvorgänge, die wir kennen, brauchen als Antriebsgrundlage ein kindliches Bedürfnis, das befriedigt wird.

Wer alle diese Tatsachen zur Kenntnis nimmt – wie könnte er noch daran zweifeln, daß wir es mit einem »klugen Vierteljahr« zu tun haben?! Das geistige Leben beginnt nach der Geburt, und wir tun gut daran, das Pflege- und Betreuungsregime darauf einzurichten. Wir müssen dem Kind im Wachzustand eine Vielfalt von Reizen anbieten, damit wir sein Orientierungsverhalten anregen und in Gang halten, damit wir ihm dabei behilflich sind, Situationszusammenhänge und zeitliche Ereignisbeziehungen lernend zu erkennen. Zu begrüßen ist darum das Angebot an Bettwäsche und Kleidung mit komplexen, mehrfarbigen Mustern, wichtig ist darum der Umgang mit einfachen Spielmaterialien. Und erforderlich ist darum der innige Kontakt der Pflegepersonen, weil er nicht nur soziale Bindungen vorbereitet, sondern eine Reiz- und Informationsvielfalt gewährleistet, die durch andere Objektkontakte kaum zu ersetzen ist.

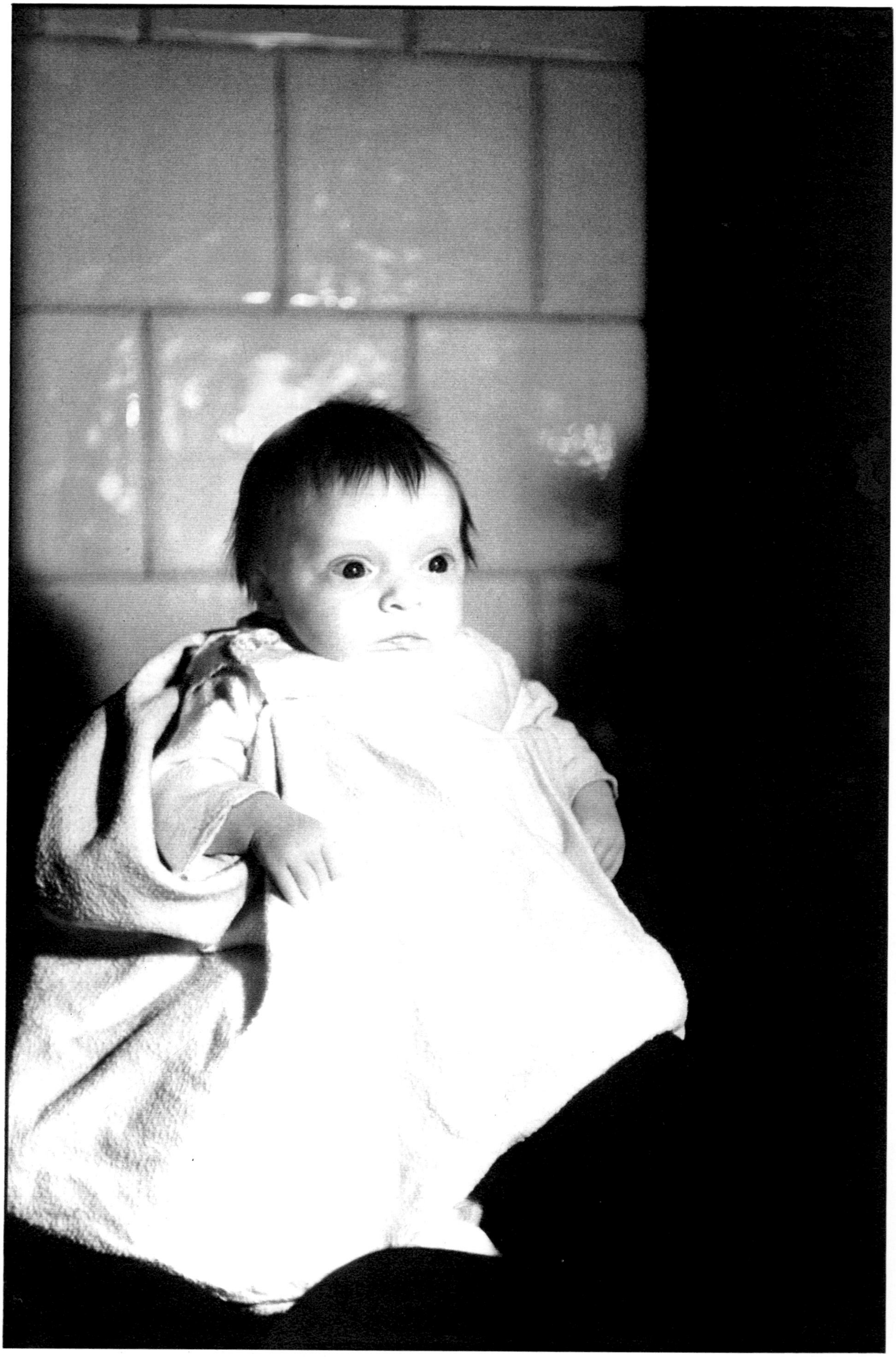

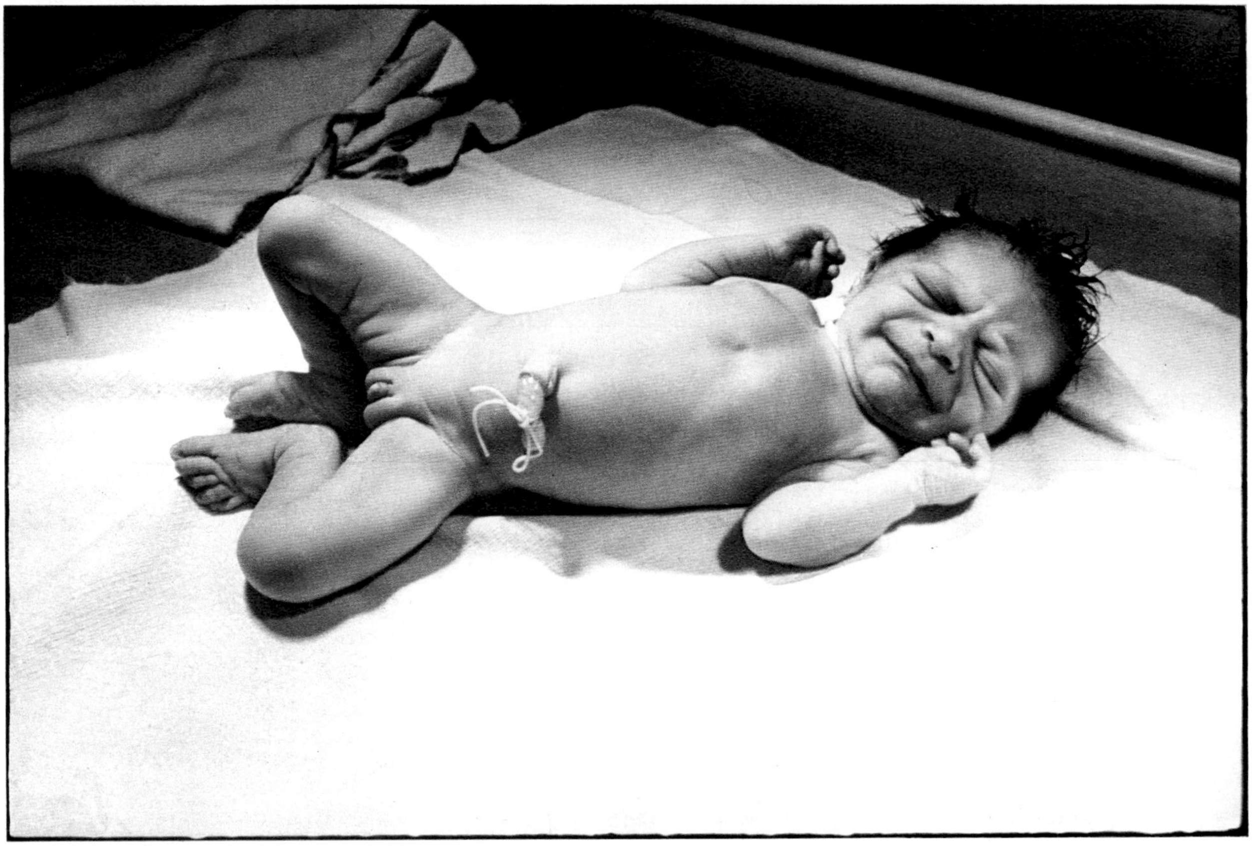

Geburtstag

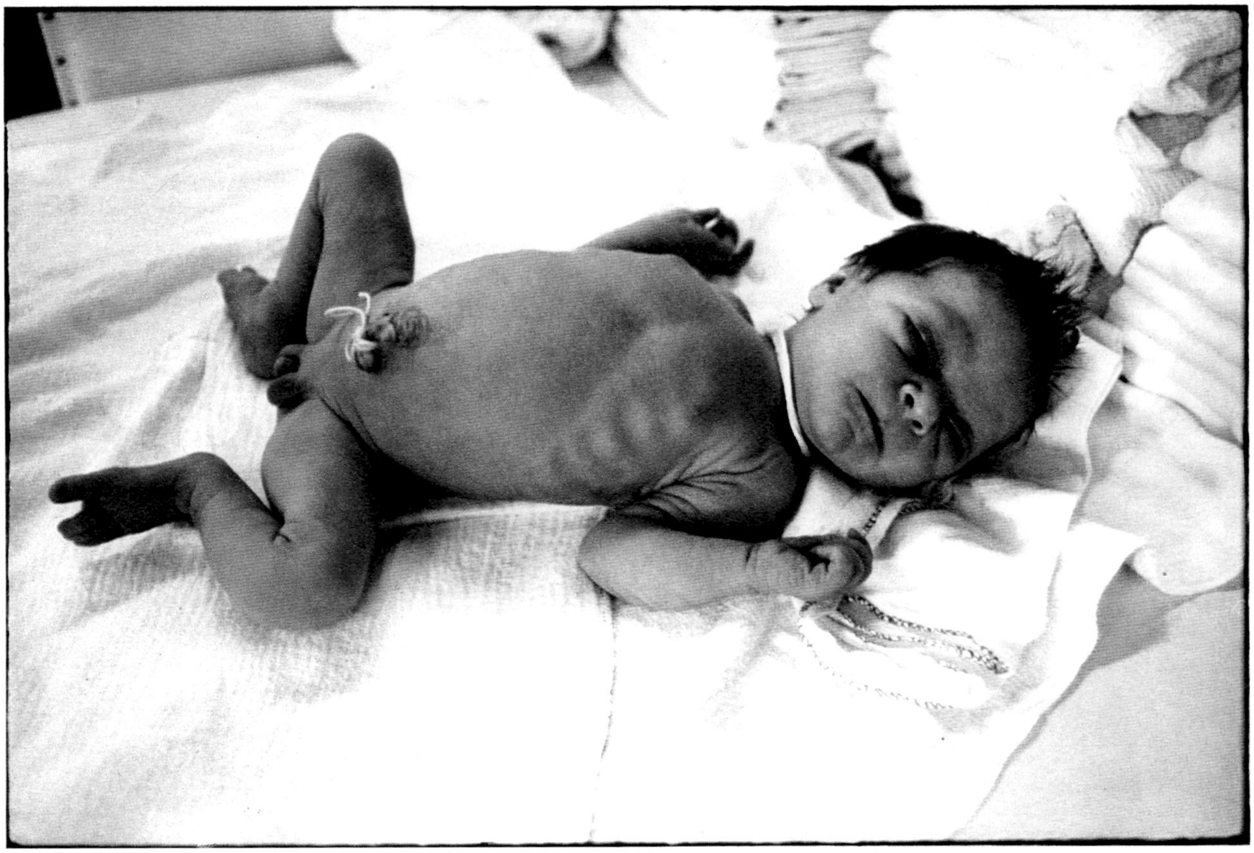

2. Tag

3. Tag

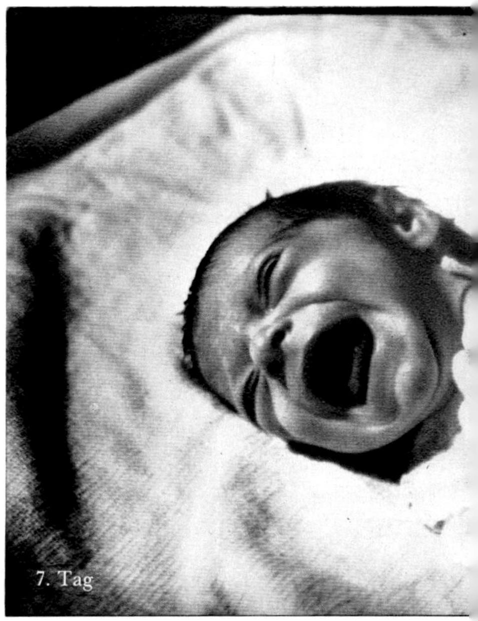
7. Tag

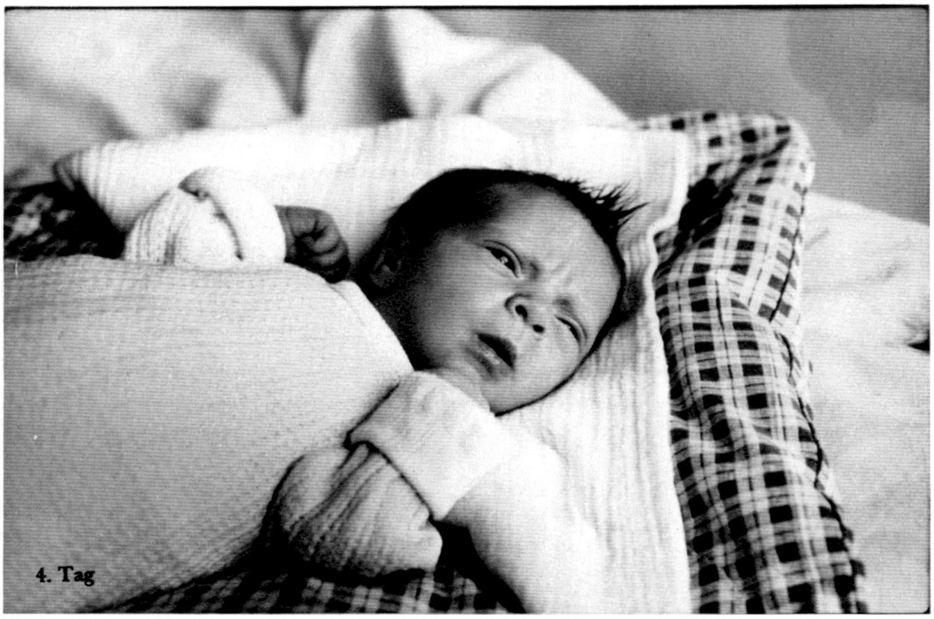
4. Tag

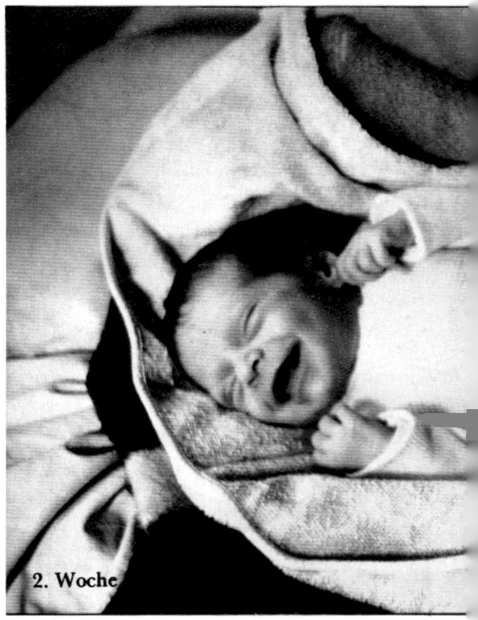
2. Woche

5. Tag

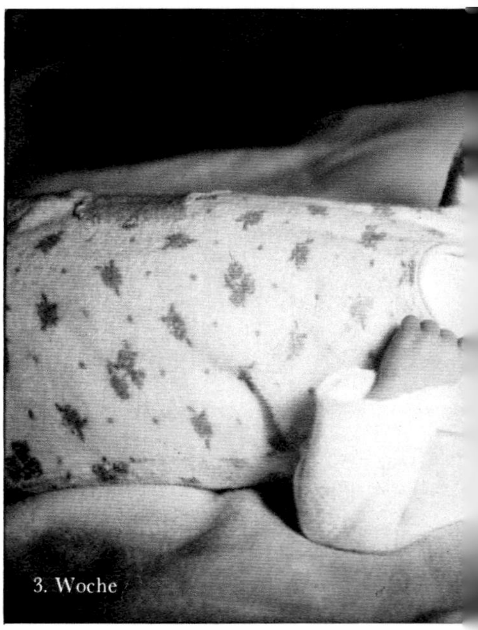
3. Woche

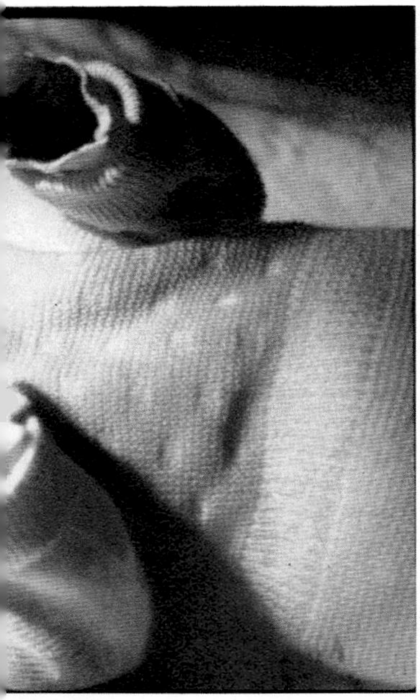

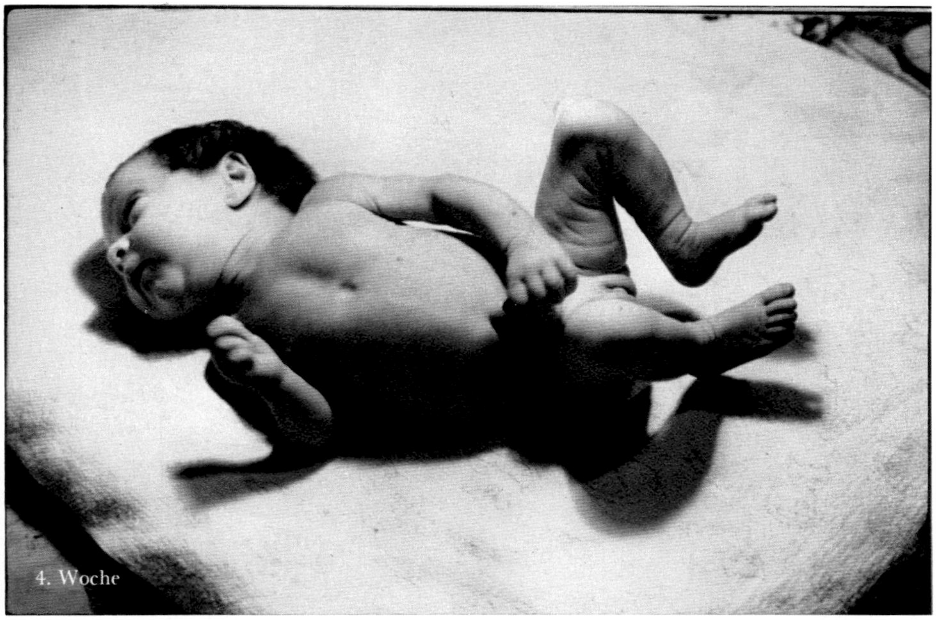

4. Woche

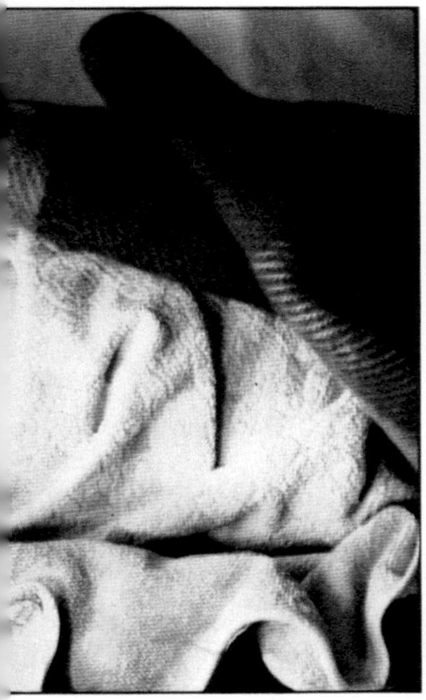

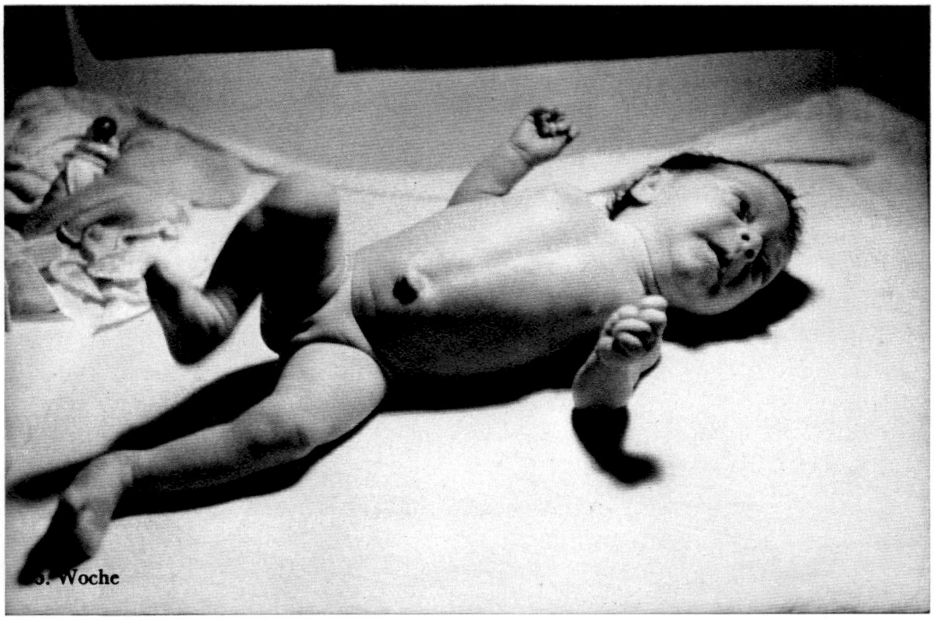

8. Woche

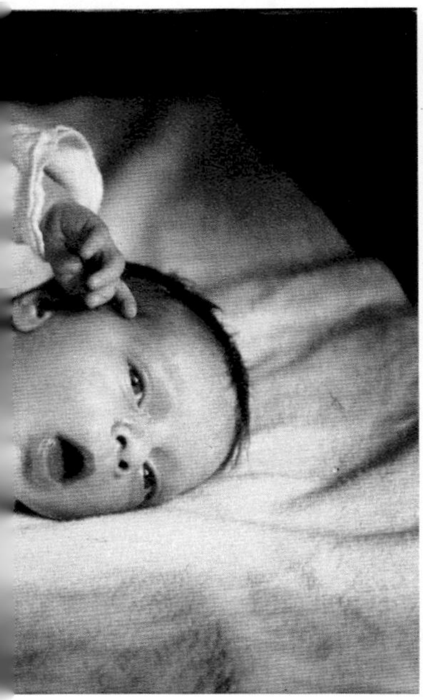

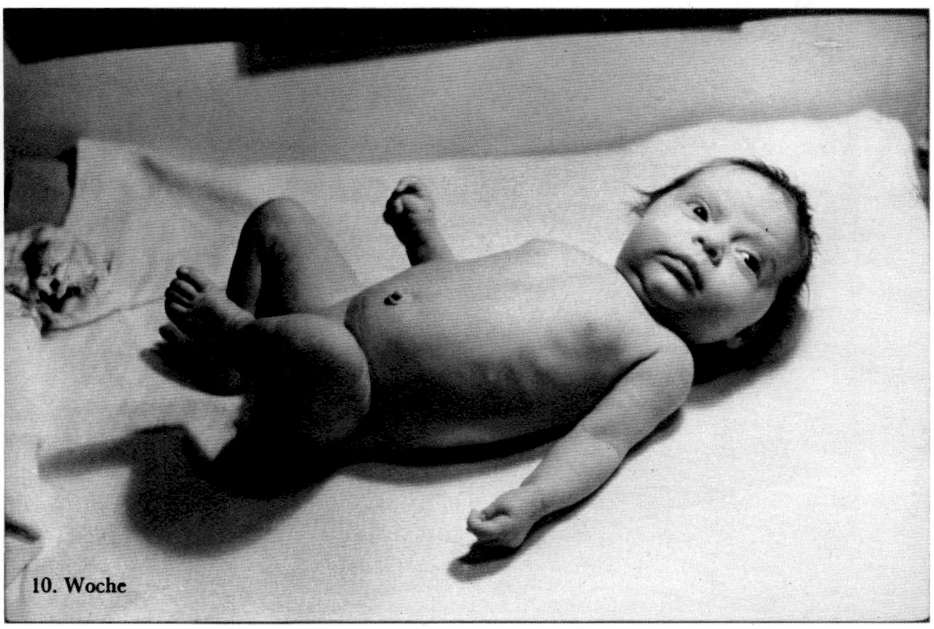

10. Woche

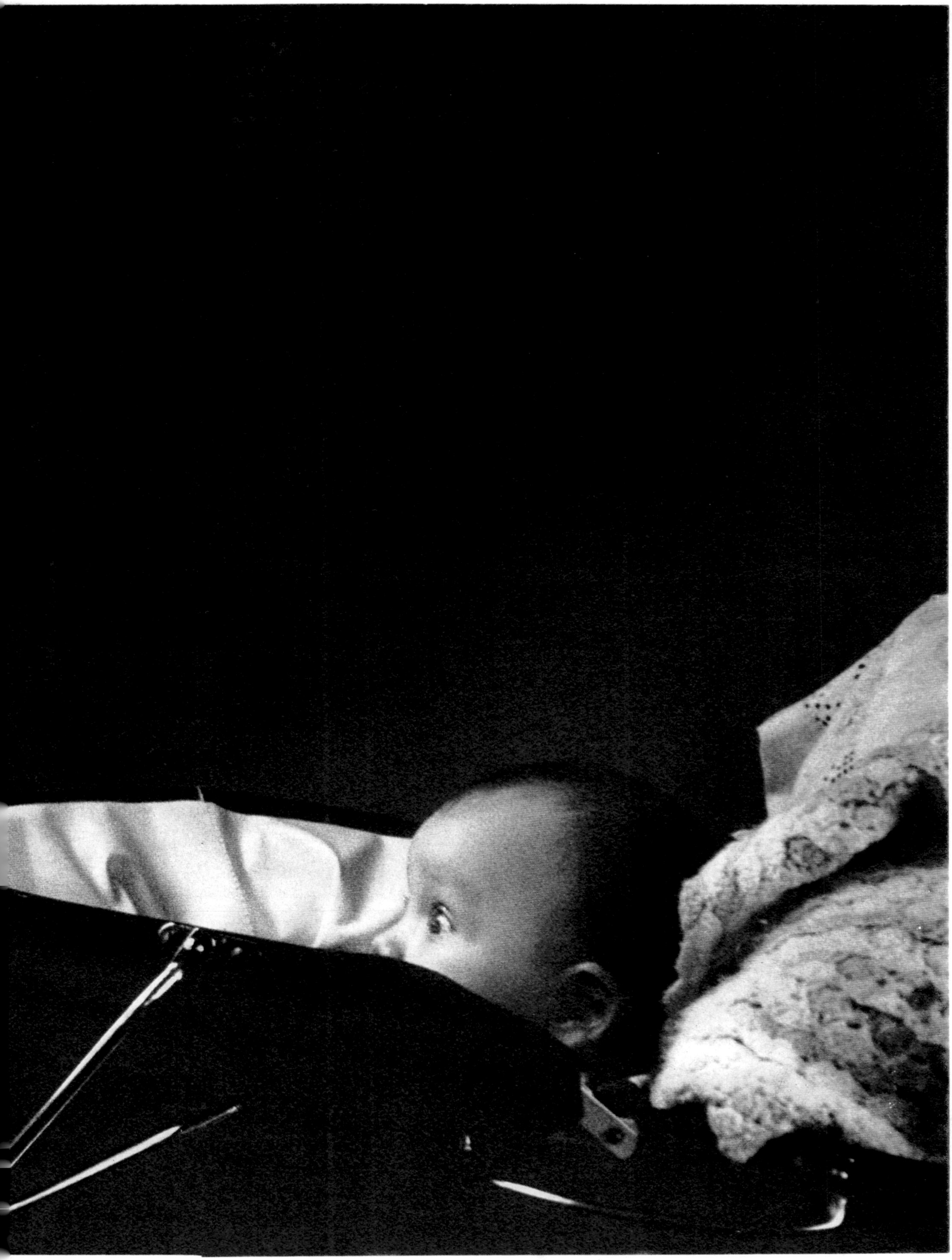

Die Charakterisierung des Menschen als eines vernünftigen Tieres liegt schon in der Gestalt und Organisation seiner Hand, *seiner* Finger *und* Fingerspitzen, *deren teils Bau teils zartes Gefühl . . . ihn nicht für* eine *Art der Handhabung der Sachen, sondern unbestimmt für alle, mithin für den Gebrauch der Vernunft geschickt gemacht und dadurch die technische oder Geschicklichkeitsanlage seiner Gattung . . . bezeichnet hat.*

Immanuel Kant, Anthropologie in pragmatischer Hinsicht (1798)

Es ist die Frage, ob man nicht, Denker zu ziehen, die Kinder alles auf das letzte hinaus untersuchen lassen muß, selbst bis auf Eigenschaften, die nicht mehr in die Sinne fallen, als sie mit vielerlei bekanntzumachen.

Georg Christoph Lichtenberg, Aphorismen (1776–79)

Vieles mußte geschehen im Verlaufe der Stammesgeschichte von Menschenaffen und Affenmenschen, damit die Hand entstand und mit ihr schließlich Arbeit, Produktion, menschliche Geschichte: der aufrechte Gang, das beidäugige Sehen mit konvergierenden Augenachsen und die riesenhaften sensorischen Felder im Gehirn, die das Einströmen und Verarbeiten der manuellen Tastinformationen gewährleisten*, die es möglich machen, daß die Relais-Justiererin so präzise arbeitet, der Blinde mit den Fingerkuppen liest und der große Geiger virtuose Läufe und Triller aus seinem Instrument hervorzaubert.

Aber vieles muß auch geschehen, ehe das Kind sich anschickt, den Weg der lernenden Vervollkommnung seiner Handfertigkeiten zu beschreiten. Dieser Weg läßt ahnen, zu welcher Leistungshöhe es sich zu steigern vermag, wenn ein entsprechendes Training (wie beim Blinden oder beim Musiker) durchgeführt wird. Wir wollen diesen Entwicklungsweg verfolgen, und zwar in seiner Gesamtlänge – von der phylogenetisch geprägten Vorgeschichte bis hin zur Ausbildung vielfältiger Varianten der erlernten, produktiven manuellen Tätigkeit.

Das wichtigste Greiforgan des Neugeborenen und des jungen Säuglings ist der Mund. Er verkörpert also drei verschiedene Funktionen: Mithilfe bei der Nahrungsaufnahme, Befriedigung des oralen Triebes und greifendes Betasten von Gegenständen. Der Mund (insbesondere der Lippenkontakt) versorgt den kindlichen Organismus mit Informationen über Oberflächeneigenschaften von Objekten (warm – kalt, rauh – glatt, süß – sauer usw.). Auch in späteren Entwicklungsphasen, das ganze erste Lebensjahr hindurch, behält das Kind die Neigung bei, ein neues, in der Größe passendes Objekt zunächst mit dem Mund abzutasten. Es prüft auf diese Weise nicht nur, ob es eßbar ist, sondern eben auch seine mit dem Mund-Tastsinn zu erfassenden Merkmale. Wie leistungsfähig das Mundgreifen ist – hinsichtlich der Fähigkeiten, Objekteigenschaften zu differenzieren –, weiß jeder, der das Protestschreien des Säuglings kennt, wenn der ihm

*Diese sensorischen Felder sind die größten, die irgendein Sinnesorgan unseres Körpers im Gehirn »besetzt«.

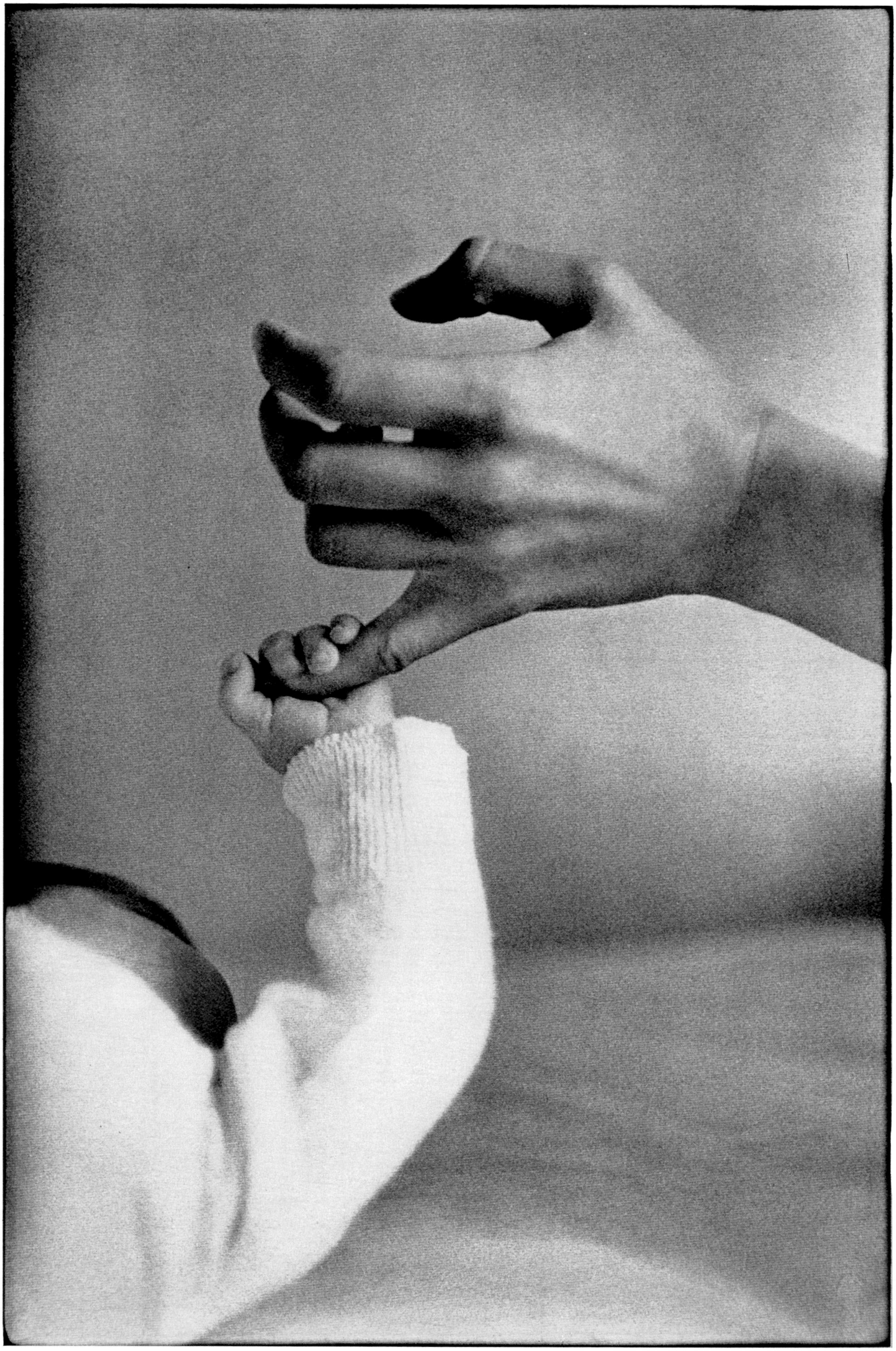

vertraute Flaschensauger durch einen neuen ersetzt wird. Bei der Zuteilung von Spielmaterial muß bekanntlich im ersten Lebensjahr die Neigung des Kindes, Objekte in den Mund zu stecken, beachtet werden, weil daraus Gefahren erwachsen können.

Verglichen mit dieser Aktivität der Mundregion, ist das Greifen mit Hilfe des angeborenen Greifreflexes wenig effektiv. Die reflektorische Schließbewegung der Hand gewährleistet nur das Anklammern und Festhalten. Erst der Übergang vom unwillkürlichen, reflexhaften Greifen zum willkürlichen Greifen setzt die Potenzen der Hand, der Finger wirklich frei. Er ist etwa im 5./6. Monat des ersten Lebensjahres vollzogen.

Was soeben »Freisetzen« genannt wurde, hat zwei verschiedene Seiten. Freisetzen bedeutet zunächst: Die relativ starre motorische Antwort des Handgreifreflexes wird eingetauscht gegen zunehmend variablere, objektangepaßte Weisen des Greifens. Das geschieht im 5./6. Monat mit plumpen Schließbewegungen der ganzen Hand und dann mit dem Ergreifen von Objekten mittels der Handfläche (etwa 7./8. Monat). Danach beobachtet man scherenartige Greifbewegungen, bis schließlich – gegen Ende des ersten Lebensjahres – der Pinzetten- und Zangengriff erscheinen, wodurch die Spitzen von Zeigefinger und Daumen ihre spezifische Funktion erhalten. Das Kind vermag nun auch sehr kleine Objekte (Fäden, Krümel, Perlen) aufzunehmen und festzuhalten.

Die großen individuellen Unterschiede im Bereich dieser Greiffähigkeiten hängen vor allem mit der variierenden Vielfalt des Objektangebots zusammen. Wie reich ist es in jeder beliebigen Kinderkrippe, die wir kennen – wie dürftig ist es in den Hütten der Armen in Entwicklungsländern!

Die zweite Seite des »Freisetzens« hat nichts mit der eigentlichen Greif*bewegung* zu tun. Sie bezieht sich vielmehr auf das, was wir nur ungenau beschreiben, wenn wir von *willkürlichem* Greifen sprechen. Es setzt zunächst ein interessantes Objekt voraus, das für längere Zeit visuell fixiert wird, weil es das Orientierungs- und Erkundungsbedürfnis weckt. Damit entsteht der Greifantrieb. Die Greifbewegung ist jetzt die Folge des kindlichen Bedürfnisses, seine Umgebung zu untersuchen und genauer kennenzulernen. Das gelingt zunächst nur sehr unvollkommen, weil das visuelle System (Objektfixierung, Objektorientierung) unabhängig vom Greifsystem (Ertasten eines Objekts und Zugreifen) arbeitet. Erst im 7./8. Lebensmonat sind beide Systeme koordiniert: Das Kind ist fähig, seine auf den Gegenstand bezogenen Greifbewegungen *optisch zu kontrollieren* und die Ergebnisse seines Manipulierens zu registrieren, zu verarbeiten, im Gedächtnis zu speichern. Damit ist ein riesiger Fortschritt erreicht: Erkunden, Sehen, Tasten, Greifen des Objekts werden miteinander verflochten, bilden ein integriertes Gesamtsystem der Anpassung an die Objektwelt, der produktiven Gestaltung dieser Objektwelt. Wenn das Kind dann frei gehen kann und viele Objekte zu erreichen vermag, erschließt dieses Gesamtsystem enorme Handlungsreserven. Das hat erhebliche Konsequenzen, vor allem für die geistige Entwicklung. Welche davon sind besonders wichtig und beeindruckend?

Wiederum ist es so, ganz ähnlich wie bei der Lokomotion, daß Widersprüche die Entwicklung vorantreiben. Das Orientierungs-, Informations-, Erkundungsbedürfnis heftet sich mit Hilfe des visuellen Analysators an die Gegenstände in der Umwelt des Kindes, aber seine motorischen Manipulierungsmöglichkeiten reichen nicht aus, um dieses Bedürfnis voll zu befriedigen.

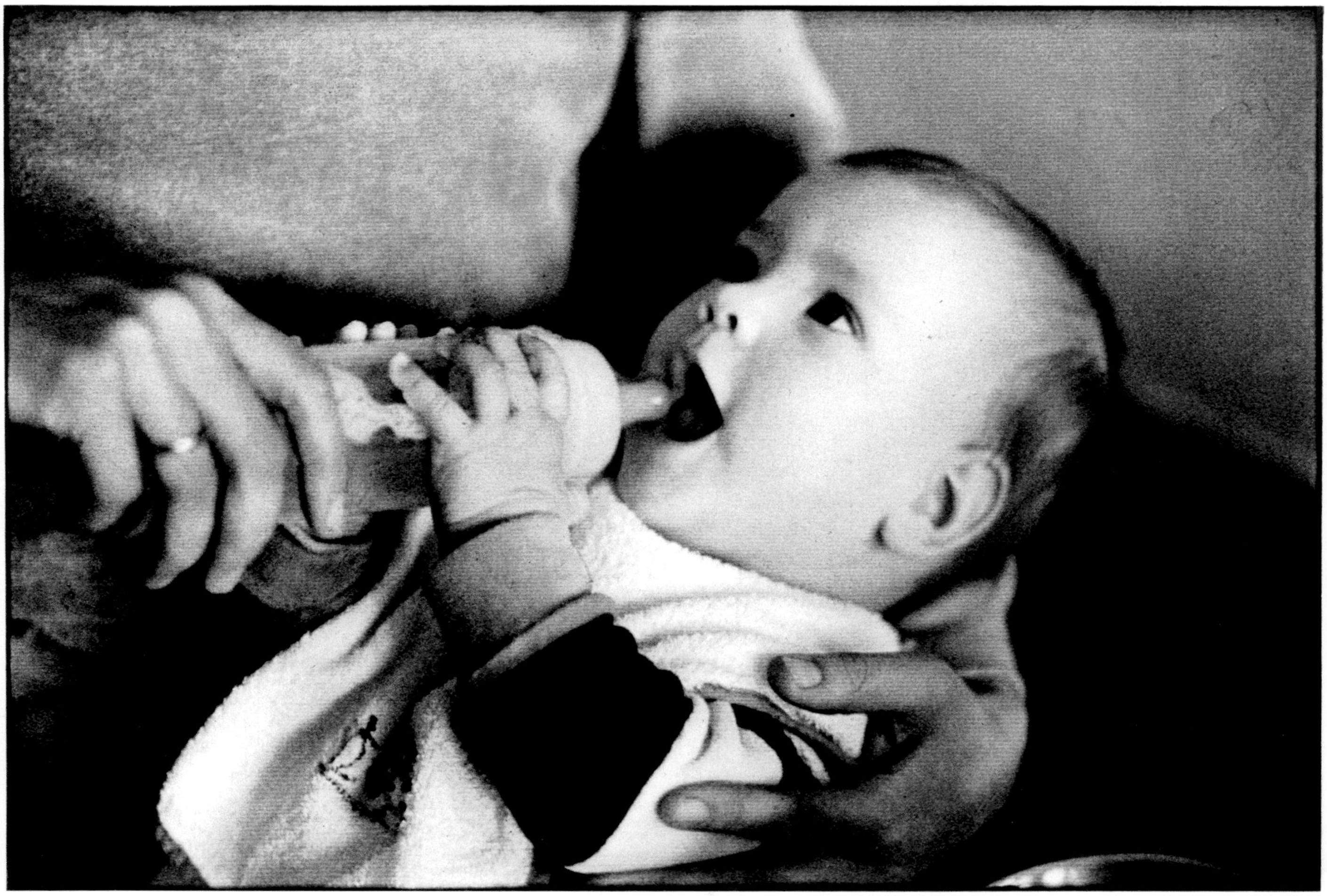

Das Objekt rutscht aus der Hand, fällt auf den Fußboden, gerät außer Reichweite. Das Kind erlebt Mißerfolge, die trotz des gelegentlichen helfenden Zugriffs von Betreuern, Erziehern unvermeidlich sind. Die Mißerfolge zeigen dem Kind den Widerspruch zwischen Wunsch und Können an. Daraus erwächst die Tendenz, sich immer wieder in Manipulationsversuche einzulassen und durch Übung eine Vervollkommnung der Hantierungsfertigkeiten zu erreichen. Auch hier wieder imponiert die kindliche Eigeninitiative, das Vermögen, Widerstände zu überwinden, die Intensität des geduldigen Experimentierens mit Objekten, kurz: die aktive *Selbstentwicklung* dieses kleinen Wesens mit seinen zunächst plumpen, ungelenken Fingern, die unter unseren staunenden Augen immer geschickter, feinnerviger, gestaltungsfähiger werden.

Ehe das Kind zu greifen vermochte, war es auf Informationen angewiesen, die ihm seine natürliche und soziale Umwelt »zuteilte«. Jetzt aber ändert sich die Sachlage: Im manipulatorischen Umgang mit der gegenständlichen Umwelt *erzeugt* sich das Kind eigenständig Informationen über die Objekte, mit denen es umgeht, mit denen es experimentiert, die es untersucht. Aus dem mehr passiven Informationskonsumenten ist ein Informations*produzent* geworden. Wenn wir die produktive Eigenaktivität zu den Merkmalen rechnen, die den Begriff »Persönlichkeit« rechtfertigen, so können wir daraus etwas Wichtiges schlußfolgern: Die Aktivitätskomponente der kindlichen Persönlichkeitsentwicklung beginnt sich mit dem visuell regulierten, durch das Erkundungsbedürfnis getriebenen manuellen Experimentieren in der gegenständlichen Welt zu entfalten!

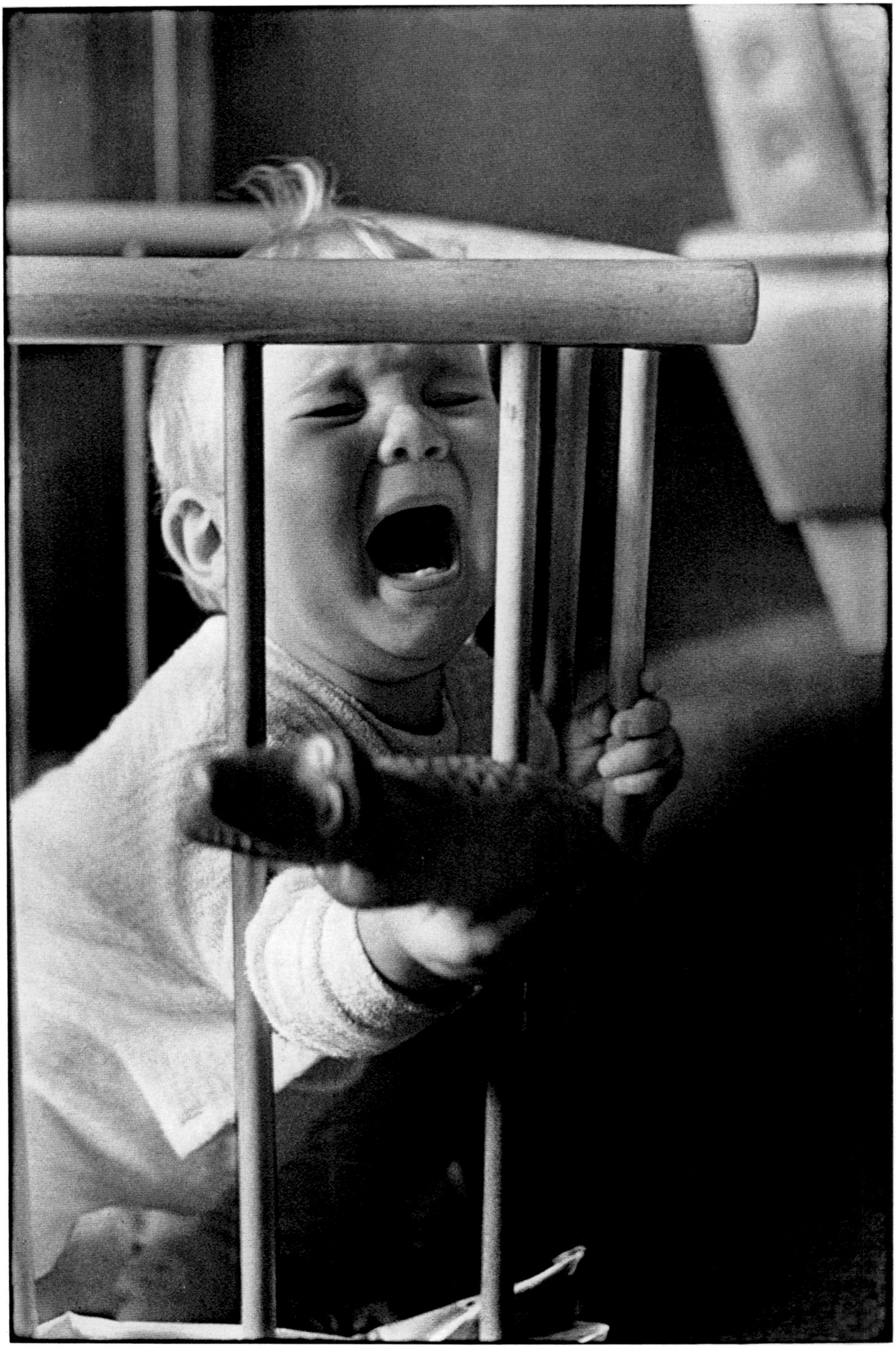

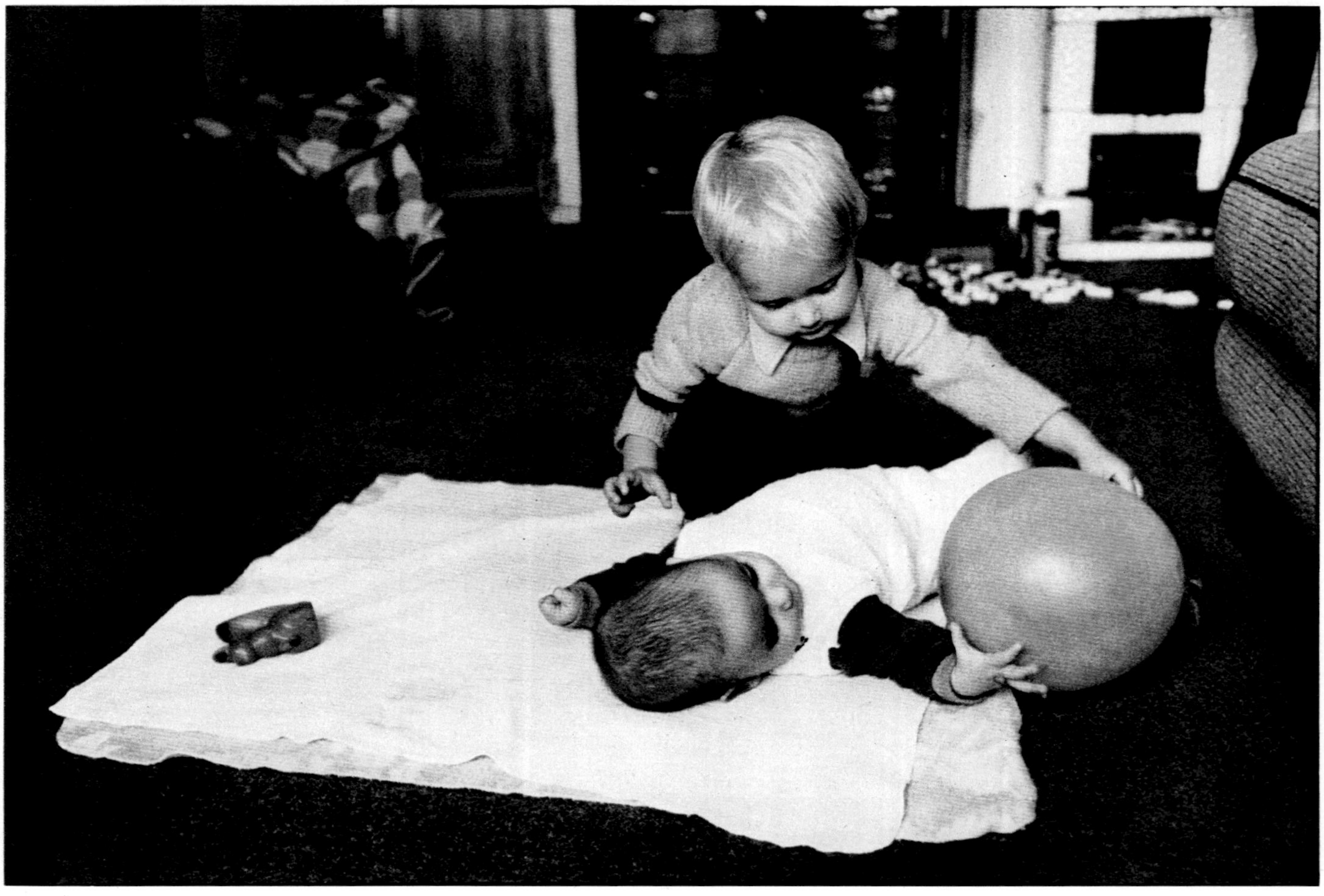

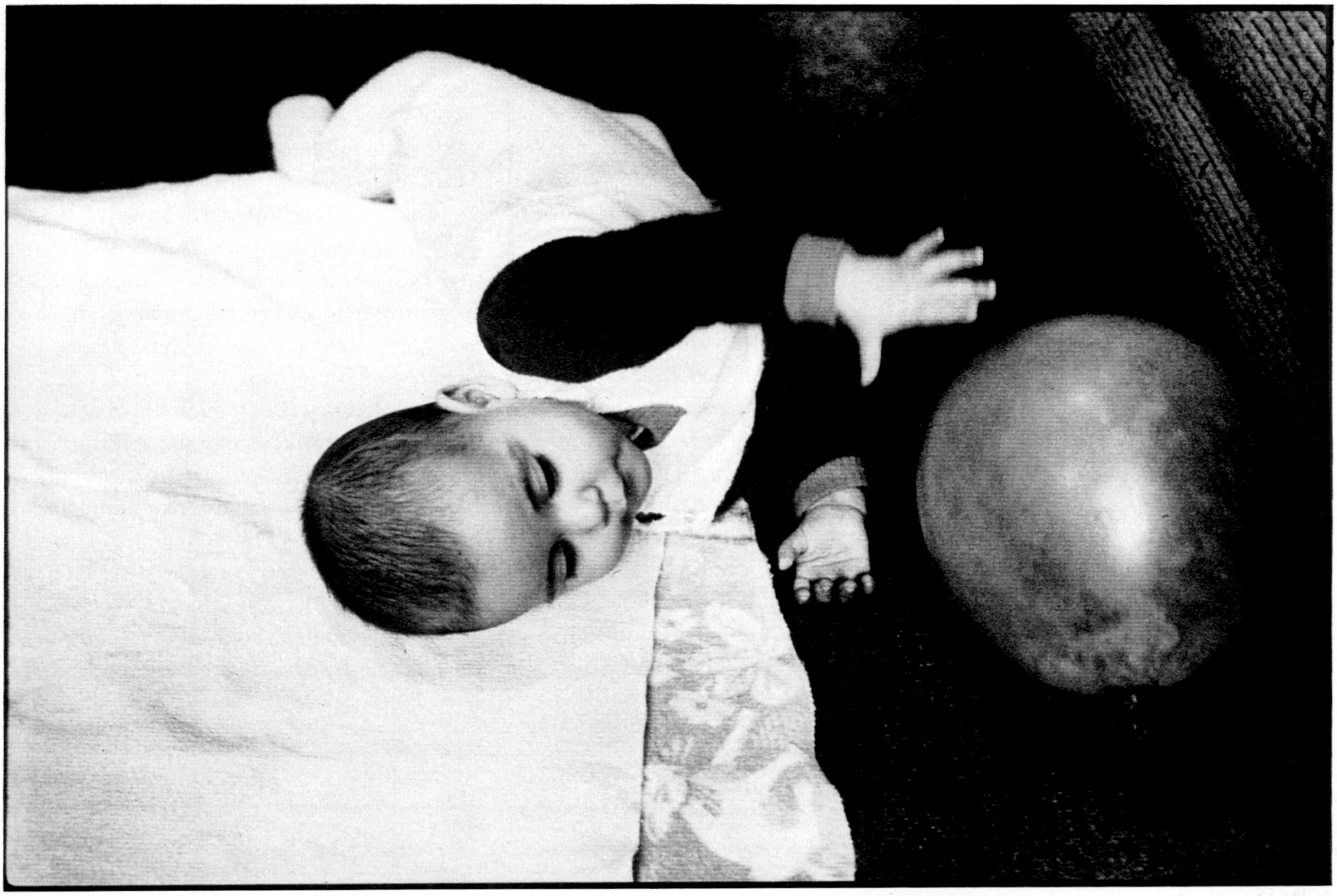

Im manuellen Hantieren begegnet uns die erste Form des Spielens, die wir im Entwicklungsverlauf vorfinden. Man hat sie als *Funktionsspiel* bezeichnet, weil beim Experimentieren sensumotorische Funktionen* der Hand in Anspruch genommen werden, sich bewähren und vervollkommnen. Diese Tätigkeiten als »Spiel« zu klassifizieren erscheint durchaus gerechtfertigt. Sie sind »zweckfrei«, d. h. entbunden von den sachlich-ernsten Notwendigkeiten und Zwängen der Existenzsicherung, sie lassen vom subjektiven Ermessen des Kindes getragene, außerordentlich weite Spielräume freier Objektwahl und -behandlung zu. Im Vollzug von Funktionsspielen lernt das Kind auf eine natürliche, ungezwungene Weise. Was wird dabei erlernt? – Zunächst die Zuordnung bestimmter Merkmale, Eigenschaften zu bestimmten Gegenständen. Bananen sind fest, Stoffe sind weich und geben der Hand nach, Holz ist hart (man kann sich daran stoßen), Bälle sind elastisch – diese Zuordnungen ergeben sich aus dem Handeln, sie werden im Gedächtnis als anschauliche Beziehungen verankert, zunächst noch ohne sprachliche Markierung. Weiterhin erlernt das Kind motorische »Handlungsschemata«, d. h. die Zuordnung bestimmter manueller Umgangs- und Bearbeitungsweisen zu bestimmten Gegenständen. Es begreift, welche Objekte es tragen, drehen, schieben, fallenlassen, ziehen, kullern, öffnen, bekratzen kann. Dabei differenziert sich auch die objektangepaßte Feinmotorik, so daß das Kind späterhin in der Lage ist, Schnürsenkel zu binden, Knopf- und Reißverschlüsse zu handhaben und beim Tischdecken zu helfen. Zugleich erkennt es dabei den Werkzeugcharakter von Gegenständen: Es gibt Objekte, die sich zum Wischen, Schlagen, Bohren, Hämmern, Lärmerzeugen oder Transportieren eignen,

* Sensumotorisch bedeutet: durch sinnliche Wahrnehmung ausgelöste Motorik

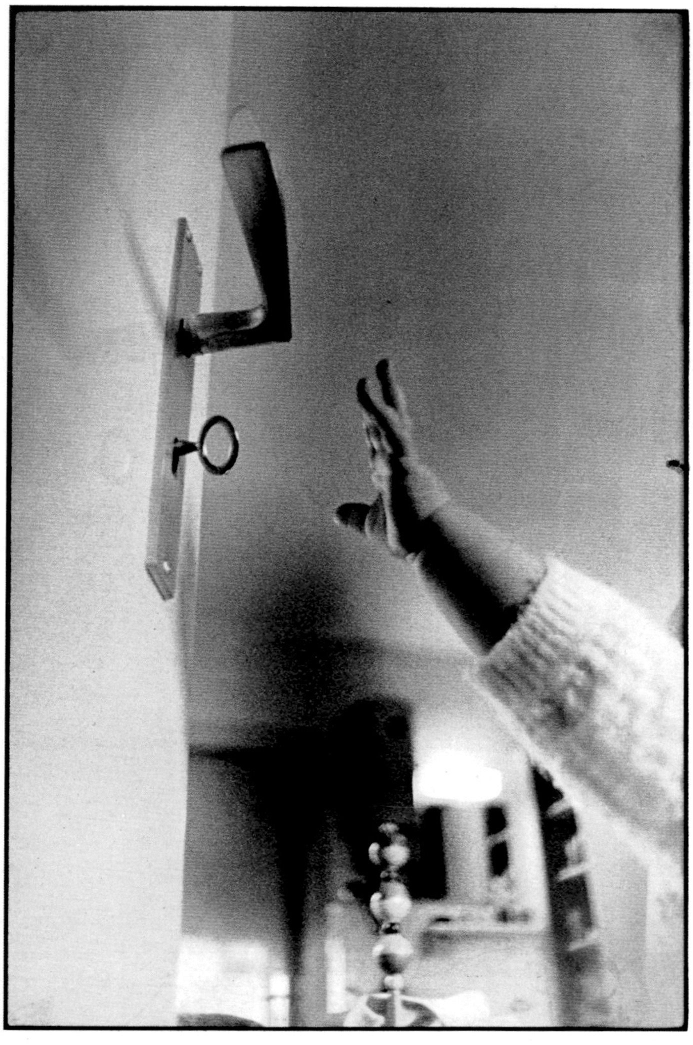

und andere, die als Verlängerung des Arms gute Dienste zu leisten vermögen, wenn der Ball unter die Couch gerollt ist. Ein weiterer Lernprozeß akzentuiert zeitliche Abfolgen von Ereignissen. Das Kind erfährt: Seine Handlung an einem oder mit einem Objekt hat Folgen in der Zukunft. Das Ziehen an der Schnur führt zum Näherkommen des Spielautos, das Fallenlassen des Tellers endet in einem Scherbenhaufen. Diese Bindung von Ereignissen an vorhergehende Handlungen läßt ein einfaches, anschauliches Ursache-Wirkungs-Denken entstehen, zugleich befähigt sie das Kind dazu, bestimmte künftige Ereignisse vorauszusagen! Es beginnt, sein aktuelles Handeln unter Berücksichtigung kommender Folge-Ereignisse zu regulieren. Schließlich lernt das Kind im sensumotorischen Funktionsspiel das Beachten elementarer physikalischer und sozialer Gesetze oder Regeln: die Schwerkraft beim Fallenlassen von Objekten und die Statik beim Bauen von Türmen aus Würfeln, die von Älteren geduldeten oder nicht akzeptierten manuellen Betätigungen, die das Kind im Umgang mit ihnen ausprobiert (streicheln, küssen, kneifen, schlagen, kratzen usw.).

Die Beispiele zeigen: Wir können die Bedeutung des visuell kontrollierten manuellen Experimentierens für die geistige Entwicklung nicht hoch genug einschätzen. Das Kind baut Schritt für Schritt sein anschaulich-konkret erfahrenes Verständnis der Natur und der sozialen Welt auf und speichert es im Bildgedächtnis ab – anfänglich ohne sprachliche Belegung der Elemente und Beziehungen. Es beginnt aber auch, die ersten Stufen des Selbstverständnisses zu erklimmen, indem es seinen eigenen Körper in das Experimentierspiel einbezieht. Es entdeckt Finger und Zehen, Brustwarze und Bauchnabel, die Teile des Gesichts (im Spiegel), seine Haare, an denen es ziehen kann. Und es entdeckt auch seine Geschlechtsorgane! An ihnen, mit ihnen spielt es in erkundender Absicht ebenso wie mit den anderen Organen. So ist es nicht verwunderlich, wenn in der sexuologischen Literatur von Fällen berichtet wird, wo ältere Säuglinge ganz offensichtlich die mögliche Lustkomponente dieses Spielens erprobt und sogar einen Orgasmus erzielt haben. Das ist keineswegs als krankhafter Befund zu werten. Es ist schon lange bekannt, daß die Genitalregion des Säuglings als erogene Zone zu gelten hat.* Beim Waschen und Eincremen dieser Körperpartie beruhigen sich zuvor zappelnde Kinder und halten ganz still; ihr Gesicht verrät dabei einen Zustand genießender Wohligkeit. Es ist weiterhin bekannt: Die Orgasmusfähigkeit zählt zu den ganz früh ausgebildeten neurophysiologischen Reaktionsmöglichkeiten und beginnt keineswegs erst in der Pubertät auszureifen, wie viele glauben.

* Erogene Zonen des Körpers sind solche, deren Sensibilität gegenüber Berührungsreizen zur Auslösung erotischer und sexueller Empfindungen führt.

Noch ein Wort zu der oben erwähnten Zuordnung von manuellen Tätigkeiten zu Gegenständen (Handlungsschemata) und zur Erkennung des Werkzeugcharakters von Gegenständen. Dies ist natürlich ein für die individuelle geistige Entwicklung fundamentaler Fortschritt. Wir beobachten die Entstehung eines Wesens, das auf der Grundlage seiner Intelligenz Werkzeuge benutzt und produziert, das also ein »Homo faber« wird. Damit beginnt der Eintritt des Kindes in die *Technologie* seiner gesellschaftlichen Umwelt.

Daß Objekte nicht nur Ziele, sondern Mittel zur Zielerreichung sein können, findet das Kind sehr früh heraus. Die ersten Instrumente, die es verwendet, sind seine Pflegepersonen. Durch Lautäußerungen, durch Mimik und Gestik veranlaßt es sie, in den Dienst der eigenen Bedürfnisbefriedigung zu treten. Neben diese erste, früheste Bekundung intelligenten Werkzeugverhaltens tritt nun, als Folge der Vervollkommnung des experimentierenden Manipulierens, das produktive Problemlösen in Gestalt des *Werkzeugdenkens*. Damit ist gemeint: Bestimmte Eigenschaften von Gegenständen werden dazu genutzt, diese als Instrumente bei der Lösung eines Problems erfolgreich einzusetzen und – darüber hinaus – aus diesem erfolgreichen Einsatz ein Lösungs*prinzip* abzuleiten, das sich auf viele ähnliche Probleme (also auf Problem*klassen*) übertragen läßt. Um welche Probleme handelt es sich hier (im 2./3. Lebensjahr)? – Beispielsweise um solche des Heranholens entfernter Gegenstände, die nicht unmittelbar erreichbar sind, um Probleme des Eindringens in enge Öffnungen oder Gefäße, um Probleme des Hochhebens oder Beiseiteschiebens schwerer Hindernisse.

Und was versteht man unter einem Lösungsprinzip? – Hier wären das Hebelprinzip zu nennen, das Prinzip der Arm- und Handverlängerung (als Überbrückung einer Entfernung), das Schaufelprinzip (bei Problemen der Bergung von Objekten aus engen Gefäßen oder tiefen Gruben), das Leiterprinzip (um hoch hängende oder liegende Gegenstände zu erreichen).

Viele Kinderpsychologen haben diese Seite der kindlichen Intelligenz (oft auch »praktische Intelligenz« genannt) in Experimenten untersucht. Dabei ließen sie sich von Versuchstechniken anregen, die zuvor in Tierexperimenten, vor allem mit Schimpansen, zu guten Ergebnissen geführt hatten.

Schimpansen realisieren in ihrem natürlichen Freilandverhalten sehr viele Techniken des Problemlösens, die ein Werkzeugdenken dokumentieren. Die englische Forscherin Lawick-Goodall, eine prominente Kennerin wildlebender Schimpansen, zählt die folgenden auf: Gebrauch von Knüppeln als Hebel und Waffe, von Steinen zum Zerschlagen und gezielten Werfen, von Stöcken als Eßwerkzeug und Stocher-Gerät (beim »Termitenangeln«), von Blättern als Schwamm und Tupfer. Unter experimentellen Bedingungen haben u. a. Köhler und Wazuro bei gefangenlebenden Schimpansen ein zusätzliches Spektrum werkzeugdenkerischer Fähigkeiten sichtbar gemacht, das z. B. das Zusammenstecken von Bambusstöcken betraf (um ein hinlängliches Instrument zum Erreichen von Nahrung zu erhalten), ferner das Aufeinanderstellen von Kisten, um an die Käfigdecke zu gelangen, wo Bananen hingen.

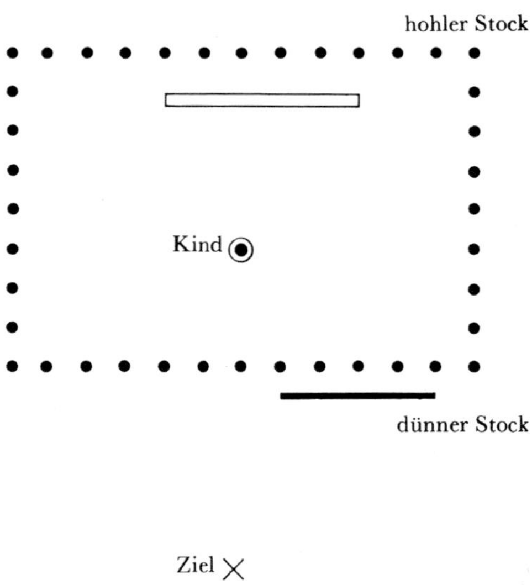

Abb. 6. Schematische Darstellung eines Experiments zum Werkzeugdenken von Kindern

Abbildung 6 schematisiert eine solche Versuchssituation. Das Kind befindet sich in einem Spielgitter, außerhalb davon das potentielle Handlungsziel, ein begehrtes Spielzeug. Vor dem Kind, ebenfalls außerhalb des Gitters, liegt ein dünner, kurzer Stock, mit dem das Ziel nicht erreichbar ist. Um das zu bewerkstelligen, bedarf es des zweiten, dickeren, hohlen Stocks, der im Rücken des Kindes, dicht am hinteren Gitter, liegt. Das Kind muß den dünnen Stock in den dicken hineinstecken, so daß ein langes Instrument entsteht, mit dem es das Spielzeug heranholt.

Aus Experimenten dieser und ähnlicher Art ergaben sich wichtige Hinweise auf die Eigenarten des frühkindlichen Werkzeugdenkens. So zeigte sich beispielsweise, daß bei fehlendem Interesse am Zielgegenstand die Lösungsbemühungen ausbleiben. Am »Denken an sich« hat das Kleinkind also noch keine Freude (im Unterschied zu später, wenn ihm Denksportaufgaben Spaß machen). Aber auch ein überstarkes Interesse am Zielobjekt wirkt sich negativ aus: Der heftige Drang zum Ziel hin läßt keine Überlegungen, kein Überschauen der Problemlage aufkommen. Sinnloses Agieren mit Armen, Händen, Fingern in Richtung des Ziels, schließlich Schreien, Weinen, Protestieren, Hilfeersuchen – so reagiert das Kind in diesem Falle. Ein »mittlerer« Zielantrieb ist für die optimale Lösung günstig. Das Kind ist unter diesen Umständen fähig, das »Terrain des Problems« visuell zu erkunden, sich zeitweilig vom Ziel abzuwenden, das Problem der »Mittelfindung« als gewichtig zu akzentuieren, ihm Zeit zu widmen, kurz: die hinreichende Geduld dafür aufzubringen, sich der intellektuellen Aufgabe zu stellen und sie erfolgreich zu bewältigen. Wie ist diese Aufgabe und ihre Lösung genauer zu beschreiben? Nach allem, was man weiß, geht es um folgendes: An den Gegenständen müssen diejenigen (unter Umständen sehr verborgenen) Merkmale und Eigenschaften entdeckt werden, die für die Zielerreichung ausschlaggebend sind. Oft erfordert das, an einem Gegenstand eine ungebräuchliche Funktionsmöglichkeit auszumachen. Zum Beispiel haben die Stöcke der oben beschriebenen Versuchssituation viele dem Kinde bekannte Funktionen.

Hier geht es nur um zwei, die entdeckt oder aktualisiert werden müssen: die Verlängerbarkeit durch Zusammenstecken und die Eignung als Gerät zum Heranziehen. Höhere oder geringere Werkzeug-Intelligenz von Kindern im Vorschulalter äußert sich in der ausgeprägten oder geringen Fähigkeit, die Merkmalsvielfalt von Objekten als Funktionsvielfalt zu nutzen, der gewohnten Funktion nicht starr zu folgen, verdeckte, ungewöhnliche, selten realisierte Funktionen aufzuspüren.

Der aufmerksame, mitdenkende Leser wird hier bemerken: Das sind ja psychologische Tatsachen, die ich auch bei mir und bei anderen beobachte – dort, wo man sich im praktischen Leben dumm oder klug anstellen kann. Wie war das doch mit Frau X? – Sie kam mit ihrem Öltopf, in den die Gasflamme hineingeschlagen war, kopflos angelaufen, obwohl sie nur den Deckel hätte aufzulegen brauchen, um das Feuer zu erstikken! Und wie einfallsreich war jener Kriegsinvalide, der mit Hilfe seines flugs abgeschnallten künstlichen Beins das auf dem Eis eingebrochene Kind retten konnte, indem er es ihm als »Stange zum Festhalten« zuschob.

Es ist richtig, solche Parallelen zu ziehen. Im 2./3. Lebensjahr erwacht die kreative praktische Intelligenz, die das Kind zu Erfindungen »im Alleingang« befähigt. Hier wird der Grundstein gelegt für Leistungen, die wir bei berühmten Erfindern und bei den Neuerern unserer Industrie, den »Tüftlern« im Prozeß des wissenschaftlich-technischen Fortschritts, bewundern. Bei den kleinen Knirpsen mitten unter uns und neben uns übersehen wir das leider allzu häufig, weil sie »nur« wiederentdecken, was wir schon wissen.

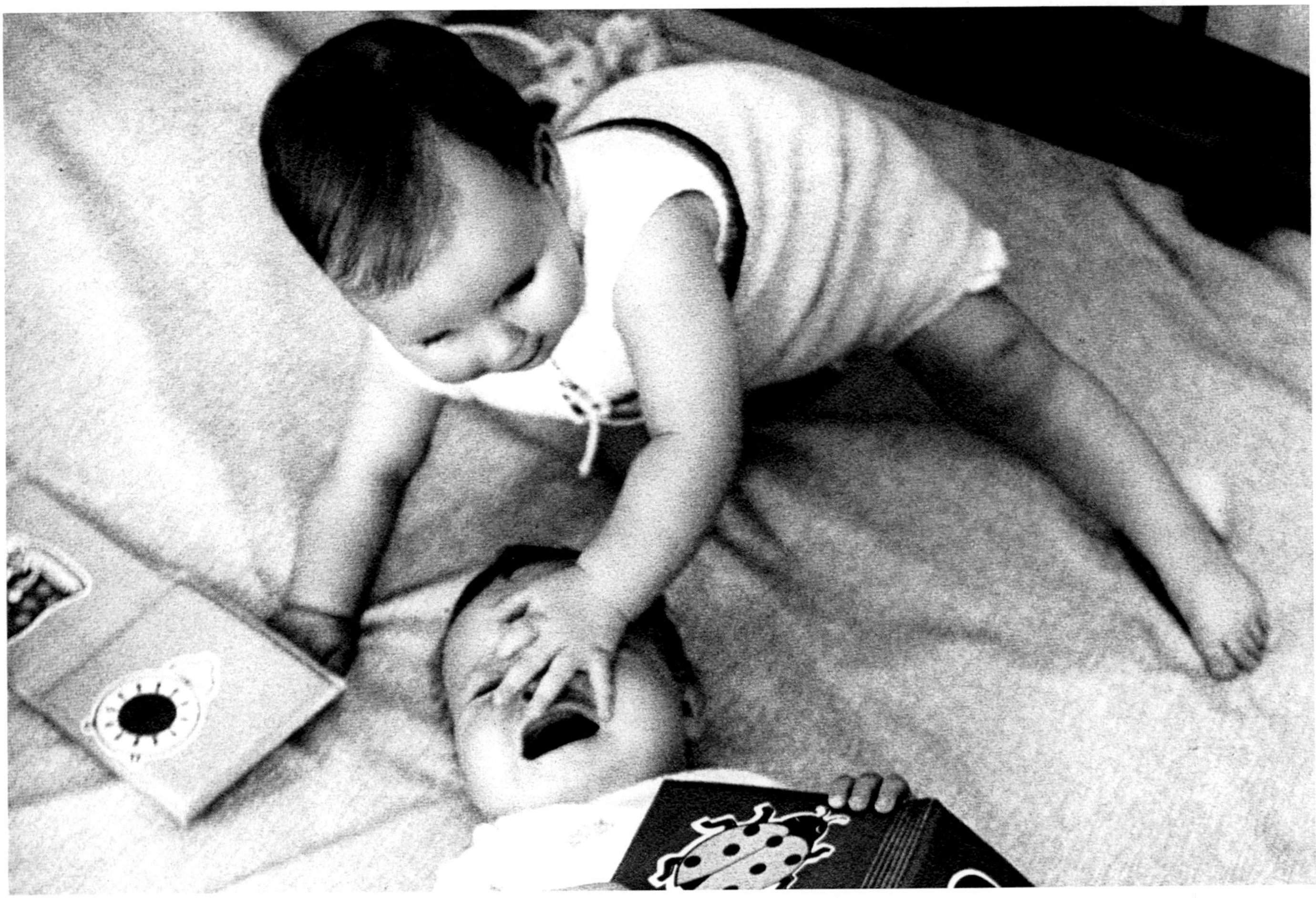

Allerdings: Beim Wort »Alleingang« müssen wir vorsichtig sein. Viele Varianten des Werkzeuggebrauchs erwirbt das Kind, indem es Erwachsene oder ältere Kinder beobachtet und nachahmt. Andere sind ein Produkt mühseliger Belehrung durch Pflegepersonen und Erzieher. Diese warten nicht auf spontane werkzeug-denkerische Erfolge, sondern fördern sie ihrerseits, indem sie dem Kind die mit den Gegenständen machbaren Operationen und Funktionen vermitteln.

Der sowjetische Psychologe Leontjew erläutert die soziale Vermittlung von Werkzeughandlungen am Beispiel des Löffelgebrauchs:

»Der Gegenstand, den es in die Hand nimmt, wird zunächst ohne weitere Umstände in das System der natürlichen Bewegungen einbezogen. Das Kind führt zum Beispiel den Löffel wie jeden anderen natürlichen Gegenstand, der keinen Werkzeugcharakter hat, an den Mund und achtet nicht darauf, daß es ihn waagerecht halten muß. Durch das unmittelbare Eingreifen des Erwachsenen werden die Handbewegungen des Kindes beim Gebrauch des Löffels allmählich grundlegend umgestaltet und ordnen sich der objektiven Logik des Umgangs mit diesem Gerät unter.«

Wir müssen also bedenken: Der Umgang des Kindes mit der gegenständlichen Welt, die auch eine Welt von Werkzeugen ist, erfolgt überwiegend innerhalb der sozialen Kommunikation und Kooperation mit dem Erzieher. Die Erfahrungen, die es dabei sammelt, befähigen es erst, dann auch gelegentlich völlig eigenständige Leistungen seiner praktischen Intelligenz zu vollbringen.

Das damit angeschnittene Thema der sozialen Vermittlung des experimentierenden Manipulierens verlangt gebieterisch eine umfassendere, gründliche Erörterung der sozialen Entwicklung in den frühen Lebensetappen. Ihr wenden wir uns jetzt zu.

Vom Du zum Ich

»Mutter«, rief der kleine Häwelmann, »ich will fahren!« Und die Mutter langte im Schlaf mit dem Arm aus dem Bett und rollte die kleine Bettstelle hin und her, und wenn ihr der Arm müde werden wollte, so rief der kleine Häwelmann: »Mehr, mehr!« und dann ging das Rollen wieder von vorne an.

Theodor Storm, Der kleine Häwelmann

... Du aber lachst mir entgegen, schon von weitem, wendest nach mir die lustigen Augen mit dem Lächeln der Freude und des vertrauten Erkennens, das mich so glücklich machte, als ich es erstmals sich regen sah und erwachen in deinen Zügen bei meinem Anblick, – glücklich fast, ich gesteh's, wie den Liebenden das der Geliebten.

Thomas Mann, Gesang vom Kindchen

Der Kontakt mit dem anderen Menschen, dem Partner, dem Du ist das konkrete Medium unserer gesellschaftlichen Existenz. Er ist, wie wir schon wissen, vorgebildet in der biologischen Konstitution des Säuglings und Traglings. Sauginstinkt und mütterliche Brust, Greifreflex und mütterliche Kleidung (anstelle des Fells der Affen), Weinen des Verlassenseins und mütterliche Stimme, Tendenzen des Anschmiegens und mütterliches Streicheln – sie gehören zusammen, fügen sich ineinander, ergänzen sich zu wechselseitigem Nutzen und Glück.

Die Bedeutung des wärmenden, nährenden, wiegenden, kosenden Partners wird für den Säugling riesengroß und setzt frühe Lernprozesse in Gang. Stimmliche, geruchliche und visuelle Eindrücke fügen sich zu einem Bild des vertrautesten Menschen, der von anderen unterschieden und ihnen gegenüber bevorzugt wird. Von Anfang an vermag er das Kind leichter zu beruhigen, wenn das erforderlich ist, und eine stärkere Wirkung auf das gesamte Verhalten auszuüben. Freilich ist diese soziale Differenzierung noch grob, ungenau, flüchtig und außerhalb spezieller experimenteller Situationen kaum zu erkennen. Das ist auch gut so, denn unsere familiären und außerfamiliären Betreuungsbedingungen machen es erforderlich, mehrere Personen für die Pflege und Erziehung des Kindes in Anspruch zu nehmen.

Von Geburt an ist der Säugling also ein *soziales Wesen.* Er ist menschlicher Partnerschaft und zwischenmenschlichen Austauschs bedürftig und biologisch dafür ausgerüstet. Es vergeht auch nicht sehr viel Entwicklungszeit, bis sich jeder von uns mühelos davon überzeugen kann. Das geschieht spätestens in dem Augenblick, wo unsere freudige, lächelnde Zuwendung nicht nur durch kindlichen Blickkontakt, sondern zugleich mit einem Lächeln erwidert wird. Das Lächeln ist, wie schon erwähnt, ein stammesgeschichtlich erworbenes Verhalten. Es signalisiert einen Zustand des Wohlbefindens, der Freude. Im 1./2. Lebensmonat beobachten wir es gelegentlich, wenn das Kind schläft oder wenn wir es ansprechen, streicheln, kitzeln.

Zwischen dem 3. und 6. Monat ändert sich das: Jetzt genügt die Wahrnehmung eines menschlichen Gesichts, um das Lächeln des Kindes auszulösen. Zunächst ist es gleichgültig, welchen mimischen Ausdruck dieses Gesicht zeigt; späterhin jedoch lächelt das Kind vor allem dann, wenn es auch der Partner tut. So wird das Lächeln (und gegen Ende des ersten Lebensjahrs auch das laute Lachen) zu einem bevorzugten Mittel, um soziale Beziehungen zum Partner herzustellen und aufrechtzuerhalten.

Das Lächeln ist die erste *Begrüßungsformel*, über die das Kind verfügt! In ihr bekunden sich Bedürfnisse wie Fähigkeiten sozialer Kommunikation. Sie wird auf jeden Menschen angewendet, unabhängig davon, ob er zu den Pflegepersonen gehört oder nicht. Kinder dieses Alters lächeln übrigens auch dann, wenn ihre Manipulierungsversuche mit Spielgegenständen erfolgreich sind. Dieses mimische Mittel ist also – ebenso wie in späteren Entwicklungsphasen – allgemeiner Ausdruck lustvoller, freudiger Gefühle, die durch den Mitmenschen besonders leicht ausgelöst werden. Lächeln und Lachen beeinflussen den Partner; er kann gar nicht anders als zugänglich, freundlich, kontaktbereit sein. Das Wort vom »verführerischen« Lächeln erhält hier schon seinen Sinn.

Aber nicht allein das Lächeln zeigt an, in welchem Ausmaß das Kind zu sozialer Partnerschaft befähigt ist. Auch andere Verhaltensweisen des jungen Säuglings dokumentieren das. Er ist bewegungsfreudiger, wenn eine Pflegeperson sichtbar oder hörbar anwesend ist; diese Aktivität läßt nach, wenn sie den Raum verläßt. Auch das orientierende, erkundende Verhalten im Spiel ist intensiver in Gegenwart von Erwachsenen. Das Kind fängt an, den anderen Menschen in seine Tätigkeiten einzubeziehen. Wenn beispielsweise eine Aktion mißlingt (etwa: die Klapper ist aus dem Bettchen gefallen), dann weint es und nimmt Blickkontakt mit dem Erwachsenen auf. Der Säugling bittet um Hilfe! Könnte man nicht sagen, hier läge der Ursprung sozialer Zusammenarbeit?

Eine außerordentlich bedeutungsvolle Veränderung in der Qualität, im Niveau des sozialen Verhaltens verzeichnen wir in der zweiten Hälfte des ersten Lebensjahres und darüber hinaus im gesamten zweiten Lebensjahr.

Was in dieser Periode geschieht, läßt sich zunächst durch Stichworte andeuten: Unterscheidung bekannter und fremder Personen – Entstehen fester sozialer Bindungen an Bezugspersonen, zugleich aber auch sozialer Konflikte – Entdeckung des eigenen Ich. Aber diese Stichworte besagen nicht viel; sie bedürfen einer gründlicheren, ausführlichen Beschreibung.

Ausgangspunkt der sozialen Entwicklung dieser Periode ist die Fähigkeit des Kindes, vertraute, bekannte Personen seines engeren Lebenskreises von fremden, unbekannten zu unterscheiden. Wie geschieht das? Eine wesentliche Grundlage dafür ist die jetzt ausreifende Kapazität des Langzeitgedächtnisses. In diesem Speicher »ruhen« die schematisierten Bilder vertrauter Bezugspersonen. Kommt es nun zum Kontakt mit einem fremden Gesicht, so setzt ein Erkennungsprozeß des Vergleichens von wahrgenommenem Gesicht des Fremden und gespeicherten Bildern der Bezugspersonen ein. Er führt zu

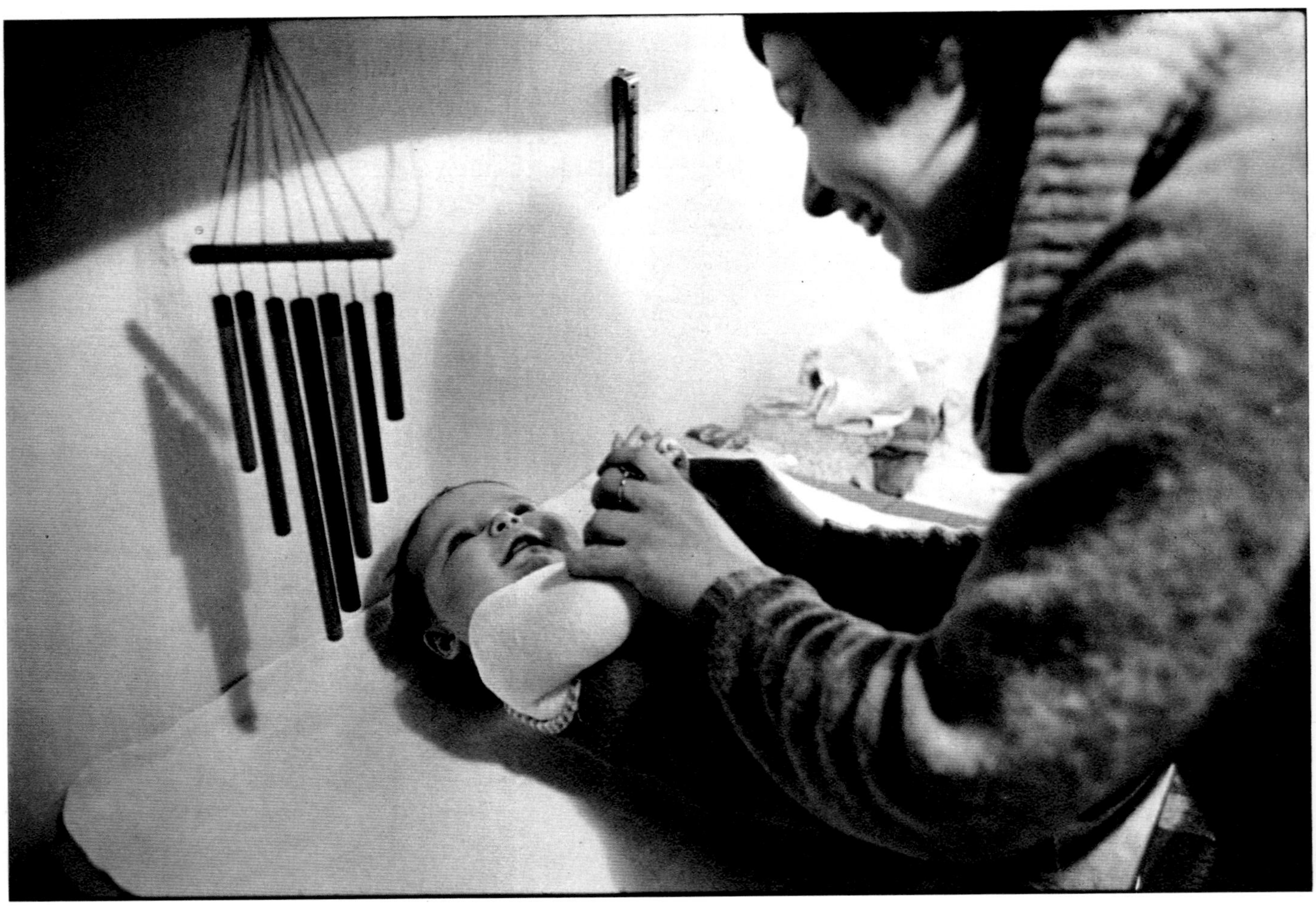

dem Ergebnis: Dies ist ein Unbekannter! Es kommen noch andere solche Prozesse hinzu: Was ist neu an diesem Gesicht? Was darin ist Gesichtern, die ich schon kenne, ähnlich? Was habe ich von diesem Partner zu erwarten? Was wird er jetzt tun? Dasselbe wie die vertraute Bezugsperson? Etwas anderes? – Natürlich stellt das Kind diese Fragen nicht so wie wir. Psychologische Kenntnisse aus Experimenten und systematischen Beobachtungen wurden hier ein wenig freizügig in eine sprachliche Fassung übersetzt. Sie macht verständlich, um welche Differenzierungen es geht und zu welchen Konsequenzen sie führen. Das gleiche gilt für andere kindliche Fragen, die wir in dieser Etappe beim Verlust des Kontakts mit der Bezugsperson entdecken: Wo ist sie geblieben, sie war doch eben noch da? Wird sie wiederkommen?

Es gibt eine Vielzahl von Belegen für die eben geschilderten Erkennungsvorgänge. Das Kind ist unruhig, unter Umständen weinerlich bei Abwesenheit der Mutter, mit der es zuvor noch Kontakt hatte. Es wendet sich von fremden Menschen ab, vermeidet die Blickbegegnung oder pendelt zwischen Kurzkontakt und Abwendung. Es lehnt fremde Eingriffe in seinen Handlungsraum ab, will nicht von Unbekannten auf den Arm genommen werden; es strebt zum Vater, schmiegt sich an, wenn der Eingriff gewaltsam erfolgt. Der Fremde muß Geduld aufbringen, um langsam, vorsichtig Beziehungen herzustellen, um beachtet, angelächelt, berührt zu werden. Andererseits gibt es auch Kinder, die sich leichter mit der Trennung von der Pflegeperson abfinden, die beim Kontakt mit Fremden ein unmittelbares Interesse an ihm zum Ausdruck bringen und keine Scheu zeigen, wenn er mit ihnen spielt und sie zu sich auf den Schoß nimmt. Wie sind diese individuellen Unterschiede des Reagierens zu erklären?

Wir können sie uns klarmachen, wenn wir von dem folgenden Schema (nach Kagan) ausgehen. Es verdeutlicht die Phasen der denkerischen Auseinandersetzung mit den sozialen Problemen »fremde Person« und »Trennung von der Bezugsperson«.

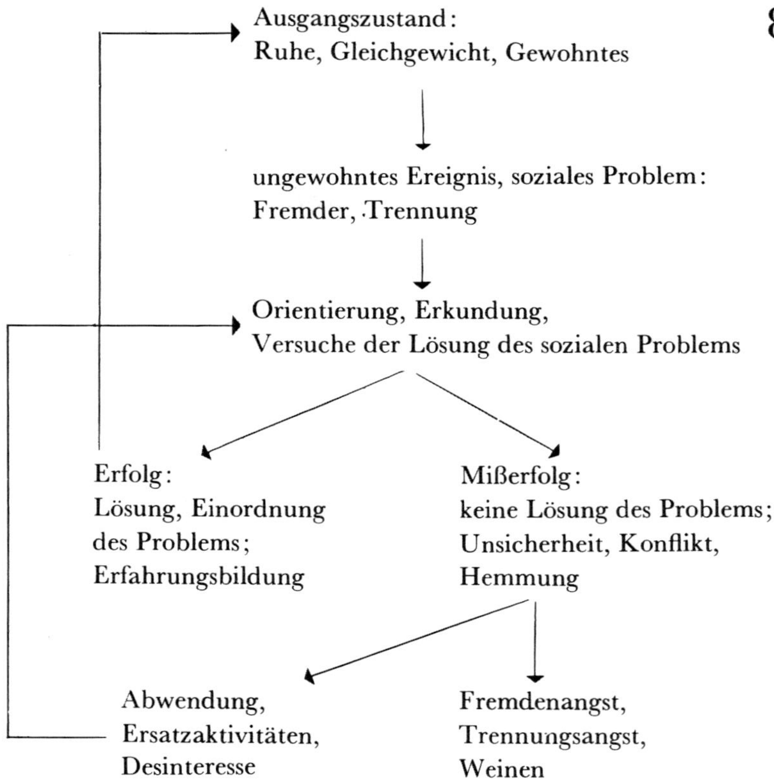

Ein gleichgewichtiger, gewohnter Ausgangszustand wird durch das plötzliche Ereignis »Fremder« oder »Trennung« aufgehoben. Damit ist ein Problem der Ähnlichkeitsabschätzung gestellt. Alle Kinder reagieren darauf zunächst durch Orientierungs- und Erkundungshandlungen, hinter denen die oben aufgezählten Fragen stehen. Sie erforschen das Problem, versuchen es zu lösen, indem sie es auf irgendeine Weise in ihre alten Erfahrungen einordnen oder als neue Erfahrung verarbeiten und konservieren.

Nach dieser Phase der Lösungsversuche scheiden sich die Geister. Viele Kinder lösen das Problem leicht, ziemlich schnell. Das kann daran liegen, daß sie vom angeborenen Temperament her wenig sensibel gegenüber neuartigen Objekten und Ereignissen sind; sie zeigen eine geringe Angstneigung. Oder: Es handelt sich um Kinder, deren Erkenntnisfähigkeiten weit genug ausgereift sind, um mit der neuen Situation fertig zu werden. Auch scheue Kinder können zur Lösung des Problems gelangen, wenn eine vertraute Bezugsperson in der Nähe ist, so daß sie dieses Vertrauensverhältnis als eine Art »Schutzkreis« ihres Erkundens und Denkens in Anspruch nehmen und auf diese Weise die Unsicherheit überwinden.

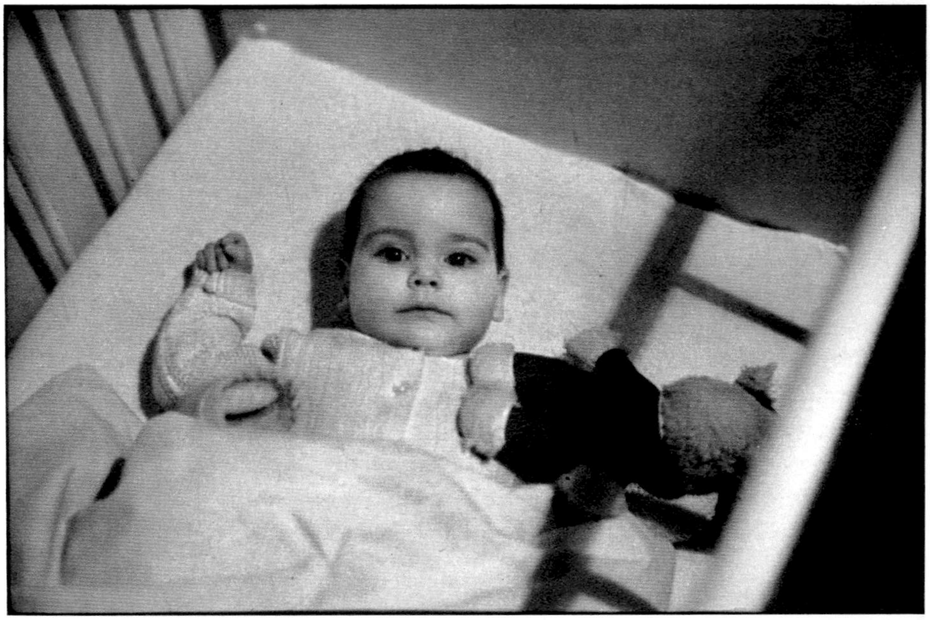

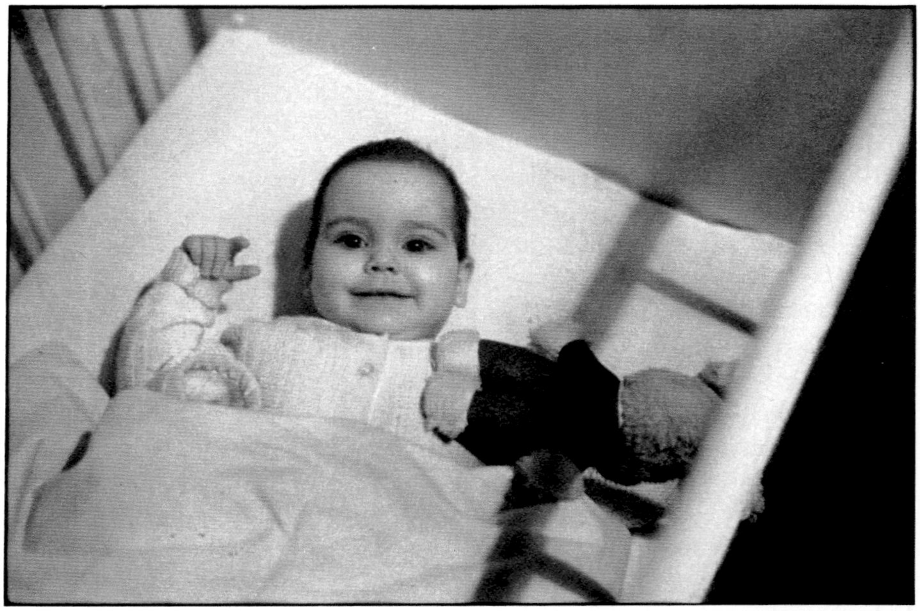

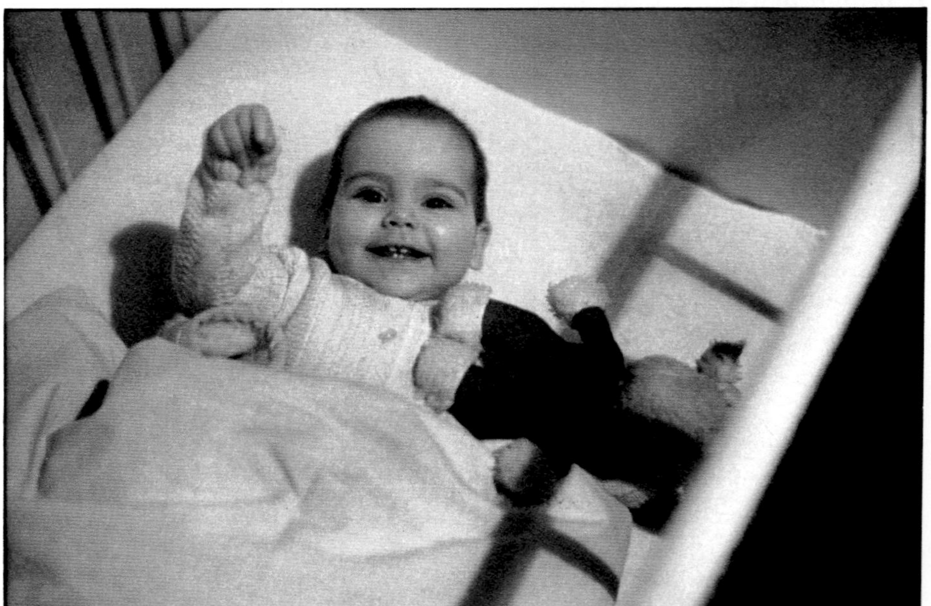

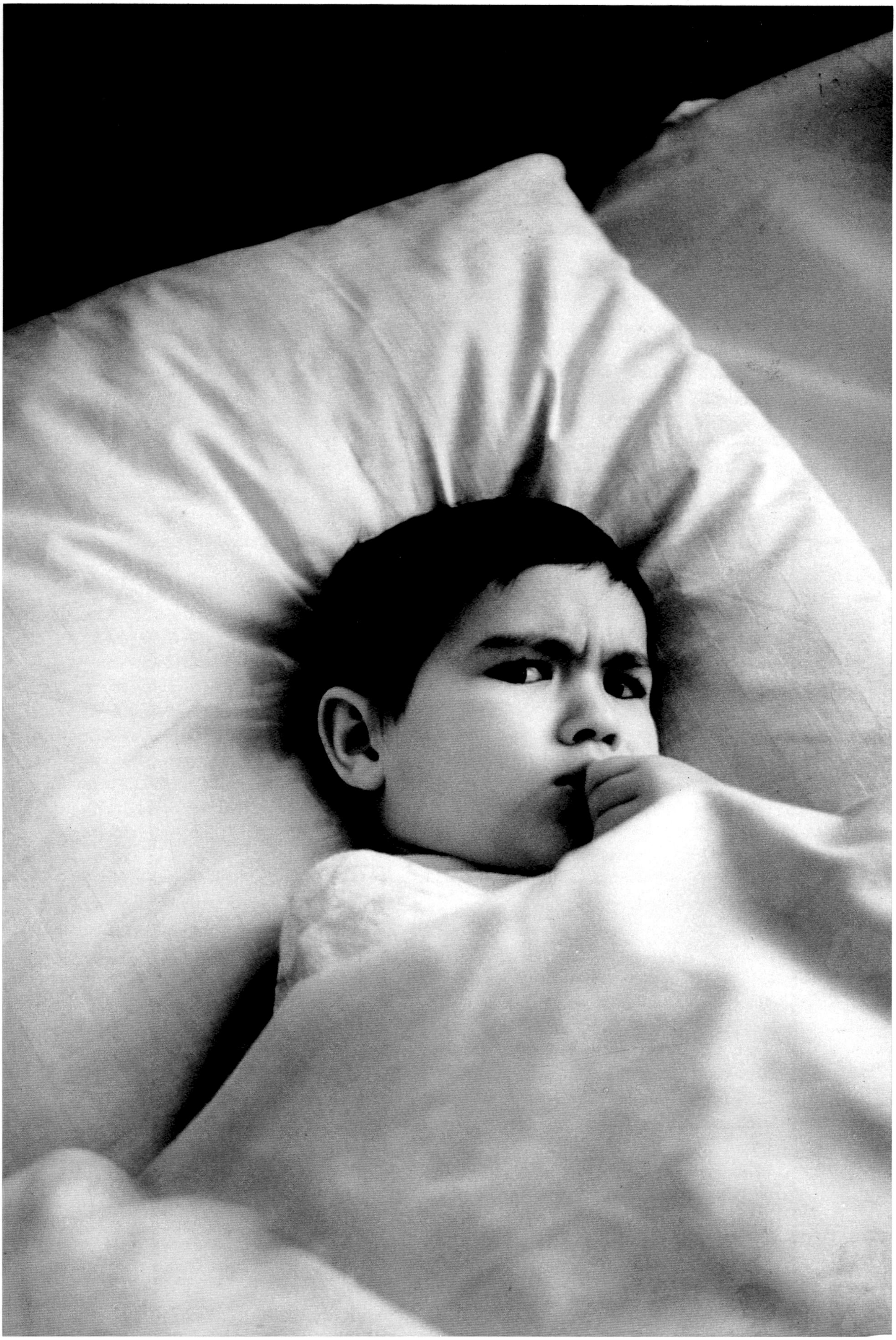

Anderen Kindern gelingt die Lösung des sozialen Problems nicht ohne weiteres. Das kann mit ihrer Empfindsamkeit gegenüber plötzlichen, ungewohnten Gegenständen oder Ereignissen, also mit ihrer Angstneigung, zusammenhängen. Es mag auch daran liegen, daß ihnen die geistig-intellektuellen Voraussetzungen für die erforderlichen Denk- und Lernoperationen noch fehlen. So kommt es zu inneren Zuständen der Unsicherheit, des Konflikts, der Gehemmtheit, schließlich zur Fremden- oder Trennungsangst, zum Weinen. Möglich ist aber auch etwas anderes: Das Kind findet einen Ausweg, indem es das soziale Problem offenläßt, sich von ihm abwendet, mit Gegenständen spielt, den Kontakt mit der Bezugsperson verstärkt, kurz: indem es durch »Ersatzhandlungen« den inneren Konflikt entspannt und auf diese Weise zum beruhigten Ausgangszustand zurückfindet. Diese Alternative setzt etwas voraus: Innerhalb der Problemsituation muß es bekannte, gewohnte Objekte, Personen, Bereiche geben, die es dem Kind gestatten, sich gleichsam auf ein vertrautes Terrain zu begeben. In der elterlichen Wohnung zeigen solche Kinder weniger Unsicherheit oder Angst als z. B. bei der Fahrt mit der Eisenbahn.

Aus der Erläuterung des Schemas erwächst also eine wichtige Konsequenz. Da die soziale Welt das Kind jetzt vor Probleme stellt (in Gestalt fremder Menschen, der kurzen oder längeren Trennung von Bezugspersonen), bedarf es entlastender Zonen der Sicherheit, des Schutzes durch Vertrautsein. Die wesentliche Garantie solcher Zonen sind die Bezugspersonen. Zu ihnen, dem stabilsten Faktor kindlicher Geborgenheit, werden jetzt besonders intensive soziale, emotionale Bindungen hergestellt. Das läßt sich vielfältig belegen. Das Auftreten von Trennungsangst ist ein erster Beweis. Ferner: Erst in diesem Alter, vom Ende des ersten Lebensjahres an, beobachten wir Phänomene der Eifersucht und eines erheblich gesteigerten Zärtlichkeitsbedürfnisses. Das Kind entwickelt einen deutlichen Anspruch, beachtet zu werden. Aufkommende Unsicherheit und Ängstlichkeit werden häufig durch eine Flucht auf den Schoß oder in die Arme der Bindungsperson beantwortet.

Wenn oben ausführlicher auf die Fremdenangst eingegangen wurde, dann war damit ausschließlich der fremde Erwachsene gemeint. Wie verarbeitet nun aber das Kind die Begegnung mit dem fremden, etwa gleichaltrigen Kind? Die Antwort auf diese Frage ist gleichermaßen wichtig für die Erziehung von Geschwistern in der Familie wie für das Erziehungsregime in Kinderkrippen. Es geht um das Problem der gemeinsamen Beschäftigung mehrerer Kinder in einem Raum oder innerhalb eines Spielgitters.

Erst in jüngster Zeit sind dazu kinderpsychologische Forschungen angestellt worden. Man untersuchte z. B. eine große Gruppe von Kindern (sowohl Krippen- als auch Familienkinder) im Alter von $13^1/_2$, 20 und 29 Monaten in folgender Situation. Die Mutter saß mit dem Kind in einem Raum, der eine große Menge an kindgemäßem Spielmaterial anbot. Das Kind spielte in Anwesenheit der Mutter längere Zeit völlig frei. Dann wurde ein gleichaltriges, fremdes Kind gleichen Geschlechts hinzugefügt, nachdem die Spielmaterialien durch neue ersetzt worden waren. Gemessen wurden die Sekunden pro Minute, in denen das Kind aktiv spielte und sich nahe bei der Mutter aufhielt. Wenn Ängstlichkeit auch gegenüber dem fremden, gleichaltrigen Partner auftritt, so lautete die Hypothese, dann müßte sich das in einer Hemmung des Spielens und in der Tendenz, mehr die Nähe der Mutter zu suchen, bemerkbar machen.

Wie die Zahlenwerte der Abbildung zeigen, ist gegen Ende des zweiten Lebensjahres tatsächlich mit sehr ausgeprägter Unsicherheit, Hemmung und Ängstlichkeit gegenüber gleichaltrigen fremden Kindern zu rechnen! Unterschiede zwischen Familien- und Hortkindern gab es hier nicht. Das Alter (das bedeutet: die geistige Reife) war eine wesentlichere Bedingung als die bei Krippenkindern vorliegende Erfahrung im Umgang mit Gleichaltrigen. Der Untersucher zieht folgende Schlüsse aus seinen Forschungen:

»Wir glauben, daß Furcht vor Gleichaltrigen ihren Gipfel erst gegen Ende des zweiten Lebensjahres erreicht, da die Hauptquelle der Furcht in dem kindlichen Unvermögen liegt, Hypothesen zu beantworten, die Fragen enthalten wie: ›Welche Handlungen kann ich mit meinem Gegenüber beginnen? Was wird er mir tun? Kann ich weiterspielen? Was kann ich von diesem Kind erwarten?‹ . . . Die Unsicherheit, die entsteht, wenn solche Hypothesen nicht beantwortet werden können, könnte man als Unvorhersagbarkeit bezeichnen« (Kagan).

Wir haben also zu konstatieren: Gegen Ende des ersten und im zweiten Lebensjahr problematisiert das Kind seine soziale Umwelt. Der fremde Erwachsene, das fremde Kind, sie sind Erscheinungen, die es zu einer neuen Erfahrung verarbeiten muß: Diese Menschen verhalten sich oft anders, als ich erwarte, ich irre mich bisweilen in meinen Voraussagen über ihre Handlungen, ich muß mit Überraschungen bei ihnen rechnen. Aber auch die vertrauten Bezugspersonen stellen das Kind vor Probleme. Es baut vertiefte, intensive emotionale Beziehungen zu ihnen auf, und dennoch muß es oft genug die Enttäuschung der Trennung auf sich nehmen und sie in einem neuen Wissen verdichten: Mutter, Vater, Großmutter und Krippentante – sie alle tun bisweilen etwas Unerwartetes, das ich nicht mag, das mir Angst einflößt, das mich zum Weinen bringt.

Diese Erfahrung ist folgenschwer. Sie ist ein Meilenstein auf dem Wege des Kindes zu seinem eigenen Ich. Das Bild der Bezugspersonen wird doppeldeutig: Nicht nur Liebe, sondern auch Abneigung kann es wecken. Es kommt ein verstärkender Faktor hinzu. Mit der ausgereiften Lokomotorik, mit dem Instrumentarium von Händen und Fingern sind dem Kind weite Räume und zahlreiche Gegenstände verfügbar. Beträchtliche spielerische Gestaltungsaktivitäten werden freigesetzt. Die Folge ist abzusehen: Die kindlichen Zielsetzungen »beißen« sich mit den Absichten und Normen des Erwachsenen. Tadel und Strafe sind die Folge. Diesen Zusammenstoß seiner Tendenzen mit denen der Bezugspersonen beantwortet das Kind zunächst mit dem Versuch, seine eigenen Wünsche gegen die Großen durchzusetzen. Wir beobachten zum ersten Mal Auflehnung, Protest, Opposition, *Trotz*.

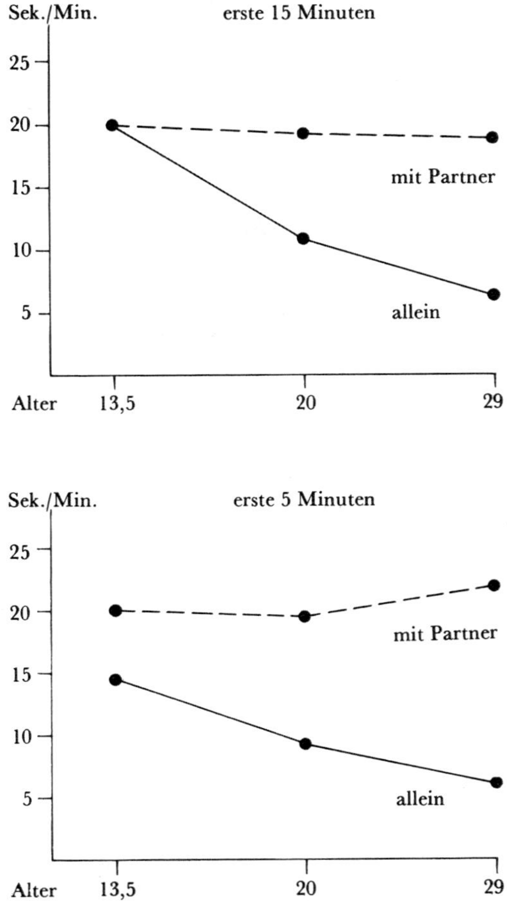

Abb. 7. Dauer des Aufenthalts in der Nähe der Mutter (während der ersten 5 bzw. der ersten 15 Minuten des Versuchs) beim Alleinspiel und beim Spiel mit dem Partner. Nach Daten von Kagan (1975)

Simone de Beauvoir schildert in ihren Memoiren einen typischen »Trotzanfall« aus ihrer frühen Kindheit:

»Ich war ein ungemein vergnügtes kleines Ding. Dennoch stimmte etwas nicht, da ich fürchterliche Wutanfälle bekam, bei denen ich mich, rotviolett im Gesicht und wie von Krämpfen befallen, auf den Boden warf. Ich bin drei Jahre alt, wir essen auf der besonnten Terrasse eines großen Hotels ... zu Mittag; ich bekomme eine rote Eierpflaume und fange an, die Haut davon abzuziehen. ›Nein‹, sagt Mama; ich werfe mich brüllend auf den Zementboden nieder.« Ein zweiter Fall: »Ich heule den ganzen Boulevard Raspail entlang, weil Louise mich vom Square Boucicaut weggeholt hat, wo ich Sandkuchen backte ... Ich brüllte damals so laut und so lange, daß ich im Luxembourggarten des öfteren als mißhandeltes Kind angesehen wurde.«

»Aber ich lehnte es ab, der ungreifbaren Macht der Worte zu weichen, was mich aufs tiefste empörte, war, daß ein beiläufig hingesagter Satz wie: ›Man muß ..., man darf nicht ...‹ im Handumdrehen meine Unternehmungen und Freuden von Grund auf vernichtete. Die Willkür der Befehle und Verbote, auf die ich stieß, schien mir ein Beweis für ihre Substanzlosigkeit zu sein ... Überall traf ich auf Zwang, jedoch nirgends auf Notwendigkeit.«

Lassen wir vorerst die Frage beiseite, ob die Erkärung des Trotzens, wie sie die Schriftstellerin gibt, richtig ist. Ein wichtigeres Thema ist zunächst unsere Einstellung zu solchen Erscheinungen kindlichen Protests.

Entscheiden wir uns für ein *Lob der Opposition*! Sie zeigt an: Das Kind ist eigenaktiv, versucht das Heft in die Hand zu nehmen, wagt das Risiko des Widerstandes, wirft das Quentchen willentliche Zielsetzungsenergie, über das es verfügt, in die Waagschale der sozialen Auseinandersetzung. Das ist ein Schritt nach vorn, hin zur Erkenntnis, zur Prüfung, zur Bewährung des kleinen Ich!

Freilich sind das unbeholfene Versuche, ein soziales Problem zu lösen. Der opponierende Knirps vermag seine Kräfte der Durchsetzung nicht richtig einzuschätzen. Er ist unfähig, sich in seinen »Gegenspieler« hineinzuversetzen, dessen Absichten vorauszuahnen. Sein sprachliches Niveau schließt Mißverständnisse vielfältiger Art ein.

Er verfügt noch nicht über die Mittel der Beschwichtigung, des Bettelns, der Diskussion oder des Einlenkens, also über Möglichkeiten kompromißhaften Reagierens. Aber er geht das Problem an, er resigniert nicht einfach! Und das sollten wir hoch anerkennen. In der Regel sind wir Erzieher schuld, wenn so heftiges Trotzen, wie Simone de Beauvoir es schildert, auftritt. Sie hat schon recht: Das sture Nein zu einer kindlichen Handlung, die plötzliche Unterbrechung des Spiels durch unser »Nun komm schnell zum Essen!«, die Anwendung von Normen, deren Sinn dem Kind verborgen bleibt (»*Man* tut das nicht!«), die willkürliche Handhabung von Verboten und Befehlen ohne zwingende Notwendigkeit, nur, um die eigene Autorität durchzusetzen – das sind unsere Fehler.

Auch die Übermüdung des Kindes, ein günstiger Nährboden von Trotzreaktionen, wird von uns häufig nicht berücksichtigt. Wir müssen uns bemühen, solche Mißgriffe zu vermeiden. Und wenn es doch zu einer heftigen kindlichen Protestaktion kommt, so sollten wir unsere Überlegenheit nicht durch eine verfehlte Strategie unbedingter Durchsetzung dokumentieren. Versuche der Beruhigung, des Ablenkens oder der souveränen Duldung des Abreagierens stehen uns besser zu Gesicht! Nur so fördern wir die Ausreifung der Keimformen von Ichfindung, Ichbehauptung und Willenserprobung.

Dieser eindringliche Appell an den Erzieher hat einen tiefen Sinn. Durch die Art seiner Reaktion beeinflußt er nämlich die Persönlichkeitsentwicklung des Kindes.

Früher schon hieß es: Die Aktivitätskomponente der kindlichen Persönlichkeitsentwicklung wird im erkundenden, experimentierenden Umgang mit Gegenständen sichtbar. Jetzt kommt etwas Neues hinzu: Das Kind dehnt seine Eigenaktivität auf die soziale Umwelt aus. Sein soziales Handeln erschöpft sich nicht in einfachen Kontaktketten und in gelegentlichen Versuchen der Teilnahme an kooperativen Spielen, die der Erwachsene einleitet und steuert. Nein, in der kindlichen Opposition kommt ein neues Moment der produktiven *Gestaltung* sozialer Beziehungen zum Tragen, dies unabhängig davon, ob die dabei eingesetzten Mittel klug, angepaßt, erfolgreich sind oder nicht. Und eben für die Ausformung dieses Gestaltungsmoments ist der Erzieher mitverantwortlich! Von ihm hängt es weitgehend ab, ob aus dem Kind späterhin ein Leisetreter, Duckmäuser, Jasager oder ein selbstbewußter, meinungsfester, mutiger Verfechter individueller und kollektiver Ziele und Rechte wird.

Vom Erzieher – ob in der Familie oder in einer Kindereinrichtung – hängt aber noch etwas anderes ab. Es bildet, wie schon gesagt, die Voraussetzung für die harmonische Persönlichkeitsentwicklung des Kindes: Sicherheit, Schutz und Geborgenheit im vertrauten, anheimelnden sozialen Milieu der Bezugspersonen. Das Herstellen dieser atmosphärischen Bedingungen wirft einige ernste Probleme auf. Es geht hier vor allem um Inhalt, Qualität und Häufigkeit der Sozialbeziehungen zwischen Kind und Bezugspersonen.

Vor dem 6./7. Lebensmonat dürften sich Anzahl und Wechsel der auf das Kind einwirkenden Betreuer kaum wesentlich auf die Entwicklung auswirken. Wichtig sind nur häufiger Kontakt und Einbettung des Kontakts in eine positive gefühlsmäßige Einstellung. Das Kind braucht Zuneigung, soziale Wärme, Wechselbeziehungen mit dem Erzieher. Das ist leichter gesagt als getan. Gibt es nicht Mütter, Väter oder Krippenerzieherinnen, die diese Etappe der Betreuung vor allem als routinemäßige, ja belastende Dienstleistung empfinden? Die sich an der Schönheit, am Reichtum dessen, was unter ihren fütternden und windelnden Händen emporwächst, nicht zu erfreuen vermögen, weil sie es gar nicht sehen? Manche von ihnen mögen gleichgültig sein oder ein wenig gemütsarm. Aber seien wir nicht ungerecht: Sind nicht viele überfordert durch gleichzeitige Haus- und Berufsarbeit, durch den Egoismus ihrer Partner oder Kollegen, durch ungenügende Qualifizierung für die *Arbeit* am und mit dem Kleinkind? Nimmt die breite Öffentlichkeit diese Arbeit eigentlich ebenso wichtig wie die im Schacht, auf dem Kran, am Fließband, im Labor, im Büro? – Es lohnt sich, über diese Fragen nachzudenken und aus den naheliegenden Antworten Schlüsse und praktische Maßnahmen abzuleiten.

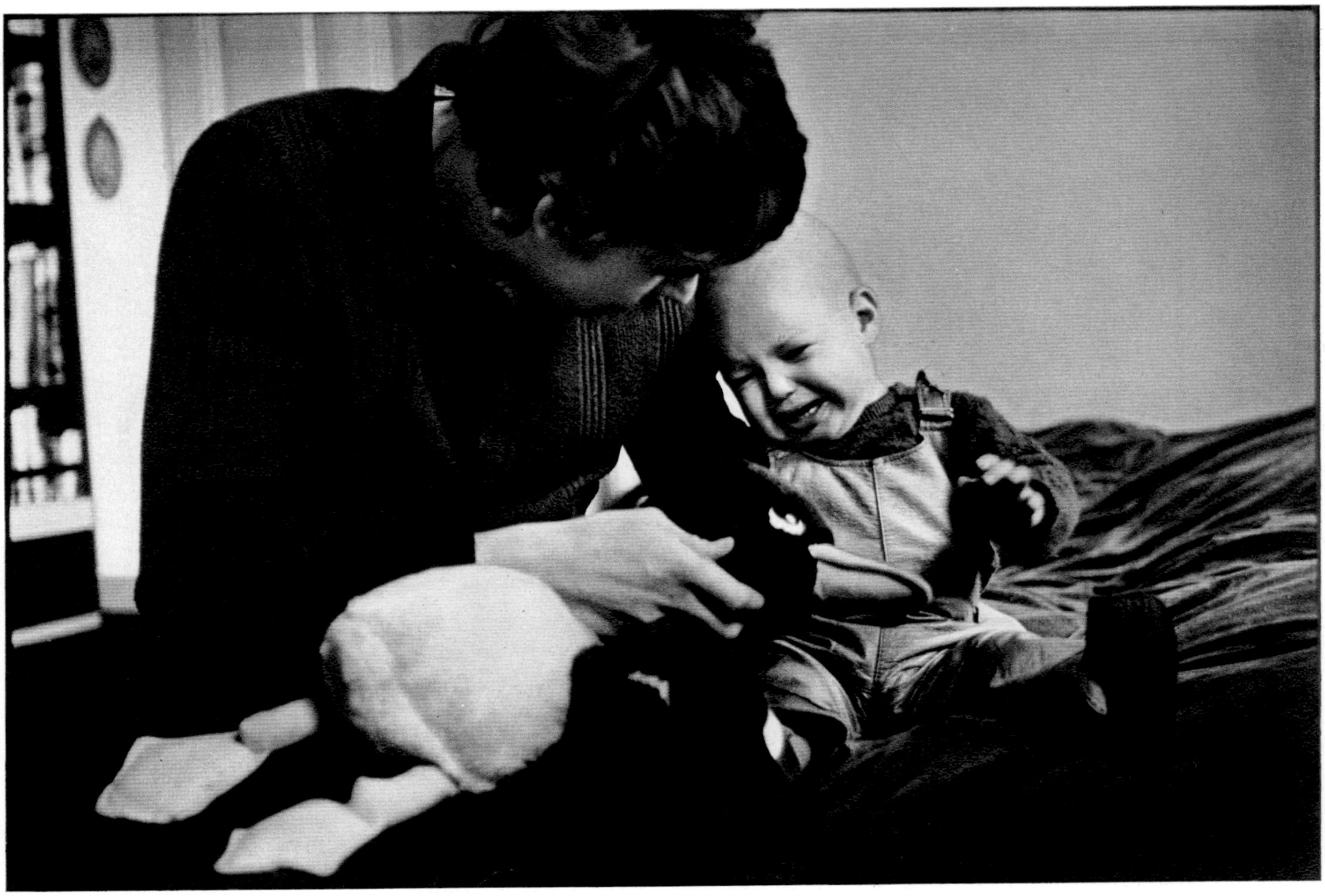

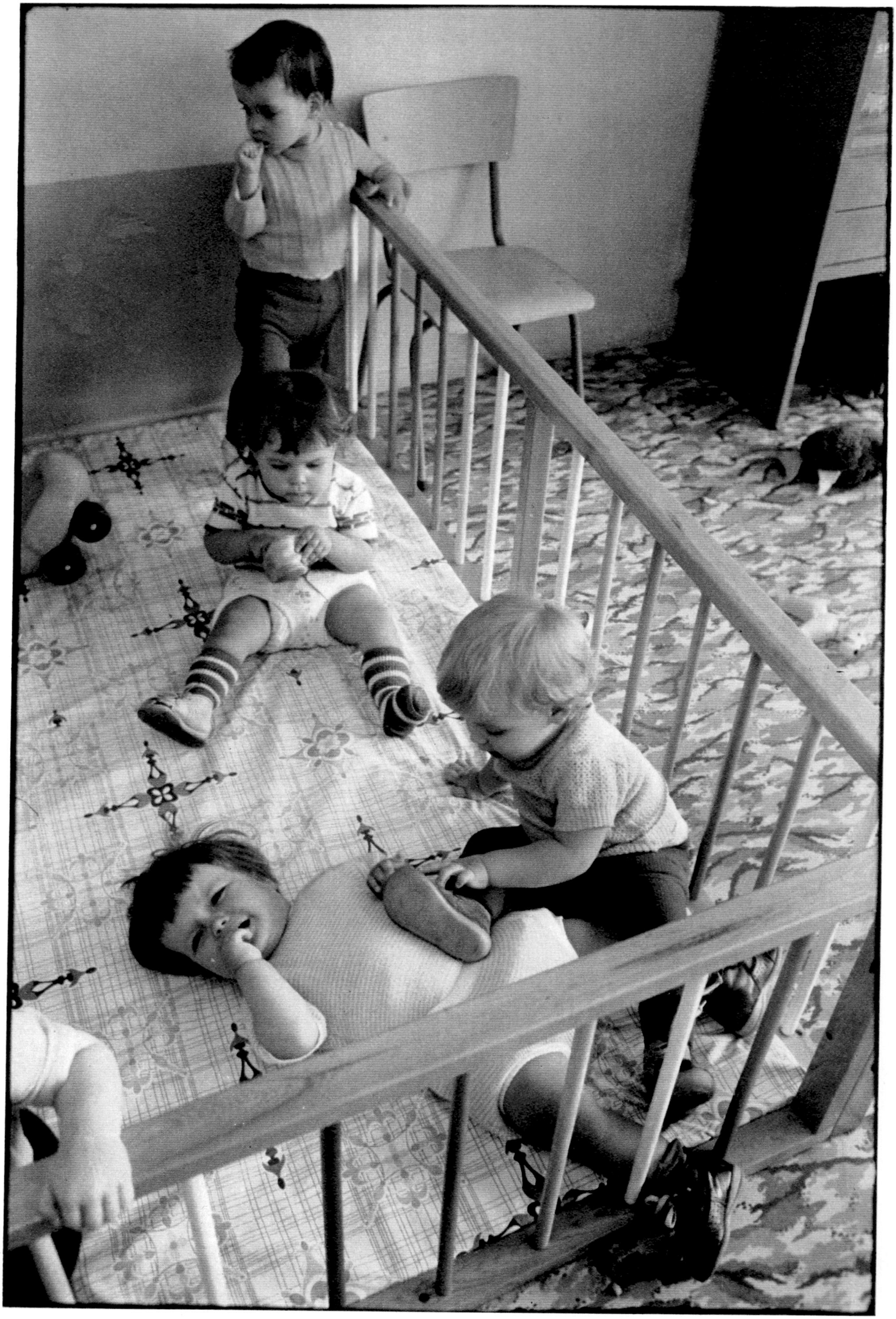

Das wäre für die zweite Etappe der frühkindlichen Sozialentwicklung, die etwa im 7./8. Lebensmonat beginnt und auch das zweite Lebensjahr umfaßt, noch dringlicher. Diese Etappe wird von vielen Psychologen als *sensible Phase* der Ausprägung des Sozialverständnisses und der zwischenmenschlichen Kontaktformen bezeichnet. Der Begriff »sensibel« zielt hier auf zwei Sachverhalte: Es handelt sich um eine Phase sehr intensiven partnerbezogenen Lernens, und als dessen Resultat fixiert sich im Kopf des Kindes das zwiespältige Bild der Bezugspersonen, der fremden Erwachsenen und der kleinen Spielgefährten. Die soziale Vermittlung und Kontrolle, vom Erzieher in diesen Lernvorgang eingespeist, beeinflußt das Resultat des Lernens entscheidend. Jetzt muß der Kreis von Erwachsenen, die in den kindlichen Lebensraum hineinwirken, für das Kind überschaubar sein. Zu viele Fremdkontakte könnten angsterzeugend wirken. Wenn man von den Erfahrungen in Großfamilien anderer Länder ausgeht, so sollte die Zahl von fünf bis sieben erwachsenen Betreuern wohl nicht überschritten werden. Noch wesentlicher ist die intensive, zuneigungsgetragene soziale Interaktion *weniger* Bezugspersonen – im Spielen, Sprechen und Singen. Durch sie muß es zu einer engen sozialen Bindung des Kindes, zum »Urvertrauen« zu den Bezugspersonen mit seinen Schutz- und Geborgenheitsfunktionen kommen. Sehr ungünstig ist ein häufiger Wechsel mehrerer solcher Erzieher. Das Einprägen ihrer Eigenschaften wird erschwert, und die Anpassungsfähigkeit des Kindes an die stets unterschiedlichen pädagogischen Ziele und Mittel dieser Vielzahl von Erwachsenen wird überfordert. Für das Kleinkindalter (1. bis 3. Lebensjahr) gilt generell, daß sich die Herstellung, Aufrechterhaltung und Festigung von Bindungen zu wenigen Bezugspersonen entwicklungsfördernd auswirken. Eine von außen erzwungene häufige Neuanpassung an immer neue Betreuer hat regelhaft negative Entwicklungserscheinungen zur Folge. Dazu gehören: erhöhte Krankheitsanfälligkeit, Gemüts-

armut, Aggressivität, Rückstand in der geistigen, vor allem in der sprachlichen Entwicklung.

Die Gewährleistung solcher intensiven, warmen, offenen Tätigkeitsbeziehungen zwischen Kind und Erzieher stellt bereits die Familie vor erhebliche Probleme. Sie erfordert Geduld, innere Sammlung und Ausgeglichenheit. Sie zwingt den Erzieher, zeitweilig seine individuellen Wünsche, Pläne und Ziele zurückzustellen, weil der Kontakt mit dem Kind eben vorgeht. Teilweise ähnliche, teilweise anders gelagerte Probleme entstehen in der Kinderkrippe, im Heim. Sie beginnen beim Verhältnis zwischen Kinderzahl und personeller Besetzung durch Erzieherinnen. Eine zu fordernde enge soziale Beziehung zwischen dem *einzelnen* Kind und der Erzieherin führt zu der Verhältniszahl von einem Erzieher für fünf bis sechs Kinder. In wie vielen Kinderkrippen kommt man dieser Zahl nahe? Ein zweites Problem stellt die Organisation sozialer Spieltätigkeiten dar.

Oben wurde belegt, in welchem Ausmaß die gleichaltrigen Kinder im wechselseitigen Kontakt Unsicherheit, Hemmung und Angst erzeugen. Das Niveau ihrer sozialen Beziehungen untereinander ist sehr gering; zu gegenseitiger Hilfe und Rücksichtnahme, zu gemeinsamer Planung sind sie kaum befähigt. Das hängt zum Teil mit dem natürlicherweise niedrigen Stand ihrer sprachlichen Entwicklung zusammen. So geschieht es, daß sich Krippenkinder weder in ihrer sozialen noch geistigen Reife wechselseitig nennenswert fördern. Viel eher ist mit dem Gegenteil zu rechnen, dies auch aus folgendem Grunde: Die Schwierigkeiten, die das Kind mit dem gleichaltrigen Spielpartner hat, weil es sein Verhalten so schwer voraussagen kann, sind mitverantwortlich für die Häufigkeit pädagogisch unerwünschter aggressiver Handlungen (Anschreien, Schubsen, Schlagen, Beißen, Treten). Diesem Problem kann man wiederum nur durch eine Maßnahme begegnen: Hinreichend viele Erzieher sichern ein *Schwergewicht von Kind-Erzieher-Einzelkontakten* und kontrollieren die verbleibenden sozialen Beziehungen zwischen den Kindern mit aller gebotenen Sorgfalt.

Außerdem ist es ratsam, wie neuere Forschungen belegen (Schmidt-Kolmer), den Übergang des Kindes in die Krippe allmählich, schrittweise zu vollziehen, um die Anpassung zu erleichtern.

Es sei hier noch auf eine Störung des Zusammenlebens hingewiesen, die wir bei Kleinkindern (und auch bei Kindergartenkindern) beobachten können. Es kommt vor, daß sie auf ein neugeborenes Geschwister folgendermaßen reagieren: Sie beginnen babyhaft zu sprechen, wollen aus der Flasche trinken, nässen wieder ein, obwohl sie schon sauber waren, drängen auf einen verstärkten Schmuse-Kontakt. Dieses Verhalten wird durch den unvermeidlichen Zuwendungsentzug ausgelöst, den sie erleiden müssen, weil der Säugling ein Mehr an Pflege und Betreuung braucht. Die Eltern tun gut daran, solche Eifersuchtsäußerungen als Mittel zu deuten, um die scheinbar verlorene Gunst zurückzugewinnen. Wenn sie, wo nur irgend möglich, das Kind in die Betreuung des Geschwisters einbeziehen, ihm hin und wieder ausdrücklich Liebesbeweise zuteil werden lassen und – vor allem – die Eiferssuchtssymptome nicht bestrafen, dann wird auch diese Konfliktphase eines Tages zu Ende gehen.

Es war unumgänglich, von sozialen Problemen, von pädagogischen Mängeln, von Gefahren der sozialen Entwicklung zu sprechen. Sie sollten uns jedoch nicht den Blick verstellen für das Helle, Freundliche und Schöne dieser Seite kindlicher Menschwerdung. Die Entwicklung des ein- und zweijährigen Kindes hin zum Du und vom Du zum Ich ist ein Kernstück der Persönlichkeitsentfaltung. Mit tiefer Befriedigung, mit dem beglückenden Gefühl des Sichbegegnens sehen und vernehmen wir, wie es unser enger sozialer Partner wird, wie es sich aus seiner infantilen Abhängigkeit zu befreien sucht, wie es in seine individuelle »Vergesellschaftung«, die ihm wie uns allen aufgegeben ist, einzutreten beginnt. Wir sollten bereit sein, dafür gern unseren Preis zu zahlen: mehr Verantwortung für die behutsame Lenkung dieses Vorgangs zu übernehmen, Opfer zu bringen an Zeit und Kraft und die Anstrengung unseres Denkens auf das Nachsinnen über Ziele und Mittel unserer Erziehung zu richten. Das Kind wird uns dafür danken – am meisten durch seinen tatkräftigen, sicheren, von Vertrauen getragenen Weg in die große menschliche Gemeinschaft.

Die geordnete Welt

Das, was uns umgibt, das räumliche und zeitliche Medium unseres Lebens und Wirkens, ist kein Chaos, sondern eine geordnete Welt. Sie umfaßt Sachen, Lebewesen und Personen, die ruhen oder sich bewegen, die lange Bestand haben oder sich schnell verändern. Die Dinge der Welt wirken aufeinander ein. Das tun sie nicht spontan-zufällig, sondern regelgebunden, gesetzmäßig – trotz aller Widersprüchlichkeit ihrer Beziehungen.

Ordnung, Zweck, Gesetz sind Worte, mit denen der Mensch die Werke der Natur in seine Sprache übersetzt, um sie zu verstehen; es sind nicht sinn-, d. h. gegenstandslose Worte . . .

Ludwig Feuerbach, Werke (1903)

Die disharmonische und dennoch geordnete Struktur der Welt spiegelt sich in unserem Bewußtsein wider. Wir unterscheiden die Dinge voneinander, wir nehmen ihre Wechselbeziehungen wahr und bemerken das unveränderliche Wesen in der Vielfalt flüchtiger Erscheinungen. Wir wissen: Hinter dem stürzenden Stein und dem niederschwebenden Blatt steht ehern das Fallgesetz, beides beherrschend. Wir können Ereignisse voraussagen, die eintreten werden, weil wir Einblick nehmen in die Abhängigkeit von Ursache und Wirkung. Das alles befähigt uns, die Natur, die soziale und gesellschaftliche Wirklichkeit zu durchschauen, gezielt auf sie einzuwirken, sie zunehmend und immer besser zu kontrollieren. So erhalten oder verwandeln wir sie zu unserem Nutzen. Unsere Ordnung der Welt bildet sich in der Organisiertheit unseres individuellen und kollektiven Handelns ab. Das macht uns sicher, verläßlich, gibt uns Perspektiven – trotz aller Fehler, Mängel, Irrtümer.

Nur allein der Mensch
Vermag das Unmögliche:
Er unterscheidet,
Wählet und richtet;
Er kann dem Augenblick
Dauer verleihen.

Johann Wolfgang Goethe

Sind subjektive Welt und Tätigkeit des Neugeborenen, des Säuglings auch schon geordnet? – Oder sind sie zunächst ein Dunstkreis, ein Nebel, ein Durcheinander von Empfindungen und Aktionen, langsam sich aufhellend und gliedernd? – Selbst wenn es so sein sollte: Irgendwann muß Ordnung entstehen. Wodurch, wie geschieht das? Vollzieht sich das auch ohne die organisierenden, gliedernden Mittel unserer Sprache? – Diese Fragen und solche, die in deren Nachbarschaft liegen, sollen jetzt beantwortet werden. Dabei müssen wir in der Argumentation nicht beim Punkte Null beginnen. Es wird sich zeigen, daß manches schon Gesagte – früher, in anderen Zusammenhängen – zugleich eine Antwort auf solche Fragen ist.

Und wir: Zuschauer, immer, überall,
dem allen zugewandt und nie hinaus!
Uns überfüllt's. Wir ordnen's. Es zerfällt.
Wir ordnen's wieder und zerfallen selbst.

Rainer Maria Rilke

Ebenso wie wir ist das Neugeborene einer Reiz- und Informationsfülle ohnegleichen ausgesetzt. Lawinen von Licht und Lärm, bewegte, schillernde, schimmernde Objekte ohne Zahl, Fetzen und Kaskaden von Sprachlauten und Musik überfluten das kleine Wesen. Dennoch ertrinkt es nicht darin. Die »innere Uhr« seines Rhythmus von Wachen und Schlafen regelt einen verträglichen Wechsel von Belastung und Entlastung. Und wenn das Kind wach ist, treten andere Mechanismen der Reizauslese in Erscheinung. Nur wenige, ganz bestimmte Merkmale, Eigenschaften von Objekten lösen das Saugen aus; das gleiche ist der Fall beim Ingangsetzen aller anderen reflektorischen und instinktiven Handlungen. Weitere Ordnungsfaktoren entdecken wir bei der Prüfung des Unterscheidungsvermögens. Das Neugeborene differenziert die Zustände von Ruhe und Bewegung. Wenn sich ein Gegenstand hinreichend stark von seinem Hintergrund abhebt (z. B. ein weißer Ring vor einer dunklen Tapete), dann verfolgt ihn das Kind mit dem Blick, sobald er bewegt wird. Ferner werden unterschiedlich helle Leuchtpunkte, die nebeneinander angeordnet sind, unterschiedlich lange betrachtet Wir wissen bereits: Eine Figur, die sich kontrastierend vor einem Hintergrund markiert, ist für das Kind interessant wegen der Konturen, der Ecken, die es intensiv mit den Augen abtastet. Wir wissen ferner schon: Komplexe Muster werden länger fixiert als einförmige. Auf Töne aus verschiedenen Frequenzbereichen reagiert das Neugeborene unterschiedlich: 200 bis 600 Hz – also das Lautspektrum unserer Sprache – führen zu

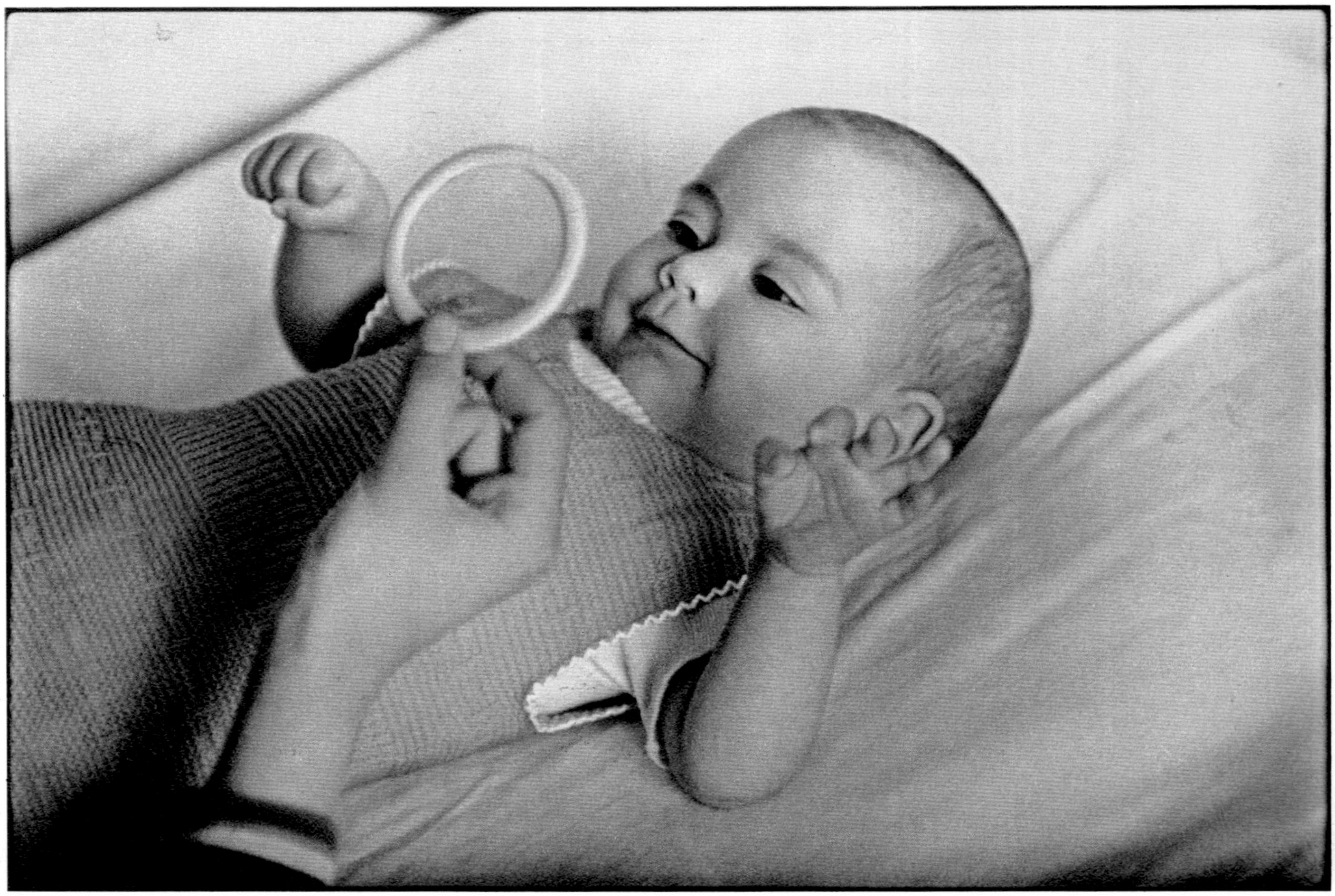

einer motorischen Aktivitätssteigerung, Hochfrequenztöne (4000 Hz und höher) bewirken eine schreckhafte Erstarrung. Alle diese Beispiele belegen die Wirksamkeit ordnungschaffender Wahrnehmungsmechanismen, die sich eng an die Ordnungsprinzipien der realen, wahrnehmungsunabhängigen Welt anlehnen. Ebenso wie die »Eingangs«-Seite der Informationsverarbeitung, so ist auch die motorische »Ausgangs«-Seite des Psychischen wohlgeordnet. Das gilt beispielsweise für die früher beschriebenen reflektorischen und instinktiven Handlungen. Ferner: Die biologischen Rhythmen der Nahrungsaufnahme und Ausscheidung teilen diese Verhaltensweisen bestimmten Zeiträumen innerhalb des Tag-Nacht-Zyklus zu. Zeitstrukturen bilden sich auch auf dem Weg über Lernvorgänge heraus. Der erlernte bedingte Reiz wird zum Anzeiger eines bedeutsamen Ereignisses in der Zukunft (z. B. der Fütterung durch die Pflegeperson) und bewirkt die angepaßte, erwartungsgesteuerte Reaktion. Bei der Entstehung bedingter Reaktionen differenziert sich zugleich die Welt der Ereignisse in bedeutsame und unwichtige. Das gleiche geschieht beim Gewöhnungslernen. Was lehren alle diese Beispiele? – Die hier wesentliche Schlußfolgerung lautet: Die subjektive Welt des kindlichen Erlebens und Verhaltens ist von Anfang an, also schon beim Neugeborenen, räumlich und zeitlich geordnet. Von Chaos oder Nebel kann keine Rede sein. Bereits im biologischen »Bauplan« des Verhaltens sind die Befähigungen zur Auseinandersetzung mit der strukturierten Welt vorgebildet. Die Lernvorgänge setzen diese Linie fort.

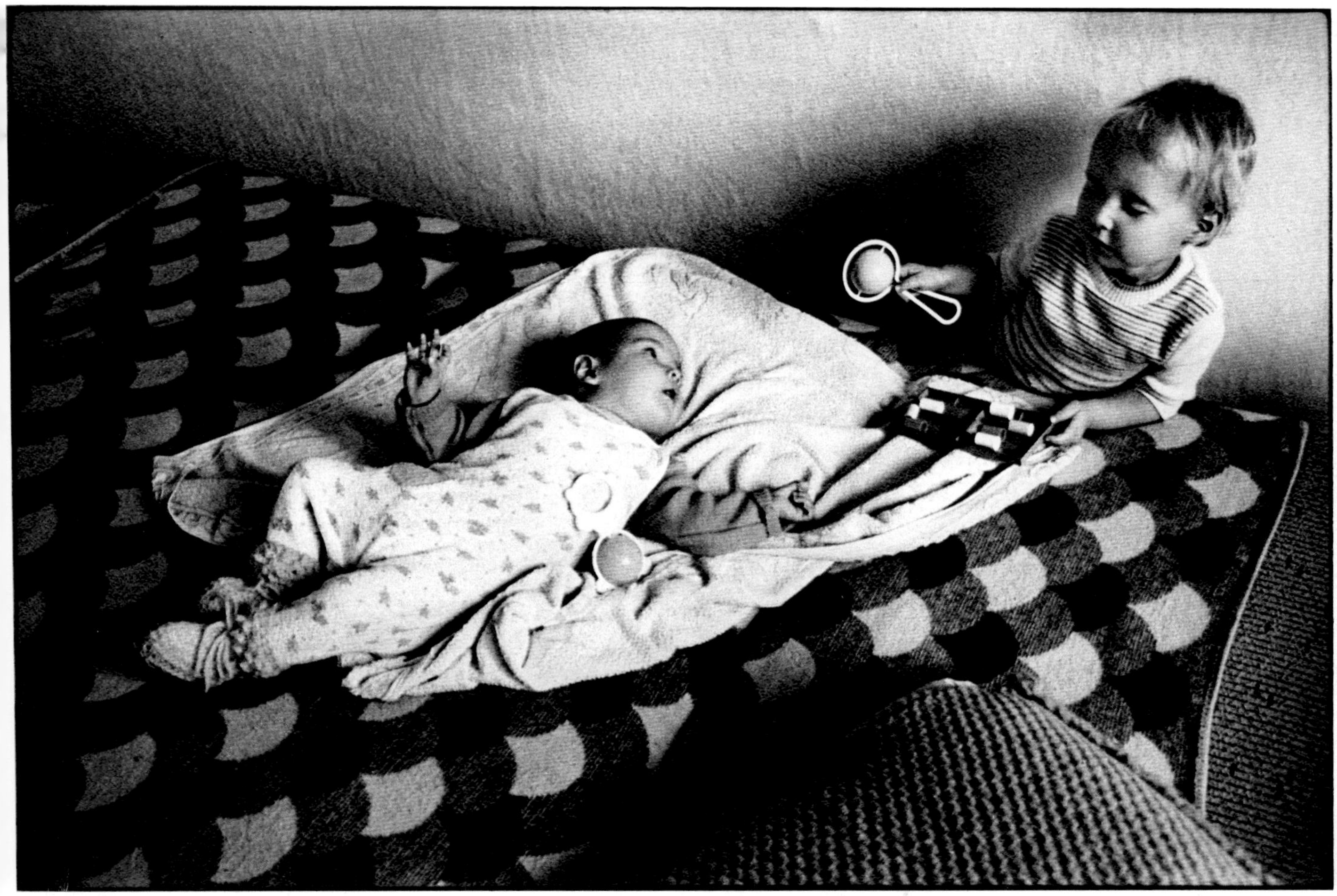

So ist nicht verwunderlich, daß dieses Prinzip für die frühe Kindheit, für das Vorschul- und Schulalter, für den gesamten Lebenslauf erhalten bleibt. In der tätigen Wechselwirkung mit der geordneten Welt vervollkommnen sich die individuellen Fähigkeiten, um das Wahrnehmen, Denken und Handeln dieser Ordnung gemäß zu strukturieren, zu organisieren. Die Wirkung dieses Prinzips läßt sich an weiteren Beispielen der Entwicklung veranschaulichen. Dabei verbleiben wir – wie bisher – im Bereich der *nicht-sprachlichen* Strukturbildung.

Es gibt für uns Erwachsene eine ganz selbstverständliche und darum gewöhnlich unbemerkte Voraussetzung der subjektiv geordneten Dingwelt: Sachen, Lebewesen und Personen existieren als stabile, relativ konstante Gebilde auch dann weiter, wenn wir sie nicht wahrnehmen. Auf einem Nachtspaziergang oder wenn wir die Augen schließen, bewahren wir die geordnete Welt der Dinge im Kopf, im visuellen Langzeitgedächtnis. War das schon immer so, von Anfang an, seit unserer Geburt? – Nein, es war nicht so. Das Interesse an einem Objekt, die Beschäftigung mit seinen Eigenschaften, die Erkundung seiner Beschaffenheit ist zunächst abhängig vom unmittelbaren Wahrnehmungskontakt mit dem Objekt. Die Klapper, mit der das Kind im Alter von fünf Monaten spielt, existiert klar und konkret nur so lange, wie es sie fühlt, hört, sieht. Fällt sie ihm aus der Hand, aus dem Wagen, so ist das Interesse erloschen, das Kind wendet sich anderen Beschäftigungen mit anderen Dingen zu. Das bedeutet nicht, es sei keine Gedächtnisspur der Klapper im Gehirn des Kindes zurückgeblieben. Wir wissen ja bereits: Der junge Säugling verfügt über ein schematisiertes Abbild seiner vertrautesten Bezugspersonen, das ihm ein Wiedererkennen nach kurzen Zeiträumen der Trennung ermöglicht. Ebenso ist es mit der Klapper. Wenn wir sie aufheben und dem Kind zurück-

geben, dann spielt es das zweite Mal nicht so lange mit ihr wie zuvor. Daraus schließen wir auf die wiedererkannte Qualität des Objekts, womit sich ein gewisses Maß an Desinteresse verbindet, das die Spielaktivität schneller erlahmen läßt. Was aber in diesen frühen Altersetappen *nicht* geschieht, ist dies: Das im Gedächtnis abgespeicherte Bild des Objekts ist als Vorstellung nicht deutlich genug ausgeprägt, um als Auslöser, als Kontrollinstrument von Reaktionen des Vermissens und Suchens zu dienen. Offenbar hängt das auch damit zusammen, daß die jeweilige emotionale Bewertung des Objekts (in diesem Falle, bei der Klapper, ist sie positiv) noch nicht stark genug die Vorstellung im Gedächtnis akzentuiert und somit auszeichnet, hervorhebt, in den Vordergrund rückt. Das ändert sich gegen Ende des ersten Lebensjahres. Die Umwelt erscheint dem Kind jetzt klar konturiert, sie ist bewertungsabhängig gegliedert und dadurch dauerhaft im Gedächtnis repräsentiert. So ist es dem Kind nicht nur möglich, nach ein oder zwei Wochen Abwesenheit die elterliche Wohnung, Gegenstände und Personen sofort wiederzuerkennen. Vielmehr reagiert es auf das Verschwinden von Spielgegenständen aus seinem Wahrnehmungsfeld jetzt mit intensiven Suchhandlungen, gegebenenfalls mit Ärger und Weinen, wenn ihm das Wiederfinden nicht gelingt. Das gleiche gilt, wie wir wissen, für Personen. Nicht nur Bekannte und Fremde werden unterschieden. Den Verlust des sozialen Kontakts beantwortet das Kind mit Zuständen des Vermissens, mit Versuchen eigenaktiver Wiederherstellung des Kontakts, unter Umständen mit Trennungsangst. Gegen Ende des ersten Lebensjahres formiert sich also im Kopf des Kindes ein recht dauerhaftes »Konzept« der geordneten gegenständlichen und personalen Umwelt. Erst danach kann es zu qualifizierten Möglichkeiten der Ordnung, der Organisation übergehen, die bereits denen ähnlich sind, die wir täglich selbst praktizieren.

Entsprechende Forschungsergebnisse der letzten Jahre besagen, daß sich mit dem Abschluß der Entwicklung des willkürlichen Greifens, also gegen Ende des ersten Lebensjahres, eine Ordnung herauszubilden beginnt, die sich an ein tätigkeitsgebundenes *primäres Bedeutungsdreieck* anlagert:

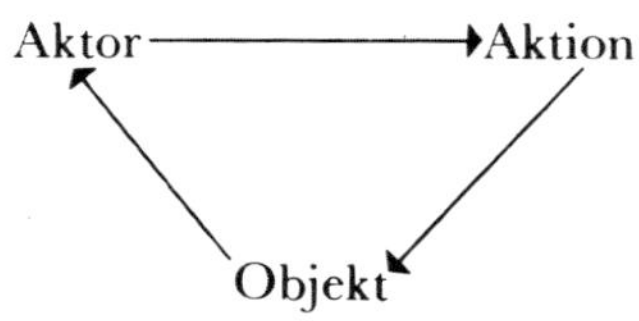

Was besagt diese Konstellation, diese Situation Aktor – Aktion – Objekt? – Sie besagt einmal, daß sich das tätige Leben des wachen Kindes als Kette vollzieht, in der solche »dreieckigen« Situationen die Glieder der Kette bilden. Das Kind vollführt als Handlungsträger eine bestimmte Aktion (Tasten, Schieben, Drehen, Schlagen usw.), die auf ein Objekt gerichtet ist (Baustein, Ball, Mutter usw.). Durch die Handlung am oder mit dem Objekt entstehen bestimmte Rückwirkungen auf das Kind (der abprallende Ball kehrt zurück, die gestreichelte Mutter zieht das Kind an sich usw.). Und diese Rückwirkungen nehmen Einfluß auf die folgenden Handlungen – z. B. bestimmen sie, ob der Objektkontakt aufrechterhalten wird oder eine Abwendung erfolgt, ob dieselbe Handlung wiederholt wird oder nicht u. ä.

In diesem Bedeutungsdreieck erlebt sich das Kind als Handelnder, wenn es seine agierenden Hände und Finger beobachtend kontrolliert, wenn es kurzfristig objektgerichtete Handlungen durchführt. Es praktiziert verschiedene Handlungsmuster und verarbeitet ihre Wirkungen auf das Objekt. Es bemerkt, ob eine Handlung zu einem Objekt paßt oder nicht, ob sie zum Ziel führt oder nicht. Ferner registriert es im Vollzug der Aktion bestimmte Merkmale des Objekts; es erfährt beispielsweise, ob das Objekt der Aktion gegenüber »gefügig« ist. Der Ball rollt, wenn es ihn anstößt, der Spielwürfel tut es nicht.

Alle diese Informationen entnimmt das Kind unmittelbar seiner Tätigkeit und verarbeitet sie über Lernprozesse. Zugleich aber ist es Beobachter von Bedeutungsdreiecken, in die es selbst nicht einbezogen ist. Die fallende Klapper hinterläßt eine Delle auf dem Kissen, der kullernde Ball drängt den Würfel beiseite. Mutter, Vater oder Krippenerzieherin – sie agieren mit Gegenständen. Diese Beobachtungen bereichern den Erfahrungsschatz des Kindes und befördern sein Erlernen der ursprünglichen Ordnung der Welt. Es begreift: In ihr gibt es Handelnde, Handlungen und Angriffspunkte des Handelns. Zugleich entwickelt sich die ordnungsbezogene Organisation seiner Tätigkeiten.

Das alles ist von der erzieherischen Wechselwirkung zwischen Bezugsperson und Kind nicht zu trennen. Der Erzieher präsentiert sich dem Kind stets als ein Handelnder, wenn er windelt, füttert, Milch in die Tasse gießt. Er lenkt die Aufmerksamkeit des Kindes auf Objekte, indem er sie in seinen Gesichtskreis einführt, ihre Reizwirkung vergrößert (z. B. durch Zeigegesten, durch aufmunternde sprachliche Hinweise: »Guck mal«, »Na hier!«, »Was hat denn die Mama da!«). Er veranlaßt bestimmte Aktionen des Kindes, kontrolliert und korrigiert sie. Und er reguliert in gewissem Umfang die Rückwirkungen des Objekts so, daß der Tätigkeitsbezug des Kindes zum Objekt erhalten bleibt und sich niveaumäßig steigert.

Sehr bald erweitert sich die bisher beschriebene Konstellation. Aus dem Bedeutungsdreieck wird ein Bedeutungsfünfeck:

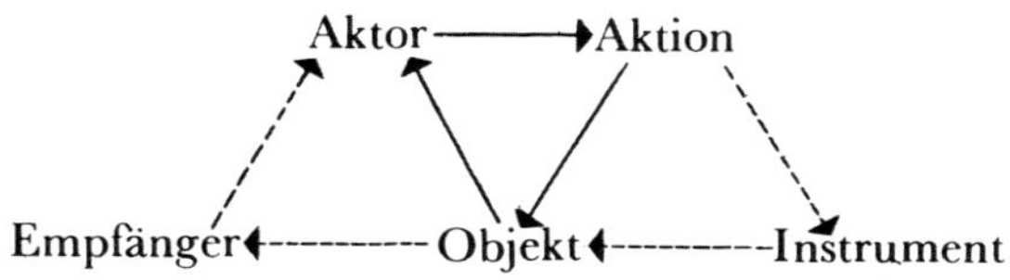

Bestimmte Gegenstände verbinden sich mit einer Instrumentalfunktion (z. B. Löffel, Gabel, Stock, Korb, Lappen) und werden mit dieser Funktion in die Beziehung zwischen Aktion und Objekt eingelagert. Außerdem ist es möglich, daß sich Aktion und Objekt auf einen Empfänger beziehen, beispielsweise auf die Mutter, wenn das Kind den Ball an sie weitergibt und ihn von ihr zurückempfängt. Auf diese Weise verfeinert sich die Ordnung der Dinge. Außerdem erreichen die Handlungen des Kindes ein höheres Niveau: Die Einschaltung des Instruments verleiht der Tätigkeit einen *technologischen* Akzent (als früheste Vorstufe des späteren Arbeitsverhaltens), und die Aktion kann durch die Einbeziehung des Empfängers den Charakter einer *Kooperation* annehmen – wiederum ein Vorstadium der gesellschaftlichen Arbeit. In diesem Phänomen des Bedeutungsfünfecks bekundet sich also – im Übergang vom ersten zum zweiten Lebensjahr – ganz deutlich das Hineinwachsen des Kindes in die Gesellschaft.

Dieser Prozeß läßt sich wiederum nicht von der sozialen Wechselwirkung zwischen Kind und Erzieher loslösen, sondern ist von ihr abhängig. Die Existenz vieler Instrumente und Werkzeuge erfährt das Kind erst vom Erzieher; manche von ihnen werden dem Kind nicht einfach überlassen, sondern ihm »zugeteilt« – bei sorgsamer Überwachung des Gebrauchs. Das gilt z. B. für Gabel, Messer oder Schere, weil es sich mit ihnen verletzen kann. Der Erzieher belehrt das Kind über den Gebrauch von Werkzeugen. Er schaltet sich selbst als Empfänger in den Wirkungskreis zwischen Kind, Handlung und Objekt ein, beispielsweise dadurch, daß er ein Spiel zu entwickeln versucht, in dem ihm das Kind ein Objekt übergibt, er es dem Kind zurückreicht, das seinerseits wiederum es ihm übergibt usw. Hier entsteht ein kooperatives Gib-Nimm-Spiel mit dauernd wechselnden Rollen der beiden Partner.

Wie erfahren wir eigentlich etwas über die kindliche Bedeutungsordnung der Wirklichkeit, von der zuletzt die Rede war? Das geschieht, wenn wir den Grad der Organisiertheit des Handelns analysieren. Überall dort, wo dieses Niveau hoch ist, können wir das kindliche Verhalten innerhalb von Bedeutungskonfigurationen *voraussagen*, weil die Aufeinanderfolge von Aktionen mit bestimmten Objekten einer Regel unterliegt. Und ebendiese Regel zeigt an, daß im kindlichen Bewußtsein – dem Steuerungsorgan der Handlungen – Ordnung herrscht. Der Schweizer Kinderpsychologe Piaget hat in diesem Zusammenhang auf ein wichtiges Beweismittel hingewiesen: auf die »Kreisreaktionen« des Kindes. Es ergreift eine Schachtel, macht sie auf, macht sie zu, macht sie wieder auf, wieder zu – und so fort, dies mit erstaunlicher, für uns Zuschauer ermüdender Ausdauer. Aber das Kind hat Freude daran: Der Handlungserfolg versetzt es in eine gute Stimmung, er treibt es dazu an, durch immer erneut praktizierte Versuche die auf das Objekt bezogenen Aktionen zu perfektionieren. Ähnliches geschieht mit dem Fenster (öffnen, schließen, öffnen...), mit dem Türdrücker (herunterdrücken, hochschnellen lassen, herunterdrücken...), mit dem Baustein (fallen lassen, aufheben, fallen lassen...). Wenn das Kind älter wird (jenseits des ersten Lebensjahres), verkörpern seine Funktionsspiele mit Gegenständen zwei verschiedene Typen der bedeutungsmäßigen Beziehungen zwischen Objekten und Aktionen:

Einem Spielobjekt (z. B. der Puppe) werden *mehrere Aktionen* zugeordnet (hinsetzen, ausziehen, anziehen, waschen, bürsten, streicheln, hochheben usw.) – oder:

Eine Aktion wird auf *mehrere Spielobjekte* übertragen, an ihnen erprobt, z. B. das Fallenlassen des Schuhs, des Balls, der Tasse, der Mütze.

Auch hier ist es möglich, Voraussagen des kindlichen Verhaltens zu treffen, weil sich bestimmte Koppelungen von Aktion und Objekt in der klaren Organisation von Handlungsketten abbilden. Diesmal handelt es sich freilich um komplexere Strukturen, so daß die Voraussage nicht ganz so einfach ist wie im obigen Falle der einfachen Kreisreaktionen.

Was bisher mit den Begriffen der Bedeutungskonstellation oder -konfiguration beschrieben wurde – bildlich als Bedeutungsmehreck –, kennzeichnet die Ordnung elementarer Einheiten der Tätigkeit im Bewußtsein des Kindes. Diese Einheiten und ihre Beziehungen untereinander bilden gleichsam »Bedeutungskerne« (Klix) im kindlichen Langzeitgedächtnis; sie sichern das Ingangsetzen einer Handlung, sobald ein Objekt, ein Instrument verfügbar ist. Das bildhaft-anschauliche Gedächtnis ist in der Lage, unabhängig von der Handlung eine Vorstellung der Situation (mit Objekten, Personen, Instrumenten) – als ruhendes, zuständliches inneres Abbild – zu erzeugen.

Parallel dazu bildet sich jedoch noch eine andere Ordnung heraus. Sie gründet sich nicht auf die globalen Einheiten der Situation (Objekte, Aktionen usw.), sondern auf die einzelnen *Merkmale* dieser Einheiten. Personen, Aktionen, Instrumente, Objekte unterscheiden oder ähneln sich durch Merkmale: Teile, Eigenschaften, Funktionen lassen sich im Wahrnehmen, Denken und Handeln ausgliedern, gegenüberstellen, vergleichen. Auf diese Weise entstehen neue Bedeutungsordnungen. Die wichtigste dieser Ordnungen repräsentiert sich in unserem Bewußtsein als logisch-begriffliche Über-Unter-Ordnung von Objekten, faßbar unter anderem in den Oberbegriffen (Mensch, Tier, Pflanze, Fahrzeug, Werkzeug). Sie sind abstrakt, das heißt: Wir bilden sie auf der Grundlage gemeinsamer Merkmale vieler konkreter Einzelobjekte. Mit ihrer Hilfe *klassifizieren* wir die Objekt-, Ereignis- und Prozeßvielfalt der Welt. Das vereinfacht den Umgang mit dieser Vielfalt: Im Oberbegriff sind Informationen über zahlreiche verschiedene Objekte in verdichteter Form gegenwärtig.

Ordnungen auf Merkmalsbasis, die sich in Klassen-, in Oberbegriffen niederschlagen, entstehen nicht erst mit der Sprache. Es gibt beim Kind des 1./2. Lebensjahrs vorsprachliche Oberbegriffe, die aus den Tätigkeitsbeziehungen resultieren. Denn Tätigkeiten, an einem Objekt vollzogen, greifen niemals am Gesamtkomplex der Eigenschaften des Objekts an, sondern stets an bestimmten Merkmalen. Diese werden durch die Tätigkeit, in der Tätigkeit »angesprochen«, akzentuiert. Die Handlung des Kullerns hebt das Merkmal »rund« des Balls hervor, das derbe Treten des Balls stellt das Merkmal »elastisch« in den Vordergrund. Nach diesem Prinzip, so müssen wir es uns vorstellen, entdeckt das Kind Schritt für Schritt Teile, Funktionen und Eigenschaften von Objekten. Es begreift Merkmale, es erkennt gleiche Merkmale an verschiedenen Objekten. So geschieht es, daß wir beim gemeinsamen Aufräumen der Spielsachen bereits beim Kind im Alter von eineinviertel Jahren bemerken, wie es die Gegenstände unter Umständen beim Einräumen *gruppiert*, das heißt: sie nach Formen, Farben, Funktionen ordnet, ehe es sie in die Spielkiste wirft. Oder: Wir schütten die Schachfiguren auf dem Tisch aus, und es beginnt, das Durcheinander der Figuren dadurch zu beseitigen, daß es auf einer Seite die Bauern, auf einer anderen die Könige, Damen und Läufer, auf einer dritten die Springer und auf einer vierten die Türme aufstellt. Es mag auch sein, daß es nur – oder aber zusätzlich – nach der Farbe der Figuren (schwarz/weiß) gruppiert. Ohne über unsere sprachlichen Mittel zu verfügen, diese Gruppen zu benennen, verwirklicht es in der ordnenden Tätigkeit eine Gliederung von Objekten nach dem Gesichtspunkt gemeinsamer Merkmale. Es bildet also Klassen von Objekten: runde Sachen, rote Sachen, Kullerdinge (Bälle, Murmeln, Wollknäule, Globusse, runde Schachteln), Schmeißdinge, Eßsachen usw. – dies alles ohne Sprache. Abzulesen ist dieses Klassifizieren an der spezifischen Organisation des Handelns.

Oben wurde erwähnt, daß sich im Ergebnis des Erlernens bedingter Reaktionen zeitliche Ordnungen von Ereignissen aufzubauen beginnen. Bestimmte zeitliche Beziehungen, die mit der eigenaktiven Tätigkeit des Kindes und ihren Ergebnissen – als Folgen der Tätigkeit – entstehen, führen offensichtlich zu einem »Umschlag« der Erkenntnis: Zeitliche Relationen zwischen Handlung und Handlungsresultat erscheinen dem Kind als Ursache-Wirkungs-Zusammenhang, und zwar in der einfachen Form einer *Wenn-dann-Beziehung*. Beispielsweise macht das Kind die Erfahrung, daß der Schlag mit dem Löffel auf den Teller ein Geräusch erzeugt. Das macht ihm Freude, es wiederholt mehrfach diese Handlung, erlebt immer wieder das Ergebnis. Wenn wir das Kind dabei beobachten, stellen wir zunächst folgendes fest: Nach mehrmaliger Wiederholung schließt das Kind bereits kurzzeitig die Augen, ehe das Geräusch ertönt. Das bedeutet, es nimmt die Folge seiner Handlung innerlich vorweg, es erwartet sie in der Zukunft, es erlebt: Wenn ich den Schlag ansetze, dann wird das Geräusch folgen. Bald geht es dazu über, diese Wenn-dann-Beziehung an anderen Objekten zu erproben. Es schlägt mit dem Löffel auf den Tisch, auf seine eigene Hand, gegen den Schrank, den Spieleimer. Oder ein anderes Beispiel: Das Kind entdeckt die Steinchen im Topf der Hydropflanze auf dem Blumentisch, klaubt sie heraus, verstreut sie auf dem Fußboden. Der Vater sammelt sie auf, tut sie in den Topf zurück, verbietet dem Kind, diese Tätigkeit noch einmal zu realisieren: »Nein, nein!« ruft er, wenn das Kind sich dem Topf nähert und nach den Steinen greift. Das geschieht mehrmals, verteilt über mehrere Tage. Und nun wandelt sich das Verhalten des Kindes. Es nähert sich dem Topf, blickt dabei den Erzieher an, greift in den Topf hinein, immer noch im Blickkontakt mit dem Erzieher, es erwartet sichtlich sein Nein-Verbot. Wir können nicht umhin zu sagen: »Dieses Luder! Es provoziert mich – man soll's nicht glauben!« Und doch ist es im Grunde nichts anderes als die Entäußerung einer inneren, bewußtseinsmäßigen Abbildung einer einfachen Wenn-dann-Beziehung. Wenig später, wenn die Sprachentwicklung begonnen hat, ist diese »Provokation« durch Wörter angereichert. Das Kind streckt die Hand nach dem Topf aus und sagt – während es den Erzieher anblickt oder sogar in seiner Abwesenheit –: »Nein-nein-nein-nein.« Die Herstellung der Wenn-dann-Beziehung zwischen Handlung und Verbot geht über in die Verinnerlichung sozialer Normen.

So beginnt die Entwicklung des moralischen Verhaltens. Darüber wird später, in einem anderen Abschnitt, noch zu reden sein.

Die Umwelt des Kindes ist immer auch eine Welt von Personen, eine soziale Welt. Zu ihr gehören zwischenmenschlicher Kontakt, Verkehr, Austausch, in ihr vollzieht sich Zusammenarbeit. Als Mittel, als Instrument dieser sozialen Wechselbeziehungen dient die Sprache. Sie erfüllt dabei mehrere Funktionen, die miteinander vielfältig verflochten sind.

Eltern lehren die Kinder nie Sprache, ohne daß diese nicht immer selbst mit erfänden: *Jene machen diese nur auf Unterschiede der Sachen mittels gewisser Wortzeichen aufmerksam, und so ersetzen sie ihnen nicht etwa, sondern erleichtern und befördern ihnen nur den Gebrauch der Vernunft durch die Sprache.*

Johann Gottfried Herder,
Über den Ursprung der Sprache (1770)

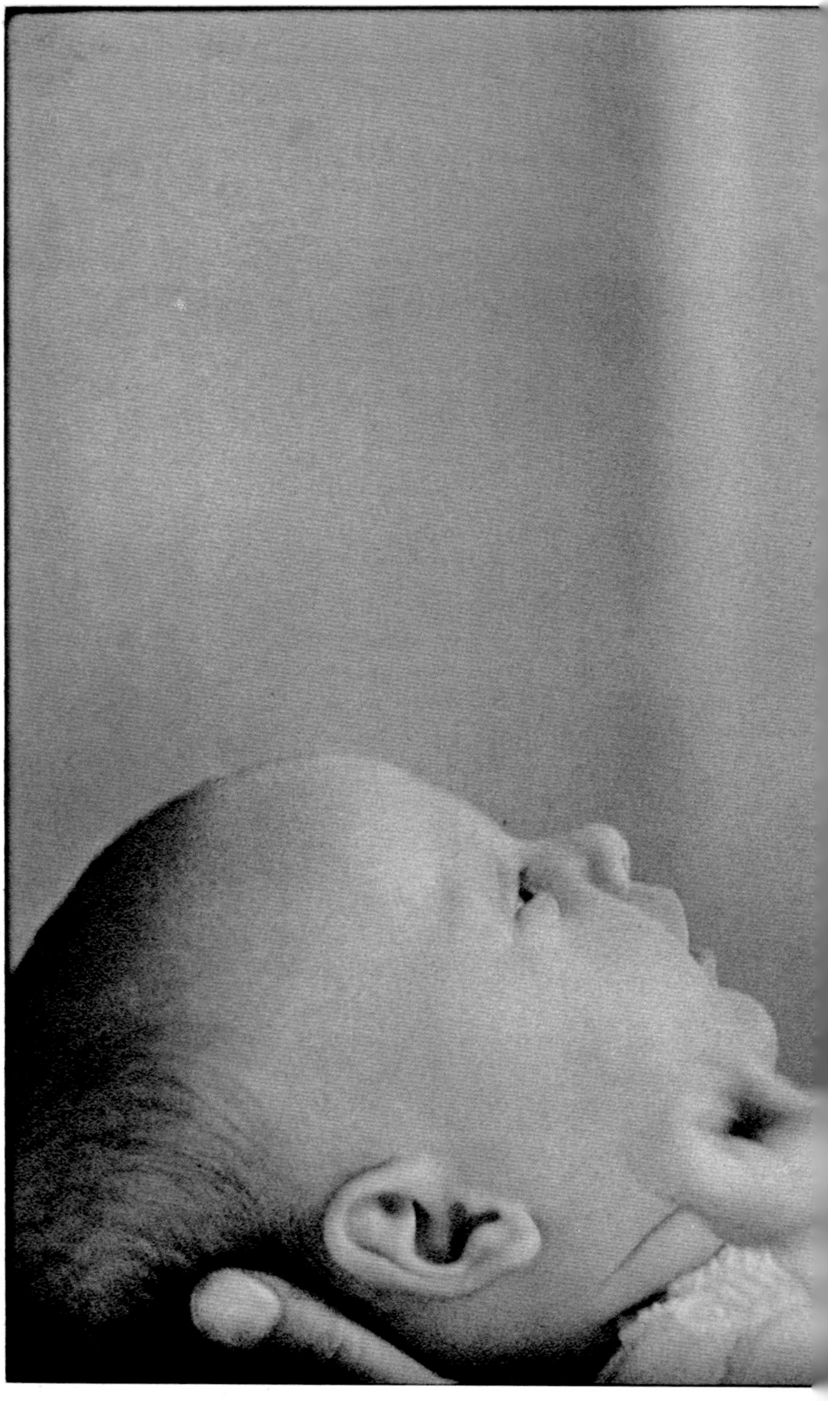

Mit lautlichen, sprachlichen Symbolen bekunden wir unser Befinden, unsere inneren Zustände. Die Sprache ermöglicht es uns, mit dem Partner in Kontakt zu treten, ihm etwas mitzuteilen, ihn zu beeinflussen und das gemeinsame Handeln zu koordinieren. Durch Fragen an den Partner beschaffen wir uns neue Informationen, erweitern wir unseren Erfahrungsschatz. Und schließlich gelingt es uns, mit Hilfe der Sprache einen Gegenstand, ein Geschehen, eine Situation zu beschreiben, zu erklären – für uns selbst, für andere oder rein um der Sache willen. Diese verschiedenen Funktionen spannen den Raum der Sprache auf.

Kaum hat das Kind seinen ersten Atemzug und Schrei getan, schon lebt es in dieser sprachlich-sozialen Welt. Hebamme oder Arzt sagen: »Na also!« oder »Das hätten wir geschafft!« oder »Ich begrüße dich, Erdenbürger!« Von diesem Zeitpunkt an bleibt die kindliche Welt eine Welt von Sachen, Lebewesen, Personen *und Wörtern*.

Wörter sind für das Kind zunächst nur interessante akustische Reizmuster, dann werden diese zum Träger von Wünschen, Befehlen, Fragen, Urteilen, Aussagen – kurz: von bedeutungshaltigen Informationen. Wie wird nun das Kind heimisch in dieser zweiten, dieser Stellvertreter-Welt – neben seiner bildhaft-anschaulichen Wahrnehmungs- und Vorstellungswelt? Wie gelangt es dahin, unsere Sprache zu verstehen? Wie erwirbt es die Fähigkeit, Sprache selbst zu produzieren? Wie baut sich über seinem Aktions- und Bildgedächtnis sein Wortgedächtnis auf, damit es seine anschaulich geordnete, im Handeln organisierte Welt mit Wörtern und Sätzen belegt und schließlich sogar in der Lage ist, auch unanschauliche, abstrakt-logische Beziehungen zu speichern und im Denken anzuwenden, z. B. Oberbegriffe wie Tier, Pflanze, Werkzeug?

Es wurde früher schon erwähnt, daß von Anfang an die menschlichen Sprachlaute für das Kind eine ausgezeichnete, bevorzugte Gruppe von Hörreizen bilden. Schon der Säugling ist ansprechbarer für stimmliche Reize als für Töne, Klänge und Geräusche, die keine unmittelbare Beziehung zur menschlichen Stimme haben. Sprachreize lassen ihn besonders intensiv aufmerken, die Schallquelle suchen und motorische Aktivität entfalten. Bedingte Reaktionen kann man im Experiment leichter ausarbeiten, wenn man Sprachlaute (anstelle von Summtönen, Akkorden usw.) verwendet. Ist das Kind auf der Grundlage einer ererbten Sensibilität auf den Empfang und die Verarbeitung sprachlicher Informationen eingestellt? – Wir wissen es nicht. Vermutungen dieser Art kann man äußern, aber es ist schwer, sie exakt, zweifelsfrei zu überprüfen.

Das Kind ist nicht allein auf das Hören von Sprache sehr früh eingerichtet. Das gleiche gilt für das Erzeugen von Sprache. Die Fähigkeit, Laute zu produzieren, gehört zu den ererbten Verhaltensmöglichkeiten des Säuglings. Bei ihm können wir vier Gruppen von Ausdruckslauten unterscheiden, wenn er ein halbes Jahr alt ist: Schreiweinen im Zusammenhang mit Unlustzuständen (bei Hunger, Schmerz, Nässe), weinerliche Kontaktlaute als Anzeiger des Gefühls von Verlassensein, Kreischen im Falle von Lust-, von Wohlbefindenszuständen und schließlich Plappern, Lallen, d. h. die spielerische Artikulation von Lautfolgen im Zustand wohligen Wachseins. Kundgabelaute dieser Art werden anfänglich nicht willentlich, bewußt an einen hörenden Partner gerichtet. Das Kind produziert sie auch in Abwesenheit von Bezugspersonen. Aber unter verhaltensbiologischem Aspekt betrachtet, ist das genetische Programm, das diesen Äußerungen zugrunde liegt, natürlich auf einen *möglichen* sozialen Partner »zugeschnitten«. Die Kontaktlaute verschwinden, sobald die Bezugsperson Verbindung mit dem Kind aufnimmt. Der Säugling lernt sehr schnell, sein Schreien als Instrument des »Heranrufens« einer Person zu benutzen. Diese Beispiele belegen, wie schnell die mögliche soziale Funktion der Lautäußerungen in die Wirklichkeit sozialen Kontakts umschlägt. Für die Sprachentwicklung wesentlich ist das Plappern, das Lallen. Mit seinem spontanen, innerlich motivierten Vollzug werden die phonetischen »Rohmaterialien« (Vokale, Konsonanten, Zisch- und Schnalzlaute) natürlicher menschlicher Sprachen* bereitgestellt und geübt. Es handelt sich hier um ein Funktionsspiel mit Lauten und Lautgruppen. Außerdem schließt sich im Lallen der Kreis zwischen Hören und Sprechen: Das Kind ahmt die selbstproduzierten Laute nach, es geht zu »Lall-Monologen« über, in denen Lautfolgen echoartig wiederholt werden. So entsteht die entscheidende Grundlage für die Fähigkeit des Kindes, späterhin durch Nachahmung der Sprache seiner Erzieher das aktive Sprechen zu erwerben.

* Natürliche Sprachen werden alltäglich benutzt, »gelebt«; künstliche Sprachen (mathematische Symbole, EDV-Programmsprachen u. ä.) werden für bestimmte Zwecke konstruiert.

Ehe jedoch die vom Kind produzierte Sprache in der Entwicklung auftaucht, beobachten wir zahlreiche Erscheinungen der passiven Sprache, des Sprachverstehens. Sie sind verbunden mit dem Wirken des Kindes innerhalb der geordneten Welt, mit der erlebten Widerspiegelung geordneter Bedeutungskonstellationen, wie sie im vorigen Abschnitt beschrieben wurden. Sobald das Kind imstande ist, Aktoren, Aktionen und Objekte als einheitliche, abgegrenzte, bedeutungsvolle, miteinander verbundene, aufeinander wirkende Gebilde zu erkennen, ist es auch möglich, im kindlichen Bewußtsein Verbindungen zwischen diesen Elementen und dem in unserer Sprache dafür vorgesehenen Wort herzustellen. Gegen Ende des ersten Lebensjahres ist das leicht zu be-

werkstelligen. Wir verknüpfen den sinnlichen Objektkontakt des Kindes (Anblicken, Anhören, Berühren, Betasten, In-der-Hand-Halten) mit unserer Zeigegeste und mit dem Aussprechen des Wortes. So lernt das Kind, auf ein von uns ausgesprochenes Wort mit der entsprechenden, auf den gemeinten Gegenstand gerichteten Reaktion zu antworten: »Wo ist die Uhr?« – Blickwendung zur Uhr hin, »Hol den Ball!« – Ergreifen des Balls, »Geh zur Mama!« – Hinwendung zur Mutter, Erheben der Arme, um auf den Schoß genommen zu werden. Aus solchen Handlungen schließen wir auf das Verstehen des Objektbezugs unserer Frage, unseres Befehls.

Was aber ist eigentlich geschehen beim Zustandekommen dieser Art von Verstehen? – In der Regel ist es so: Das Wort ist für das Kind nicht der Name für einen Aktor, eine Aktion, ein Objekt; das Wort ist vielmehr die sprachliche Belegung miteinander verbundener Einheiten innerhalb einer Situation, einer Bedeutungskonfiguration! Mama – das kann z. B. das Zeichen sein für eine auf dem Sessel sitzende, das Kind haltende, fütternde Person. Püppi – dieses Wort mag sich auf die Beziehung zwischen Puppen und kindlichen Handlungen (anziehen, ausziehen, holen, hinsetzen, streicheln) stützen. Welche Bedeutung das Kind mit dem Wort verbindet, erfahren wir vorwiegend aus kindlichen »Fehlern«, genauer: aus Differenzen zwischen unserem Wortverständnis und dem des Kindes. Beispielsweise fordern wir das Kind auf: »Hol den Ball!« Was tut es? Es bringt den Korb an, in dem der Ball häufig liegt, wenn die Spielsachen eingeräumt wurden. Mit dem Wort »Ball« verbindet sich also in diesem Falle die Bedeutung »Ball liegt im Korb«; Korb und Ball bilden eine Bedeutungseinheit.

Je mehr Umgangserfahrungen das Kind im Handeln an und mit Objekten oder Personen sammelt, desto deutlicher heben sich auch Merkmale und Eigenschaften dieser Situationseinheiten ab. Im vorigen Abschnitt wurde das als »Ordnung auf Merkmalsbasis« bezeichnet. Darum ist es nicht verwunderlich, daß sich der Erwerb des Wortverständnisses zunehmend mit Merkmalsbewertungen verbindet. Offensichtlich ist es so, daß sich in diesem Falle ein bestimmtes hervorstechendes Merkmal (Farbe, Form, Beweglichkeit) oder eine Kombination mehrerer solcher Eigenschaften, die am Gegenstand wahrgenommen werden, an den Lautkomplex des vorgesprochenen Wortes bindet. So werden Wörter zu Zeichen für Objekte, zu Stellvertretern von Objekten. Aber welche Merkmale hat das Kind ausgesondert – angesichts der Fülle vorhandener? Für uns ist die Uhr ein Zeitmesser, und nur diejenigen Merkmale, die diese Funktion anzeigen, sind für uns wesentlich, wenn es darum geht, einem Gegenstand den Namen »Uhr« zuzuerkennen. Das Kind dieses Alters weiß jedoch nichts vom Zeitmessen. Das Ticken oder die Bewegung des Perpendikels oder das glänzende, runde Zifferblatt oder die zeiger- und ziffernbedingte Segmentierung der Vorderseite – jedes dieser Merkmale oder ein Bündel mehrerer können beim Kind ausschlaggebend sein für die Zuordnung zum gehörten Wort. Welche es jeweils sind, das merken wir wiederum erst, wenn es »Fehler« macht. Wenn beispielsweise das zu Reparaturzwecken herausgenommene Vorderrad des Fahrrades und zugleich auch das mit Speichen ausgestattete Rad der Sportkarre vom Kind mit dem Wort »tiktak« belegt wird, dann wissen wir: Die Segmentierung ist das entscheidende Merkmal. Die Zuerkennung des Wortes »wau-wau« zum Rasierpinsel weist aus, daß es das Merkmal »haarig« ist, um das es bei diesem Wort geht. Oder wir sagen zum Kind: »Geh zur Mama!«, obwohl die Mutter abwesend ist. Und siehe da, der Knirps geht zur Oma! Er verbindet also auch nichtmütterliche, möglicherweise allgemeine Frisur- oder Kleidungsmerkmale mit dem Mama-Wort.

Im Laufe der Zeit korrigiert das Kind seine Verständnisfehler. Es lernt, seine eigene Art der Verbindung von Wort und Sache mit der Benennungsweise der Erwachsenen in Übereinstimmung zu bringen. Dieser Weg ist lang, er reicht weit in die Schulzeit, ins Jugendalter hinein. Wie erfolgt dieses Lernen? – Im Krippen- und Kindergartenalter kaum dadurch, daß die Erzieher dem Kind die Kombination richtiger Merkmale, die für unsere Sprachnorm gültig sind, schulmäßig vermitteln. Nein: Die Mißerfolge seiner Zuordnung, die Korrekturen der Erwachsenen veranlassen das Kind, *von sich aus* seinen bislang praktizierten Weg der Hervorhebung von Beziehungen in situativen Bedeutungsstrukturen oder der Merkmalsauszeichnung und -auswahl aufzugeben oder abzuändern. Aus der Verbesserung »Mama nein, nein; das ist Oma, Oma, Oma!« entnimmt das Kind die Aufforderung, seine Zuordnung zu präzisieren. Es erfaßt schließlich, daß es bestimmte *unterschiedliche* Eigenschaften von Mutter und Großmutter gibt, die für die beiden Wörter Mama und Oma wesentlich sind.

Für die häufige Verwechslung von Mama und Oma gibt es noch einen anderen Grund: Die Wörter sind lautlich sehr ähnlich. Das Kind bemerkt im zweiten Lebensjahr die feinen Unterschiede noch nicht so wie wir. Es erfaßt die Lautstruktur von Wörtern von wenigen »Signalreizen« her. Der Kinderpsychologe Stern hat das an einem hübschen Beispiel belegt. Sein Kind verstand die Wörter »holen« und »Butter« richtig, es führte einen entsprechenden Befehl (»Hol die Butter!«) korrekt aus. Die Familie saß am Tisch, die Erwachsenen unterhielten sich über den Garten, und dabei fiel das Wort »Napoleonsbutterbirne«. In diesem Moment rutschte das Kind von seinem Stühlchen, lief in die Küche und kam mit der Butterdose wieder, die es auf den Tisch stellte.

Kehren wir zu unserem Lernproblem zurück. Es handelt sich bei der Angleichung des kindlichen Sprachverständnisses an die Sprachnorm also um einen *eigenständig-produktiven* Lernvorgang, der uns an das Problemlösen Erwachsener erinnert. Annahmen über die Zuordnung von Wörtern zu Dingen, Beziehungen oder Merkmalen werden fortlaufend gebildet, geprüft und gegebenenfalls korrigiert. Die Praxis der Zuordnungserfolge und -mißerfolge reguliert den Weg zum richtigen Wortverständnis, zum schrittweisen Aufbau des passiven Wortschatzes. Eine Voraussetzung dafür ist natürlich der intensive sprachliche Kontakt des Erziehers zum Kind, die geduldige Berichtigung und Erweiterung des Wortschatzes. Zu vermeiden ist die Übernahme des kindlichen Sprachniveaus durch den Erzieher (»Babysprache«), weil dies den Lernfortschritt verzögert.

Das schöpferische Moment der kindlichen Sprachentwicklung tritt in den Etappen der eigenständigen Sprach*produktion* noch deutlicher in Erscheinung. Zunächst erwirbt das Kind auf die oben beschriebene Weise einen kleinen passiven Basis-Wortschatz. Sodann erlernt es nachahmend – am »Modell« vorgesprochener Wörter – das eigenaktive Produzieren von Wörtern. Hinter dem, was hier so einfach »Nachahmen« genannt wird, verbirgt sich ein außerordentlich komplizierter Lernvorgang. Bedenken wir, was alles erforderlich ist: hörendes Auffassen der Lautfolge des vorgesprochenen Wortes, Beobachten der Mundstellung des Sprechers, Umsetzen des Gehörten und Gesehenen in einen inneren »Entwurf« des Sprechaktes, motorischer Vollzug des Sprechens, Vergleich des Selbstgesprochenen mit dem vorher gehörten (kurzzeitig abgespeicherten) Wortmodell des vorsprechenden Erwachsenen, Korrektur aller Elemente des Nachahmens, erneuter Versuch des vorbildgetreuen Sprechens usw. usf. Das Kind weicht zunächst mehr oder minder stark vom korrekten Lautbestand des Wortes ab (Schokolade = lala, lata, lade, lottade u. ä.). Erst allmählich nähert es sich dem Vorbild an, sofern es die Möglichkeit zu dauerndem Vergleichen erhält – dadurch, daß der Erzieher sich immer wieder geduldig in diesen Korrekturprozeß einschaltet, sein sprachliches Vorbild dem Kind als Vergleichsobjekt anbietet. Nur wenn das geschieht, ist ein rasches Fortschreiten gewährleistet! So entsteht zunächst ein kleiner Grundwortschatz; das Kind erzeugt »Einwortsätze«. Dann geht es schließlich zur Produktion von Sätzen aus zwei, dann immer mehr Wörtern über. Daneben erweitert sich natürlich stetig der passive wie aktive Wortschatz, wobei ersterer stets umfänglicher ist als der zweite und eine Vorlauffunktion für die aktive Wort- und Satzproduktion erfüllt.

Die Zunahme des aktiven Wortschatzes im Vorschulalter dokumentiert eine enorme Entwicklungsbeschleunigung und ein erhebliches Anwachsen der Kapazität des Langzeitgedächtnisses. Man führe sich die Daten der Tabelle 3 (rechts) vor Augen, die einer älteren Untersuchung entstammen.
Hinter den Mittelwerten dieser Tabelle verbirgt sich eine außerordentliche Spielbreite individueller Unterschiede. Sie macht verständlich, warum es unmöglich ist, verbindliche Normen für den Wortschatz-Entwicklungsstand in einem bestimmten Alter anzugeben. Welche Ursachen gibt es für diese Unterschiede? – Bereits Säuglinge zeigen, unabhängig von äußeren Anregungsbedingungen, Differenzen im Ausmaß der stimmlichen Äußerung; es gibt stille und laute, in der Phase des Lallens »wortkarge« und plap-

Tabelle 3: Zunahme des aktiven Wortschatzes in Abhängigkeit vom Alter (nach Smith).
Erste Spalte: Alter (in Jahren/Monaten), zweite Spalte: Zahl der untersuchten Kinder, dritte Spalte: Zahl der Wörter

Alter	n	Wörter
1;0	52	3
1;6	14	22
2;0	25	272
2;6	14	446
3;0	20	896
3;6	26	1222
4;0	26	1540
4;6	32	1870
5;0	20	2072
5;6	27	2289
6;0	29	2562

pernde Kinder. Diese Unterschiede sind teilweise auf die Stärke eines Motivationsfaktors zurückzuführen, den man Sprechantrieb nennen könnte. Der wesentliche Teil hängt aber von Umweltbedingungen ab: Vielfalt und Interessantheit des kindlichen Milieus, auf diese Weise gewecktes Erkundungsverhalten (auch durch das Stellen von Fragen), Ausmaß der handelnden, spielerischen Interaktion von Kind und Erzieher und – auf dieser Grundlage – Grad der vorsprachlichen Geordnetheit von Welt und Handeln, Intensität des sprachlichen Kontakts mit anderen Menschen und des gezielten Sprachtrainings durch Erzieher. Das sind Bedingungen, deren Unterschiede sich in den individuellen Differenzen abbilden. Normale Kinder mit erheblichem Rückstand der sprachlichen Entwicklung sind in der Regel Opfer ungünstiger Verhältnisse, bezogen auf die erwähnten Bedingungen des lehr- und lernabhängigen Zuwachses an sprachlichen Fähigkeiten.

Der oben erwähnte kreative Charakter kindlichen Sprechens tritt nirgends so deutlich in Erscheinung wie in den Etappen der Satzproduktion. Das gilt bereits für den »Einwortsatz«, mit dem dieser Entwicklungsprozeß beginnt. Wie kann *ein* Wort einen Satz darstellen? Die Antwort läßt sich geben, wenn man ein Kind von etwa eineinviertel Jahren bei der aktiven Verwendung seines Basiswortschatzes beobachtet. Aus der Einbettung der Wortäußerung in den Situationszusammenhang (äußere Bedingungen, verflochten mit Wünschen und Absichten, mit Mimik und Gestik des Kindes) ist unmittelbar zu entnehmen, inwiefern das Wort den Charakter eines kommentierenden, beschreibenden, fragenden oder befehlenden Satzes annimmt. »So kann das Einzelwort ›Ball‹ bedeuten: ›Das ist ein Ball‹, ›Ich werfe den Ball‹, ›Gib mir den Ball‹ oder, wenn es weinend hervorgebracht wird, ›Hilf mir, ich

habe den Ball fallen lassen und kann ihn nicht erreichen.« Dieses Beispiel, zitiert aus einem Lehrbuch (von Mussen u. a.), dürfte das Gesagte hinreichend veranschaulichen. Das Schöpferische dieser Art Satzbildung liegt einmal in der Auswahl desjenigen Wortes, das die kindliche Absicht am besten ausdrückt, zum zweiten in der Fähigkeit, durch zusätzliche pantomimische Ausdrucksmittel sich dem Adressaten verständlich zu machen.

Aber das ist nur ein Vorspiel kreativer Sprachgestaltung. In der Phase des Zweiwortsatzes und dann des Mehrwortsatzes bekundet sie sich ganz offen, für jeden erkennbar. Beachten wir die folgenden wichtigen Anzeichen für die Produktivität des Kindes:

Im zweiten Halbjahr des zweiten Lebensjahres beginnt irgendwann die Kombination von Wörtern zu Zweiwortsätzen. Diese Wortverbindung erfolgt nicht zufällig, regellos. Bestimmte Wortstellungsregeln (z. B. die Folge Subjekt – Prädikat, Subjekt – Objekt) werden oft schon beachtet. Das Kind verrät damit seine Beherrschung elementarer grammatischer Grundbezüge. »Wo (ist) Mama?«, »Tasse (ist) putt«, »Ingo (möchte auf den) tul!« – das sind konkrete Beispiele dafür. Für den Erwerb dieser Regeln gilt: Sie werden als solche nicht systematisch, nach pädagogisch-didaktischen Prinzipien vermittelt (wie später im Fremdsprachenunterricht)! Das Kind entnimmt sie eigenständig, in einem komplizierten Abstraktionsprozeß des Regel-Erkennens aus dem kaum dafür »zubereiteten« Sprachangebot seiner sozialen Umwelt. Von zwei Hilfsmitteln kann es dabei Gebrauch machen. Einmal kann es zurückgreifen auf die vorsprachliche Ordnung seiner Welt. Die sprachliche Belegung der Elemente und Beziehungen von Bedeutungskonfigurationen (im früher beschriebenen Sinne) führt nicht allein zu einem »Lexikon« des Kindes, also zum Aufbau seines Wortschatzes. Nein, sie ist zugleich das Skelett einer Elementargrammatik! Aus dem Aktor wird das Subjekt, aus der Aktion das Prädikat, aus dem Adressaten der Aktion das Objekt des Satzes. Unsere sprachliche Grammatik ist in gewissem Sinne die Widerspiegelung unserer »Tätigkeitsgrammatik« geordneter Beziehungen zur realen, in der realten Welt! In ihrem Regelsystem bildet sich die Organisation unseres Handelns ab. Davon vermag das Kind zu profitieren, wenn es zum Erwerb sprachlicher Regeln übergeht. Zum zweiten stimmen die Erzieher sprachliche Äußerungen, die direkt an das Kind gerichtet sind, häufig auf das vermutete Entwicklungsniveau des Kindes ab. Sie formulieren einfache, kurze Sätze, lassen am Anfang Artikel, Präpositionen, Konjunktionen weg u. ä. Trotz dieser beiden Hilfen ist die hinter dem Regelerwerb sich verbergende kindliche Leistung enorm: »In der kurzen Spanne von annähernd dreißig Monaten schreitet ein Kind von primitiven Zwei-Wort-Kombinationen zur fast völligen Beherrschung des kompletten Grammatiksystems seiner Eigensprache fort. Das ist eine gewaltige intellektuelle Leistung...« Dieser Einschätzung der oben zitierten Lehrbuchverfasser kann man nur hinzufügen: Das ist wahrscheinlich die gewaltigste intellektuelle Leistung, die das Kind im Vorschulalter vollbringt!

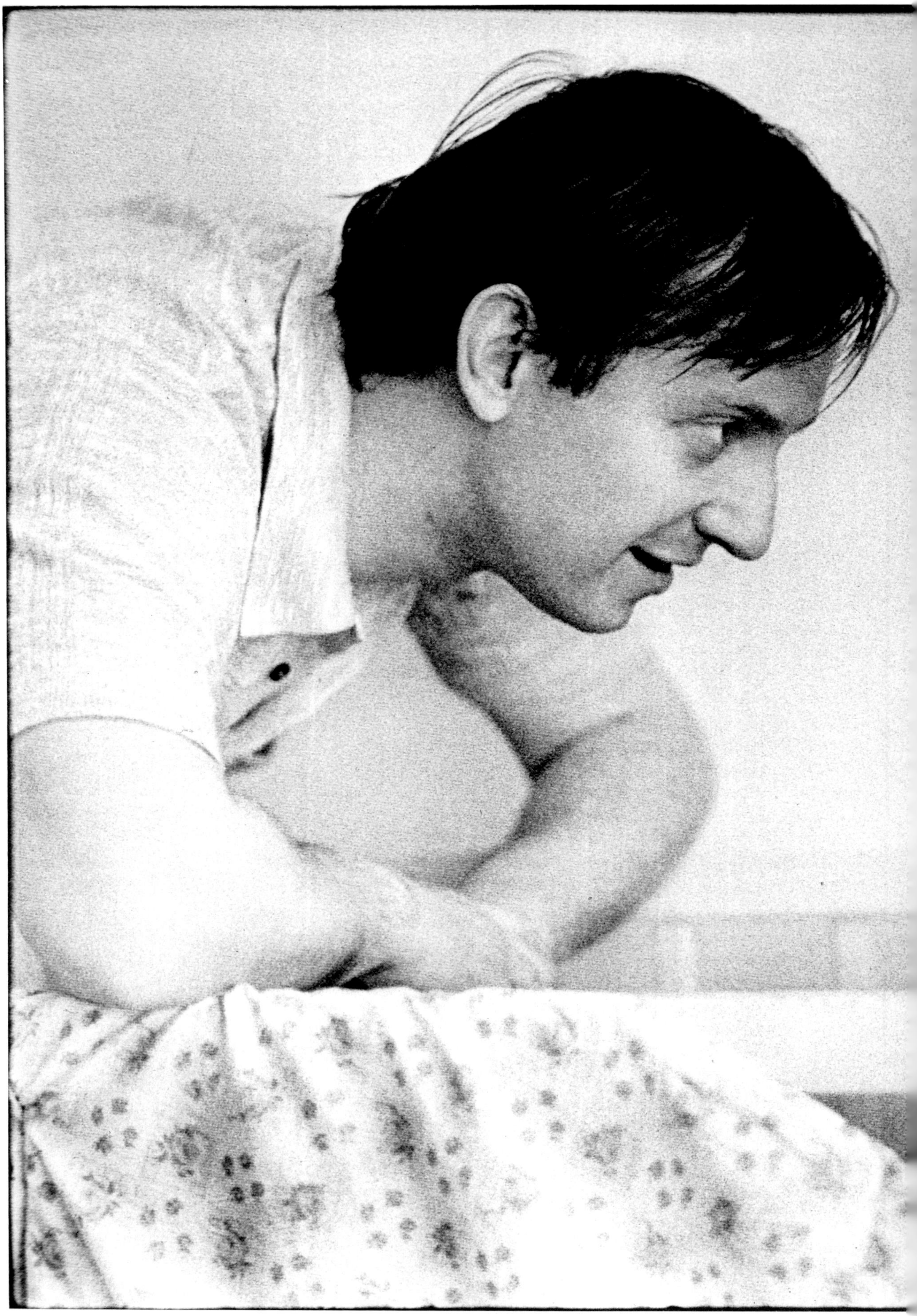

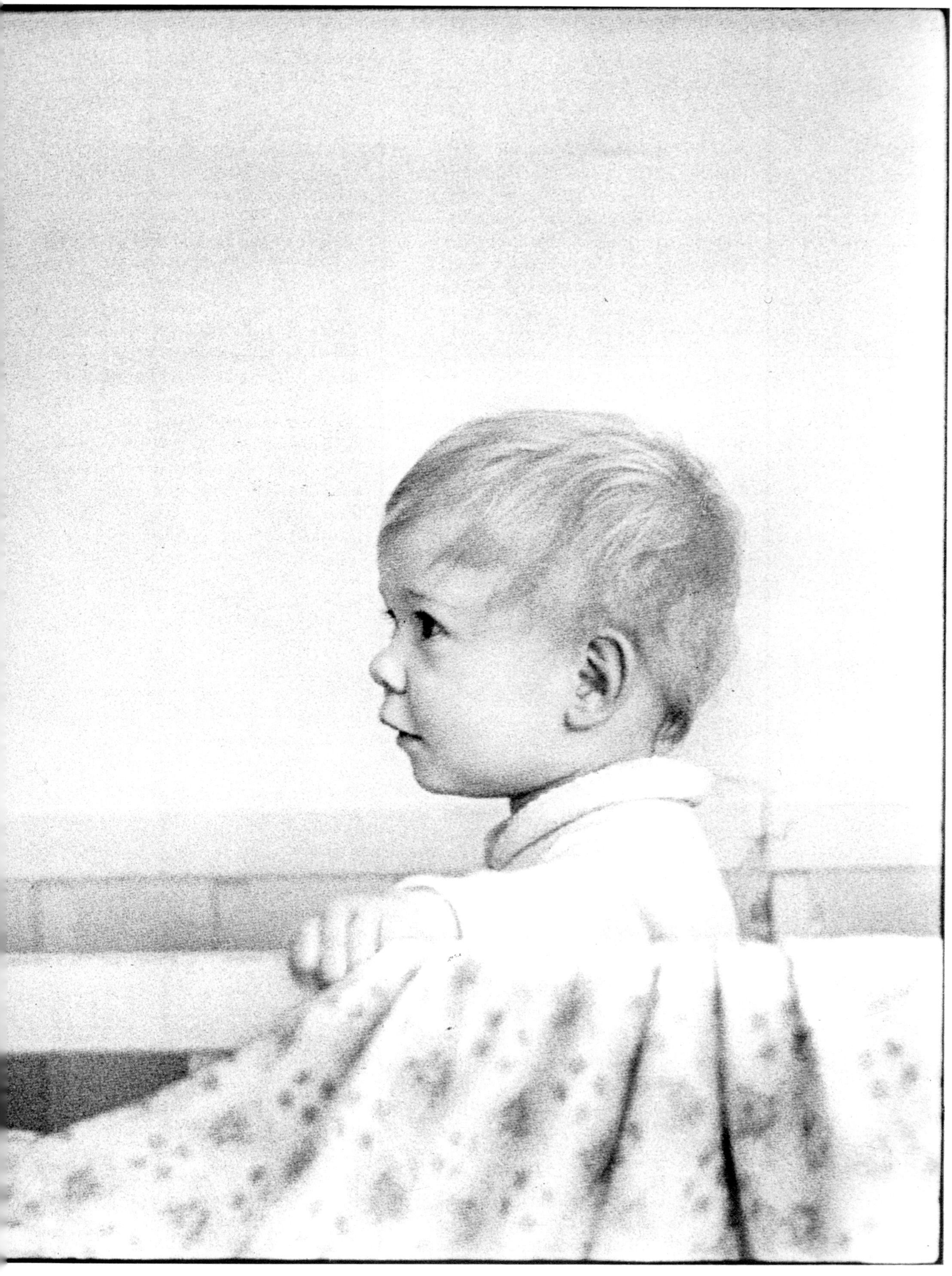

Die frühen Zwei- und Mehrwortphrasen sind Telegrammsätze. Hauptwörter, Verben, einige Adjektive kommen in ihnen vor. Es fehlen unter anderem Präpositionen, Konjunktionen, Artikel und Beugungsendungen. In den Telegrammsätzen sind nicht nur korrekte Wortstellungsregeln auffindbar. Das Kind ist in der Lage, auch die sinntragenden Bedeutungseinheiten im Satztelegramm zu verdichten. Dieses Sinnverständnis zeigt sich noch woanders. Spricht man ihm beispielsweise einen langen Satz vor, etwa: »Ich kann ein großes Auto auf der Straße fahren sehen«, so reproduziert es nach entsprechender Aufforderung »Seh auto« oder »Ati (Beate) seh auto« oder »Auto taße«. Nicht mechanisch eingeprägte Wortfolgen werden wiedergegeben – nein, das Kind *konstruiert* zentrale Bedeutungseinheiten mit Hilfe elementarer Satzbildungsregeln.

Der Erwerb bestimmter grammatischer Regeln (z. B. für die Beugung, Mehrzahlbildung, Steigerungsformen) erfolgt nach einem sehr ökonomischen und produktiven Prinzip. Auf der Grundlage eines Modellfalles bildet das Kind Entsprechungen (Analogien). Sie werden in der Sprechpraxis gleichsam getestet, so daß es dem Kind gelingt, an Hand der Korrekturen Regeln und Ausnahmen zu erlernen. Gerade fehlerhafte Analogien weisen auf dieses Lernprinzip hin: Das Modell groß – größer führt zur Analogie gut – güter, aus dem Vorbild machen – gemacht entsteht die Analogie trinken – getrinkt. Aber hier handelt es sich eben um »gute« Fehler! Sie belegen die Wirksamkeit eines *Denk*prinzips im Prozeß der Sprachproduktion.

Besonders in der frühen Kindheit leidet das Kind unter der Kluft, die sich zwischen seinen vielfältigen Sprechabsichten und seinem begrenzten Wortschatz auftut. Aus dieser Not macht es eine Tugend: Durch Techniken der Zusammensetzung und Ableitung – beides auf der Grundlage bereits erworbener Sprachkenntnisse – produziert das Kind neue Wörter, konstruiert sie in einem originellen Schöpfungsakt. William Stern, der schon erwähnte Pionier der älteren Kinderpsychologie, notiert folgende Beispiele:

Kindsoldat (aus der Ferne klein aussehender Offizier), haarflamme (abstehende Locke), bimkommode (Klavier), maulbürste (Schnurrbart), pochmacher (Maurer), bierjunge (junger Kellner), wurster (Fleischer), benacken (nakkend ausziehen), zerlieben (stürmische Zärtlichkeit), nasserei (Effekt des Wasserplanschens).

Zwischen Sprechen und Denken gibt es enge Beziehungen. Es existiert zwar auch ein vorsprachliches Denken, aber sobald sich Sprachkompetenzen entwickeln, bindet sich das Denken weitgehend an dieses neue Medium. In diesem Zusammenhang stellt sich die Frage nach dem Verhältnis von Wort und Begriff. Wörter können Konkret-Anschauliches, ein rein individuelles Objekt markieren (Individualbegriffe: mein Hut, euer Haus, Hotel Berolina), sie dienen aber auch der Kennzeichnung logisch-begrifflicher Sachverhalte (Oberbegriffe: Möbel, Gewürze; Abstrakta: Treue, Mut, Glaube), die völlig unanschaulich sind. Wir wollen der Frage nachgehen: Wie gelangt das Kind zur sprachlichen Belegung solcher unanschaulichen Gebilde?

Erinnern wir uns an früher Gesagtes. Zunächst bildet das Kind mit Hilfe von Wörtern und Sätzen Elemente und Beziehungen von tätigkeitsorientierten Bedeutungskernen ab. In Zweiwortsätzen können wir beispielsweise die folgenden Bedeutungszusammenhänge ausfindig machen:

Aktor-Aktion:
mama ata-ata (Mama geht weg)

Aktion-Objekt:
ata-ata taße (wir gehen auf die Straße)

Besitzrelation:
ati ball (Beate hat einen Ball)

Qualitätsrelation:
tasse müde (eine umgefallene, liegende Tasse)

Ortsrelation:
papa auto (Papa sitzt im Auto)

Parallel dazu entdeckt das Kind im tätigen Umgang mit der Objekt- und Personwelt Einzelmerkmale an Objekten, Personen, Aktionen. Sie ermöglichen es, diese einheitlichen Gebilde (auch unabhängig von Bedeutungszusammenhängen in globalen Situationen) als relativ isolierte Sachverhalte sprachlich zu kennzeichnen. Diese Fähigkeit ist nun die Grundlage dafür, an *verschiedenen* Objekten *gleiche* Merkmale zu entdecken und diese Gleichartigkeit sprachlich zu benennen.

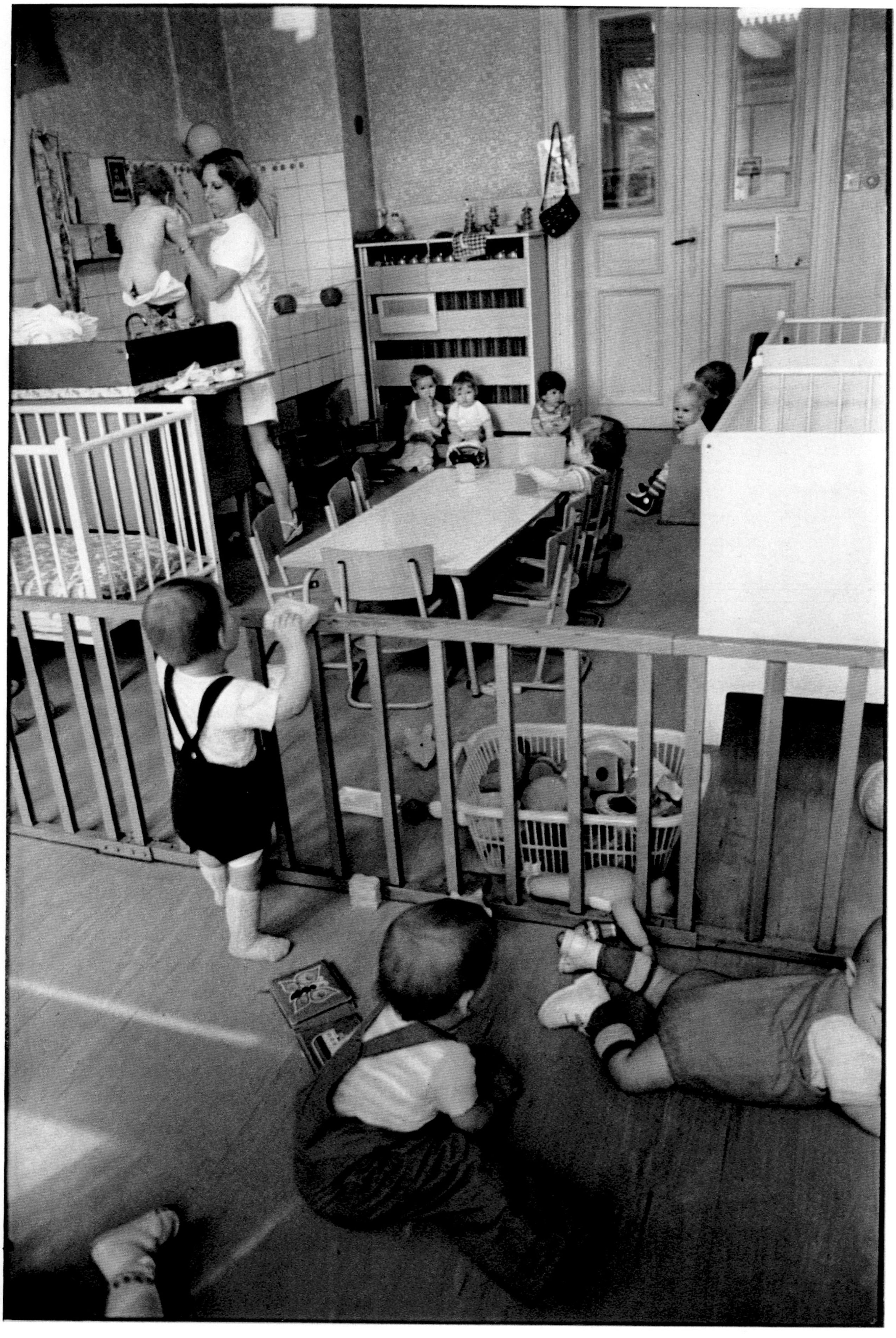

Damit ist der unanschauliche Oberbegriff als sprachlicher Begriff geboren! Alle Tiere, die fliegen, sind jetzt »Vögel« (unter Umständen natürlich auch Mücken und Bienen), alle blühenden Pflanzen sind »Blumen« (wobei sich während der Baumblüte vorher richtig als »Bäume« bezeichnete Pflanzen in »Blumen« verwandeln können).

Dies ist der Modellfall für zahlreiche analoge Vorgänge der sprachlichen Abstraktion. Aus der schillernden Buntheit der Palette unserer Umwelt wird die Merkmalsklasse »farbig« abgeleitet. Klassen von Formen werden sprachlich bezeichnet: »eckig«, »rund«, »oval«. Das Kind wird fähig, die Klassennamen »Größe«, »Temperatur«, »Schnelligkeit« richtig anzuwenden. Und schließlich ist es auch in der Lage, aus relativ konstanten Eigenarten menschlicher Verhaltensweisen in verschiedenartigen Situationen Oberbegriffe der Ethik wie »Mut«, »Güte«, »Zuverlässigkeit« in richtiger Weise abzuleiten. Das geschieht jedoch spät, vor allem in der Schulzeit.

Wie kaum ein anderer Sektor der kindlichen Entwicklung belegt die Vervollkommnung der sprachlichen Befähigungen das Moment der Eigenaktivität, der Produktivität und Kreativität. Jedem ist es möglich, bei intensivem Studium des kindlichen Sprechens immer neue Anzeichen und Beweise dafür zu entdecken und sich an ihnen zu begeistern. Ihm wird dabei klar: Die sprachliche Entwicklung ist der wesentliche Ausdruck der geistigen Entwicklung. Daraus vermag er Impulse und Verpflichtungen abzuleiten: Noch mehr zu tun für die Sprachförderung seines Kindes durch Intensivierung seiner sprachlichen Interaktionen, noch kritischer das in die gleiche Richtung zielende Bemühen von Krippen und Kindergärten zu überprüfen. Letzteres ist wichtig für jeden einzelnen, für die gesamte Gesellschaft. Denn noch immer ist es so, daß beispielsweise in unseren Kinderkrippen die erzieherische Einwirkung auf das sprachliche Entwicklungsniveau der Kinder hinter unseren Erwartungen und Zielsetzungen zurückbleibt.

Nicht in der geträumten Unabhängigkeit von den Naturgesetzen liegt die Freiheit, sondern in der Erkenntnis dieser Gesetze ... Es gilt dies mit Beziehung sowohl auf die Gesetze der äußern Natur wie auf diejenigen, welche das körperliche und geistige Dasein des Menschen selbst *regeln ... Freiheit besteht also in der auf Erkenntnis der Naturnotwendigkeiten gegründeten* Herrschaft über uns selbst* *und über die äußere Natur; sie ist damit notwendig ein Produkt der geschichtlichen Entwicklung.*

Friedrich Engels, Herrn Eugen Dührings Umwälzung der Wissenschaft (1878)

Die individuelle Freiheit ist kein Kulturgut ... Durch die Kulturentwicklung erfährt sie Einschränkungen, und die Gerechtigkeit fordert, daß **keinem** *diese Einschränkungen erspart werden ... Ein gut Teil des Ringens der Menschheit staut sich um die eine Aufgabe, einen zweckmäßigen, d. h. beglückenden Ausgleich zwischen diesen individuellen und den kulturellen Massenansprüchen zu finden ...*

Sigmund Freud, Das Unbehagen in der Kultur (1930)

* Hervorgehoben vom Autor (H.-D. S.)

Es wurde bereits gesagt: Wir leben in einer geordneten Welt, objektiv wie subjektiv. Das steht nun auch in Beziehung zu einem bisher kaum berührten Sachverhalt: Wir leben in einer Welt von vereinbarten, weithin akzeptierten Vorschriften, Regeln, Maximen unseres Lebens, von Rechten und Pflichten, Geboten und Verboten. Sie »normieren« den Umgang mit Dingen und Sachen, Tieren und Menschen, mit Natur und Kultur, mit uns selbst.

Es geht also um Wertmaßstäbe unseres Verhaltens. Sie definieren Tugenden und Laster, sie bestimmen, was erlaubt oder unerlaubt, erwünscht oder unerwünscht, gut oder schlecht, angepaßt oder unangepaßt ist. Auf diese Weise sichern sie gemeinsame Standards der Einschätzung eigener und fremder Handlungen. Das kommt dem zwischenmenschlichen Kontakt und Verstehen, der Zusammenarbeit und schließlich auch der Wirksamkeit gesellschaftlicher Einrichtungen zugute. Ohne Verhaltensregulative sind menschliche Gemeinschaft und Gesellschaft nicht möglich. Rechte und Pflichten des einzelnen wären nicht ausbalanciert, die Folge müßte ein Chaos widerstreitender Interessen und Handlungsweisen sein.

Wir sind vorsichtiger beim Abwasch von Weingläsern als bei der Reinigung von Kochtöpfen. Wir richten uns bei der Auswahl unserer Kleidung nach dem, was gerade als modern – mindestens: als nicht altmodisch – gilt. Wir respektieren rituelle Formen des Begrüßens und Verabschiedens, des Werbens um die Gunst des anderen Geschlechts, des wechselseitigen Rücksichtnehmens und Helfens. Die Meldepflicht in Hotels ist für uns ebenso selbstverständlich wie die Schulpflicht der Kinder. Vorschriften für das Verhalten im Straßenverkehr, für die juristische Sicherung persönlichen und gesellschaftlichen Eigentums erscheinen uns ganz natürlich.

Regulative, Normen unterscheiden sich nicht nur durch ihren Inhalt, sondern auch durch den Grad ihrer Verbindlichkeit. Manche haben den Charakter gesetzlicher Vorschriften. Andere sind zwar fest vereinbart und irgendwo schriftlich festgehalten –

etwa Erziehungsziele oder moralische Prinzipien –, aber ihre Nichtbeachtung zieht lediglich Verwunderung, Kritik, Tadel, Mißbilligung nach sich. Und schließlich gibt es unscharfe Normen der »öffentlichen Meinung«, die wir meist ungeprüft aus der Vergangenheit übernommen haben, die der Tradition und Konvention verpflichtet und mit größeren Toleranzspielräumen verbunden sind.

Der Traditionseinfluß gibt zum Nachdenken Anlaß. – Welche Normen haben welchen Sinn? Ist das Verbot X wirklich erforderlich? Erleichtert die Vorschrift Y unser Leben, unsere Arbeit, oder wirkt sie sich als Belastung, als Hemmung aus? Welche Autorität steht gebieterisch hinter einer bestimmten Pflicht – wirkliche Existenzsicherung oder -erleichterung, ästhetische Anmut und Gefälligkeit (»Geschmack«), die Laune eines Mächtigen, der Schematismus einer administrierenden Bürokratie? Was tun wir für die historisch notwendige *Veränderung* von Normen? – Und nun, als Anwalt unserer Kinder gefragt: Welche Verhaltensnormen für ein bestimmtes Alter (Altersnormen) befördern die Entwicklung des Kindes, welche behindern oder deformieren sie?

Das ist eine sehr ernste Frage. Kinder im Vorschulalter sind befähigt, viele Handlungsnormen zu erlernen. Aber *welche* Pflichtvorstellungen, Tugenden und Gebotsinhalte das Kind erwirbt, darüber entscheiden so gut wie allein die Erzieher. Sie verwandeln das, was sie für sachliche, soziale, gesellschaftliche Erfordernisse halten, in Lohn und Strafe. Sie bestimmen, bei welchen Ereignissen, in welchen Situationen das Kind Schuld, Scham, Ekel, Genugtuung, Stolz empfindet; sie haben es in der Hand, über den Inhalt des kindlichen Gewissens zu befinden. Im Vorschulalter ist die Autorität des Erziehers weitgehend unangetastet. Das in jeder Hinsicht abhängige Kind ist dieser Macht mit ihren oft willkürlichen Wert- und Normvorstellungen auf Gedeih und Verderb ausgeliefert. Darum ist es wichtig, über die Angemessenheit, über den Nutzen von Altersnormen für die kindliche Entwicklung immer wieder gründlich nachzudenken.

Wie erlernt das Kind Verhaltensnormen? – Sehr viele von ihnen erwirbt es einfach auf der Grundlage sorgfältiger Beobachtung und beobachtungsgeleiteter Nachahmung. Es sitzt mit am Tisch und sieht, wie die Eltern, die älteren Geschwister aus der Tasse trinken, mit Löffel, Gabel und Messer hantierend essen. Eltern und Geschwister fungieren hier als Vorbilder, als *Modelle* korrekten Verhaltens. Das Kind nimmt wahr, wie sie trinken und essen, und möchte es auch auf diese Weise, mit diesen Instrumenten tun. Das gleiche gilt für die Aneignung von Normen des sozialen Umgangs, der Hygiene, der Behandlung von Gegenständen in der Wohnung usw. Natürlich werden auch Unarten von den Modellen der sozialen Umwelt übernommen, sei es nun das schlürfende Trinken, das Tragen ungeputzter Schuhe oder freches, rücksichtsloses Benehmen untereinander. Wir tun also gut daran, bei unseren Handlungsweisen, die sich vor den Augen des Kindes abspielen, immer an die positive und negative Vorbildwirkung zu denken.

Ein zweiter Weg zum Erwerb von Normen wird über das »Versuch-Irrtum-Lernen« beschritten. Das Kind entdeckt die Möglichkeit, an der Tischdecke zu ziehen, und es macht davon Gebrauch. Ein Verbot der Mutter folgt: »Nein! – Du-du! – Laß das sein!« Wir haben das Kind auf dem Schoß und lassen uns von ihm befühlen. Es streichelt uns – wir sagen lobend: »Fein, fein, Theresa ist lieb!«; es patscht uns grob ins Gesicht oder beißt gar – wir reagieren darauf mit entsprechend kritischen Worten, Gesten und mimischen Äußerungen. Der Mechanismus dieses Lernvorgangs ist klar. Das Kind probiert vielfältige Varianten seines aktiven, spontanen Handelns an den Gegenständen und Personen seiner Umgebung aus und erfährt über Lob und Tadel, über Gebot und Verbot, welche davon gewünscht, zugelassen und welche verboten, nicht geduldet werden. Unser erzieherisches Reagieren »bekräftigt« die Richtung der Normbildung des Kindes.

Die Aneignung von Maßstäben des Verhaltens, wie sie bisher beschrieben wurde, appelliert nicht an die Einsicht des Kindes, sondern gründet sich auf die objektive Abhängigkeit des Kindes von der Vernunft des

Erziehers. Das Beobachtungs- und Versuch-Irrtum-Lernen führt also zu einem autoritätsgebundenen »mechanisch-blinden« Normerwerb. Wenn aber das Kind drei oder vier Jahre alt geworden ist, dann wird es fähig, auf eine andere, bessere Weise in die Welt der Regulative und Maximen hineinzugelangen. Jetzt kann es mehr und mehr die sachliche oder soziale *Notwendigkeit* vieler Normen – sofern sie überhaupt objektiv existiert – *begreifen.* Es lernt verstehen: Wasch- und Tischsitten haben etwas zu tun mit der Hygiene und fördern ein längeres Sauberhalten von Tischwäsche und Kleidung; Grußformeln hängen mit der Achtung vor dem Mitmenschen zusammen; der pflegliche Umgang mit Geschirr und Spielsachen vermindert die finanziellen Ausgaben der Familie. Jetzt ist es möglich und notwendig, dem Kind Gebote und vor allem Verbote zu *begründen.* Das zwingt uns zur Kontrolle des Sinns unserer Normen. Nur auf diese Weise fördern wir die Persönlichkeitsentwicklung des Kindes; nur so lernt es nämlich, sich selbst, seine Mitmenschen, die Organisationsformen und die Normen seines Lebens *kritisch* zu reflektieren, sie gegebenenfalls in Frage zu stellen und auf ihre Veränderung hinzuwirken.

Wonach richten sich Erzieher, wenn sie dem Kind in einem bestimmten Alter bestimmte Verhaltensregulative vermitteln? Was lehrt die Praxis des Alltags in den Familien, Krippen, Kindergärten und -heimen? – Da gibt es Erzieher, die sich so gut wie ausschließlich nach dem zu richten versuchen, was sie für natürliche Bedürfnisse des Kindes halten. Andere Erzieher verfolgen ehrgeizige Wettbewerbsziele in Konkurrenz mit echt oder vermeintlich Gleichgesinnten. Sie wollen das Kind so schnell wie möglich »erwachsen« machen – geleitet von den Normen selbständig praktizierter

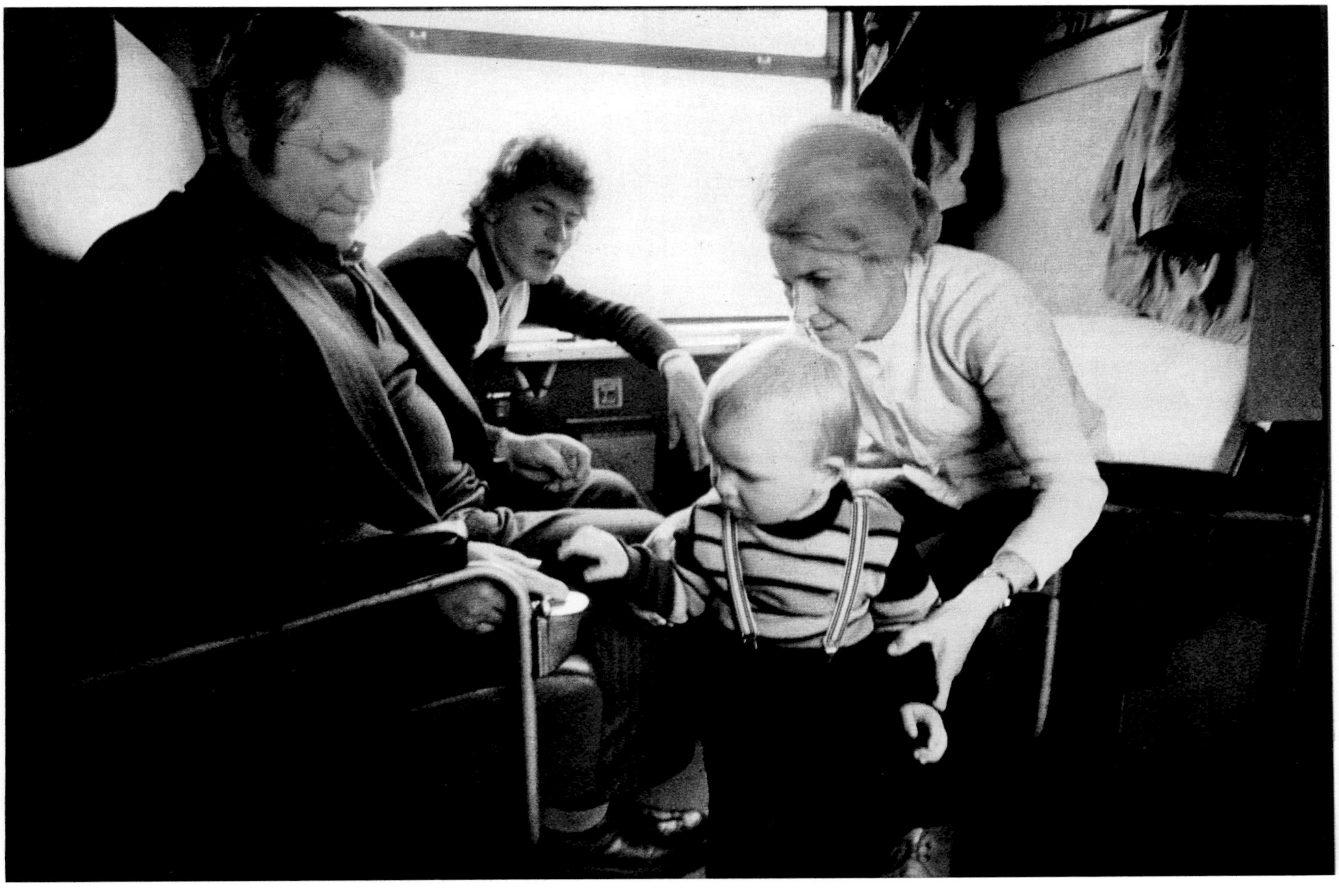

Sauberkeit, Ordnung, Disziplin und Selbstbedienung. Wieder andere suchen nach einem Kompromiß. Sie respektieren die kindliche Bedürfniswelt, ebenso aber die unabweisbaren Normerfordernisse des Alltags, wobei sie es für wichtiger halten, das Kind zu selbständigem Urteilen und Entscheiden zu befähigen – bei der Anwendung von Normen –, als lediglich Maßstäbe selbsttätigen Handelns in denjenigen Bereichen zu entwickeln, die den Erzieher von Hilfen und Kontrollen entlasten. – Welches Konzept ist nun richtig, welche Erziehungsstrategie ist am ehesten geeignet, die kindliche Persönlichkeitsentwicklung zu fördern?

Es ist wichtig, die elementaren, biologisch fundierten Bedürfnisse zu berücksichtigen. Wiederholen wir bereits Gesagtes: Da der Mensch sein Leben als Säugling beginnt, müssen wir bis ins zweite Lebensjahr hinein dem Saug- und Lutschinstinkt die Chance geben, voll befriedigt zu werden; wir sollten also Geduld walten lassen beim Übergang zur Tassenbenutzung. Der biologische Rhythmus des Nahrungsbedürfnisses in der Periode des Neugeborenen- und frühen Säuglingsalters zwingt uns dazu, unter Umständen in der Nacht aufzustehen, um zu füttern, auch wenn uns das unbequem ist. Die stammesgeschichtlich erklärbare Traglingsnatur des Säuglings macht es erforderlich, sein nächtliches Weinen mit einem Hereinnehmen ins eigene Bett zu beantworten und noch lange Zeit danach dem Wunsch nach körperlichem Kontakt entgegenzukommen. Das hat nichts mit Verhätscheln zu tun (dem falschen Sichaufdrängen des Erziehers aus »Affenliebe«, verbunden mit einer Verwöhnungshaltung), sondern ist nur folgerichtiges Reagieren auf ein sehr urtümliches Verlangen des Kindes. Zu den natürlichen

Bedürfnissen müssen wir auch den Bewegungsdrang im gesamten Vorschulalter rechnen. Er fordert gebieterisch seinen Betätigungsraum (den unsere Wohnungen und Spielplätze oft nicht bieten), er erklärt die Schwierigkeiten des »Stillsitzens«, er macht verständlich, daß sich Kinder auf langen Bahn- oder Autofahrten, im Restaurant oder im Wartezimmer des Arztes eingeengt fühlen, umherzutollen trachten und – wenn das nicht möglich ist oder nicht erlaubt wird – nervös, quengelig und aggressiv werden. Schließlich ist das natürliche Bedürfnis der Erforschung der Umwelt in Rechnung zu stellen. Sobald das Kind laufen kann, wird ihm ein großer Kreis von Objekten für Funktions- oder Experimentierspiele verfügbar. Dabei kommt es unvermeidlich zur Auseinandersetzung mit den Umgangsnormen der Erwachsenen, die auf die Welt der Gegenstände, Tiere und Personen bezogen sind.

Wir sollten die Mauer von Verboten, die jetzt zwangsläufig aufgerichtet wird, so niedrig wie möglich halten. Warum quälen manche Eltern ihr Kind, indem sie es sonntags »fein angezogen« auf den Buddelplatz schicken? Um es hinterher fürs Sich-schmutzig-Machen zu bestrafen? Wenn sich das anderthalbjährige Kind in der Wohnung umherbewegt, muß es nicht unbedingt sein Interesse an Schrankschlüssel, Vasen auf niedrigen Tischen oder Topfpflanzen auf dem Blumenhocker heften und sich damit auf den sicheren Weg des Normkonflikts begeben. Das können wir vermeiden, indem wir das Mobiliar und alle übrigen Gegenstände so anordnen bzw. verteilen, daß die Zahl solcher Zusammenstöße verringert wird. Dennoch ist es unvermeidlich, Verbote auszusprechen und durchzusetzen, deren Normhintergrund dem Kleinkind nicht einsichtig zu machen ist. Steckdosen, Bedienungs-

knöpfe von Radio und Fernseher, die Hähne von Gasherd und Wasserleitung müssen z. B. absolut »tabu« sein – aus Sicherheitsgründen. Hier zeigt sich, daß Einschränkungen des natürlichen Erkundungsverhaltens des Kindes notwendig, daß Konzepte einer verbotsfreien Erziehung illusionär sind. Das Kind *muß* Gewohnheiten im Umgang mit Gegenständen und Personen erwerben, die zu den Normen der Erwachsenen passen. Dabei sollten wir von dem Prinzip ausgehen, den Kreis des Erlaubten *so groß wie nur irgend möglich* zu ziehen. Patentrezepte gibt es dafür freilich nicht.

Im Zusammenhang mit den natürlichen Bedürfnissen verdient noch ein Tatbestand Beachtung, der häufig übersehen wird. Je jünger das Kind ist, desto schwerer fällt es ihm, die Befriedigung gerade erwachter oder geweckter Bedürfnisse *aufzuschieben*. Es kommt sehr oft zu sozialen Konflikten, weil die Erzieher unbewußt ein Wartenkönnen unterstellen, das sich noch nicht entwickelt hat, das erst im dritten Lebensjahr ein relativ reifes Niveau erreicht. Wir müssen bedenken: Das motivierte Verhalten des Kleinkindes ist seiner Natur nach *impulsiv*, und die Hemmung dieser Impulsivität ist erst die Frucht eines längeren Weges der durch Erziehung vermittelten Erfahrungsaneignung.

Normen sind Aufgaben des kindlichen Lernens. Nicht alle sind gleich schwer oder leicht zu bewältigen. Es gibt solche, die wie von selbst, nebenher erworben werden (z. B. Normen des Begrüßens und Verabschiedens, des vorsichtigen Umgangs mit Gegenständen). Es gibt andere, deren Aneignung schwerfällt und sehr lange dauert. Zu den letzteren gehören diejenigen der Darm- und vor allem Blasenkontrolle. Weil gerade auf diesem Gebiet der Erziehung viele Fehler gemacht werden, die zu einer Überforderung des Kindes und manchmal sogar zu Entwicklungsstörungen führen (Einnässen, Einkoten des älteren Kindes), wollen wir es etwas genauer analysieren.

Warum nimmt dieser Lernvorgang einen vergleichsweise langen Entwicklungszeitraum in Anspruch? – Zunächst sei erwähnt, daß unsere biologischen Systeme der Ausscheidung stammesgeschichtlich angelegt sind und mit denen der Menschenaffen verglichen werden können. Bei den Affen aber – das ist jetzt wichtig! – ist in dieses Instinktsystem kein natürlicher Kontrollmechanismus »eingebaut«; im Unterschied zu anderen Tieren scheiden sie hemmungslos aus, wo sie gerade hocken, hängen oder klettern. Selbst bei den hochentwickelten Schimpansen ist es nicht möglich, ihnen Sauberkeit anzudressieren, d. h. ihre Ausscheidung an einen bestimmten Ort zu binden! Außerdem gehört es zu den biologisch angelegten Eigenarten unserer Ausscheidungssysteme, daß ihre Funktionsweise sehr labil, störungsanfällig ist. Auf intensive Gefühle und Affekte wie Angst oder freudig-erregte Hochstimmung sprechen sie leicht an. Die Redensart »Er hat die Hosen voll« bringt das zum Ausdruck. Wem ist nicht der plötzliche Harn- oder Stuhldrang unmittelbar vor Prüfungen oder ähnlichen Bewährungs-, vor allem Streßsituationen bekannt? Das gilt für Kinder in viel höherem Maße. Bei ihnen kommt hinzu, daß die Sauberkeitsgewöhnung mit anderen, gleichzeitig ablaufenden Reifungs- und Lernvorgängen hoher Intensität in Konkurrenz tritt, also unter störenden Bedingungen verläuft. So ist es nicht verwunderlich, wenn beispielsweise in der Phase des Laufenlernens kaum ein Fortschritt auf dem Gebiet der Sauberkeitserziehung erzielt wird oder sogar Rückfälle eintreten. Ferner gilt es zu bedenken, daß beim Säugling und Kleinstkind die Einstellung zu Kot und Urin nicht negativ akzentuiert ist; die Ausscheidungsprodukte sind zunächst nicht »eklig«! Schließlich ist in Rechnung zu stellen, welche verschiedenartigen Lernaufgaben sich hinter dem vereinfachenden Begriff der Sauberkeits-»Gewöhnung« verbergen, wie schwer einige von ihnen sind. Wir wollen sie aufzählen: Vollzug der Entleerung in verschiedenen Körperstellungen, beim Jungen z. B. Übergang vom liegenden über das hockende zum stehenden Urinieren (man führe sich hier unsere Probleme der Anpassung an »Ente« und »Schieber« im Krankenhaus vor Augen!) – Wechsel vom passiven Abgehaltenwerden zum aktiven Aufsuchen des Töpfchens und der Toilette – beim Vorgang der aufgeschobenen Entleerung zunächst Hemmung der Schließmuskeln, dann deren Enthemmung – Vorverlegung der verbalen Bezeichnung des Entleerungsaktes (»A-a«, *während* das Kind auf dem Topf sitzt) auf das Entstehen und Bewußtwerden des Entleerungsbedürfnisses (»A-a« oder »muß mal« als *Ankündigung* der kommenden Ausscheidung).

Wenn wir uns alle diese Schwierigkeiten vor Augen führen, dann befleißigen wir uns größerer Geduld und Nachsicht bei der Anerziehung von Sauberkeitsnormen. Wir verstehen besser die Rückschläge im Lernprozeß. Wir werden uns hüten, in den entwicklungsfeindlichen Wettbewerb von reinlichkeitsfanatischen Müttern und Vätern einzutreten, die sich gegenseitig zu überholen versuchen mit behaupteten oder wirklichen Erziehungs-»Erfolgen« auf diesem Gebiet. Was wir bei nicht-kindgemäßer Anwendung von Sauberkeitsnormen am meisten zu fürchten haben, ist das Entstehen kindlicher *Angst vor Strafe* im Zusammenhang mit ihrer Ausscheidung! Sie belastet diesen Verhaltensbereich, wandelt ihn in einen Herd dauernd schwelender Konflikte um, so daß wir uns nicht zu wundern brauchen, wenn Einnässen oder Einkoten von älteren Vorschulkindern und Schulkindern die Folge ist. Aus diesem Wissen heraus werden wir mit allen Mitteln gegen Erzieher ankämpfen, die z. B. das »Ausätschen« eines Kindes mit schmutzigen Höschen durch andere Kinder als Erziehungsmethode einsetzen. Solche Verfahren sind nicht nur unpädagogisch; sie sind einfach unmenschlich.

Aus Erfahrung und Forschung einsichtige Kinderpsychologen und Ärzte warnen nachdrücklich vor Überforderungen und bedienen sich sehr großzügiger Normen der Sauberkeitserziehung. Wir zitieren aus einem bekannten Buch von Gesell – für den Sektor der Blasenkontrolle:

»Im Alter von *16 Wochen* läßt der Säugling nicht mehr so häufig Harn und entleert demgemäß im einzelnen eine größere Menge. Die Natur regelt die Ausscheidungen mit den gleichen Entwicklungsmethoden, mit denen sie die Schläfchen geregelt und allmählich konsolidiert hat.«

»Beim *40 Wochen* alten Kind kann man vielleicht beobachten, daß es nach einer ganzen Stunde noch trocken liegt, und zwar nach einem bestimmten Schläfchen oder nach einer ... Spazierfahrt. Die Mutter erkennt den Wert dieser Trockenpausen und setzt ihren Sprößling unmittelbar nach dem Schläfchen und nach der Ausfahrt aufs Töpfchen. Einige Kinder kann man auf diese Weise schon mit 28 Wochen ›zur Sauberkeit erziehen‹. Doch läßt sich die Entleerung ... nicht ohne Rückschläge abfangen. Die Erfolge ... machen der Wachsamkeit der Mutter mehr Ehre als der Selbstkontrolle ihres Sprößlings.«

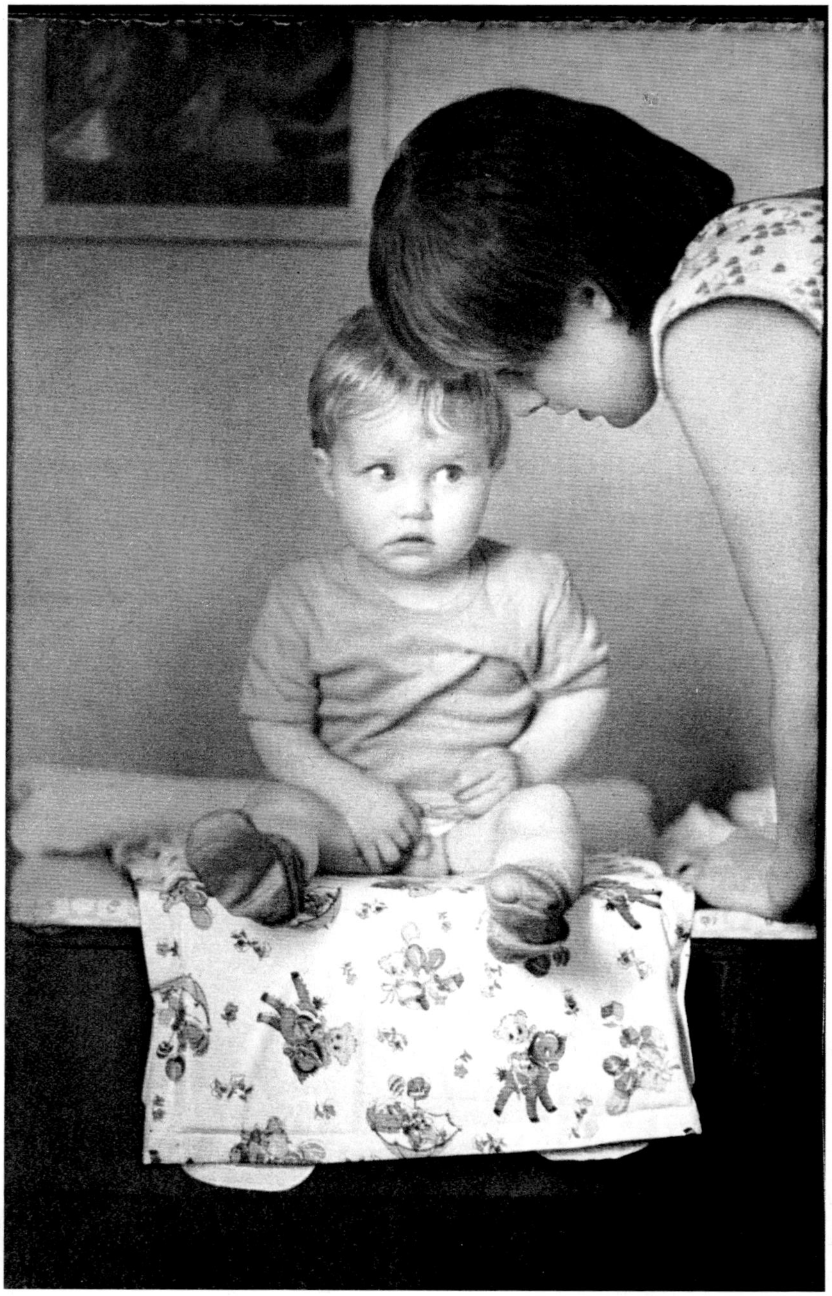

»Das *Einjährige* liegt möglicherweise nach dem Schläfchen trocken. Zu gewissen Zeiten am Tage mag es den eingenäßten Zustand als unerträglich empfinden. Die Entleerung läßt sich häufig auf dem Topf abfangen, und das Kind wäre auf diesem Gebiet ein gelehriger Schüler, wenn nicht die Entwicklung von Stehen und Gehen offensichtlich neue Schwierigkeiten und Widerstände hervorriefe. Die bisherigen Errungenschaften erweisen sich als flüchtig.«

»Beim *Anderthalbjährigen* spielt die Sprache eine größere Rolle ... Mit Hilfe seines neuerworbenen Wortes ›A-a!‹ kann es sich sogar gelegentlich im voraus melden ... Für ›Beschämungen‹ wird es empfänglich ... Unter Umständen macht es darauf aufmerksam, wenn es eingenäßt hat.«

»Beim *Zweijährigen* sind diese Funktionen (Blaseschließen und -öffnen, H.-D. S.) besser aufeinander abgestimmt. Das Kind läßt sich ohne Widerstreben gewohnheitsmäßig auf die Toilette setzen. Es meldet sich mit Sicherheit voraus ... Obwohl willkürliche Kontrolle nahezu erreicht ist, muß mit nächtlichem Einnässen weiterhin gerechnet werden.«

»Beim *Dreijährigen* ... ist es nicht schwer, es an Sauberkeit zu gewöhnen ... Es näßt kaum jemals ein, und wenn es geschieht, so bittet es darum, umgezogen zu werden. Manche Dreijährigen schlafen nachts durch und wachen trocken auf. Manche werden von selbst munter und verlangen nach der Toilette. Andere kann man aufnehmen und ihr Geschäft verrichten lassen, ohne sie zu wecken.«

Noch bei Vierjährigen rechnet Gesell mit gelegentlichen, wenn auch seltenen Rückschlägen (er spricht von einer niedrigen Reizschwelle bewußter Blasenkontrolle), unter Umständen bedingt durch Erkältungen oder niedrige Außentemperaturen. Erst vom Fünfjährigen erwartet er vollständige Sauberkeit.

Die Entwicklung umfaßt nach dem zweiten Lebensjahr auch die Intimisierung der Entleerungshandlungen und die Beherrschung erforderlicher Fertigkeiten für die hygienischen Begleitumstände der Ausscheidung (Sichabwischen). Innerhalb dieses Lernprozesses wandelt sich auch die Einstellung zu Harn und Kot. Das Kind begegnet den

Exkrementen zunächst mit Neugierde (was man am verbreiteten Kotschmieren ablesen kann). Erst unter dem Einfluß der Erziehung werden sie negativ bewertet, verwandeln sich in »ba-ba«, »pui-pui«, Dreck, Unrat. Jetzt entstehen Ekelempfindungen beim unbeabsichtigten Kontakt mit Ausscheidungsprodukten. Sie fördern den Lernprozeß.

Alle Normen, die wir kennen und anwenden, gelten niemals absolut. Sie schwanken oder wechseln in Abhängigkeit vom Alter, von der jeweiligen Situation (man denke an die »mildernden Umstände« gerichtlicher Entscheidungsfindung), von der beruflichen Position. Und vom *Geschlecht!* Trotz vollständiger rechtlicher Gleichstellung beider Geschlechter in unserer Gesellschaft und trotz des Bestrebens, darüber hinaus die geistige und soziale Emanzipation der Frau in der Familie, im Arbeitskollektiv und im Bewußtsein jedes einzelnen und der Öffentlichkeit mit allen Kräften zu beschleunigen – also trotz dieser Tatsachen existieren unterschiedliche Verhaltensnormen für beide Geschlechter. Viele von ihnen sind rein traditionsbedingt und durchaus korrekturbedürftig; manche sollten schleunigst abgeschafft werden.

Aber das ist leichter gesagt als getan. Zunächst muß man die Frage beantworten, wann und wie diese Normen »männlichen« und »weiblichen« Verhaltens entstehen und sich im Bewußtsein verfestigen. Was wissen wir darüber?

Wir wollen nochmals Gesell befragen, und zwar seine Konzeption der »dreizehn Sätze«. Diese charakterisieren den Erkenntnis- und Bewertungsstandort eines Schulanfängers:

»Hansi, das bin ich. – Ich bin ich. – Das ist meine Mutter. – Das ist mein Vater. – Er ist ein Mann. – Ich bin ein Junge. – Susi ist ein Mädchen. – Sie hat auch Mutter und Vater. – Ich war ein kleines Baby. – Ich bin gewachsen. – Erst war ich bei meiner Mutter. – Ich werde immer größer. – Ich gehe bald zur Schule.«

Gesell beschreibt hier also das *Ergebnis* eines Entwicklungsvorgangs, dessen einzelne Phasen uns interessieren. Die Herausbildung der geschlechtsspezifischen Verhaltensnormen werden von ihm nur indirekt berührt; wir müssen sie stärker in den Vordergrund rücken. Wichtig an seiner Beschreibung ist der aufgezeigte Zusammenhang unserer Thematik mit sexuellen Verhaltensproblemen. Ihn dürfen wir nicht vernachlässigen.

Die Entwicklung beginnt mit dem Erkennen des eigenen Geschlechts. Das ist nur möglich auf der Grundlage einer Klassifizierung mit Hilfe von Merkmalen. Das Kind gelangt über die Entdeckung gemeinsamer Eigenschaften *aller* Männer bzw. Frauen (solche der Kleidung, Haartracht, Stimme, der primären und sekundären biologischen Geschlechtsmerkmale), über einen Vergleichsprozeß, der die eigenen entsprechenden Eigenschaften einbezieht, und mit Hilfe von Belehrungen des Erziehers zu dem Urteil: Ich bin ein Junge/Mädchen. Wie man unschwer zu erkennen vermag, ist das eine ziemlich hochstehende intellektuelle Leistung. Darum wird sie auch erst gegen Ende des zweiten, zu Beginn des dritten Lebensjahres vollzogen.

Sie ist verbunden mit dem Interesse des Kindes an den unterschiedlichen Sexualorganen der Geschlechter. Diese Unterschiede sollten dem Kind nicht verborgen werden, weil gerade das Verdeckte und Versteckte einen besonderen Reiz gewinnen. Die immer noch anzutreffenden Nacktheit-Tabus sollten verschwinden; das Kind muß seine nackten Eltern und Geschwister beim Waschen und Baden, beim Aus- und Anziehen zu Gesicht bekommen. Das Interesse am Aussehen der Sexualorgane des anderen Geschlechts erwächst aus dem Informationsbedürfnis, Neues, Unbekanntes kennenzulernen. Darum sind die bei fast allen Kindern im Vorschulalter vorkommenden »Sexualspiele« (wechselseitiges Beschauen, Betasten) lediglich ein Ausdruck dieses allgemeinen geistigen Bedürfnisses, nicht aber eines speziellen sexuellen Interesses. Den eigentlich sexuellen Intimbereich, wie wir ihn kennen, gliedern die Kinder noch nicht aus. Das geschieht erst in der Pubertät. Das Erkundungsverhalten wird auch geweckt durch die unterschiedlichen Urinierungsformen der Geschlechter. Wie schnell diese kindlichen Zuwendungen unter ungezwungenen Bedingungen des sozialen Umgangs verschwinden, kann man am Nacktbadestrand sehr leicht registrieren. Verständlicherweise ergibt sich aus dem Interesse an den Sexualorganen schließlich auch das Interesse für deren Funktion, für das Warum der Verschiedenheit der Geschlechter. Eine natürliche, kindgemäße Aufklärung darüber führt folgerichtig zum Entdecken der Tatsache, daß sich jeder Mensch zunächst im Mutterleib entwickelt, daß alle als Babys beginnen, größer werden, bis sie schließlich erwachsen sind.

In der sexualpsychologischen Literatur werden diese Entwicklungsvorgänge im Vorschulalter folgendermaßen beschrieben (Grassel):

3./4. Lebensjahr: »Zunehmendes Interesse für die Eigenart des eigenen Körpers und für die Besonderheiten des anderen Geschlechts ... Erste Fragen nach der Herkunft der Kinder.«

4./5. Lebensjahr: »Aktives Interesse an den Besonderheiten des anderen Geschlechts, das bis zu wechselseitigem ›Beschauen‹ und Betasten führt. Einseitige oder wechselseitige Spielereien an den Genitalien ... Zusehen beim Urinieren ... Weiter Fragen nach der Herkunft der Kinder...«

5./6. Lebensjahr: »Interesse für die eigene Babyzeit ... Frage nach der Art der Herkunft der Kinder (wie kommen sie da heraus?). Gedanken um die Funktion des Bauchnabels ... Noch gegenseitiges Beschauen und Betasten, meist als Vorzeige-Spiele.«

Tabelle 4: Geschlechtsspezifische Tätigkeiten im Bewußtsein von Kindergartenkindern (nach Dannhauer).
Die Zahlen sagen aus, wieviel Prozent der Stichprobe (je 150 Kinder pro Gruppe) die betreffenden Tätigkeiten der Mutter (M.) oder dem Vater (V.) zuordnen

Tätigkeit	jüngste Gruppe		mittl. Gruppe		älteste Gruppe	
	M.	V.	M.	V.	M.	V.
Essen kochen	71	10	86	7	86	6
Buch lesen	18	65	13	82	12	66
Einkaufen	80	6	83	4	79	1
Stube wischen	87	4	88	2	89	3
Fernsehen	14	67	6	73	7	80
Wäsche waschen	95	1	92	1	95	1
Zeitung lesen	2	85	4	82	7	82
Knopf annähen	92	3	95	2	95	2
Bier trinken	7	74	4	80	3	79
Zigaretten rauchen	7	83	5	73	4	80

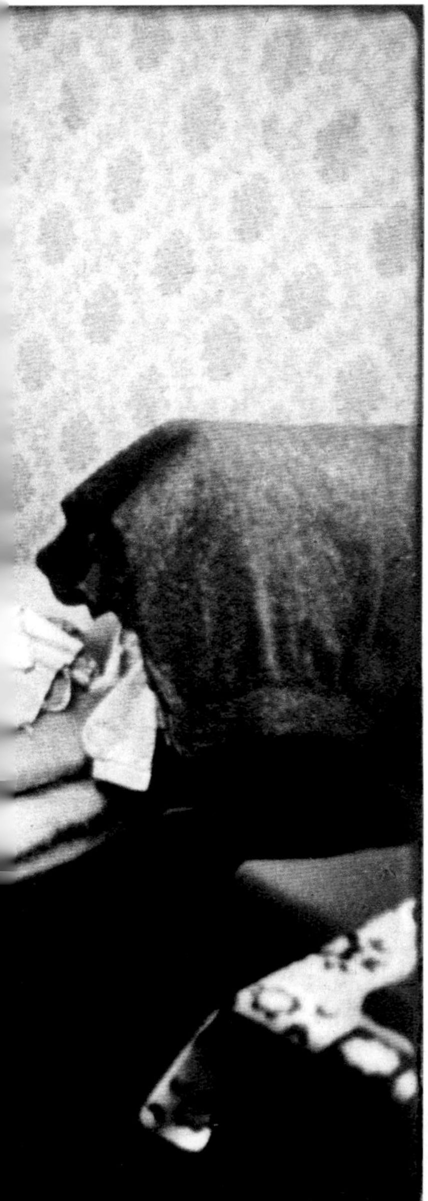

Die Verhaltensnormen für sein eigenes Geschlecht erwirbt das Kind auf zweierlei Weise. Einmal wenden die Erzieher das mit ihrem Bewußtseinsstand, mit ihrer Ideologie verbundene Konzept geschlechtsspezifischer Erziehung bei ihren pädagogischen Einwirkungen an. Dies geschieht beispielsweise in der Zuteilung von Spielzeug. Noch heute ist es bei uns verbreitet, Puppen und Puppenstuben vor allem für Mädchen zu kaufen, während die Jungen mehr in den Genuß von technischem Spielzeug (Kranen, Lastkraftwagen, Flugzeugen) gelangen. Außerdem erlauben oder verbieten die Erzieher ein und dasselbe Verhalten in Abhängigkeit davon, ob es sich um einen Jungen oder ein Mädchen handelt. Wie oft kann man hören: »Sei still, ein Junge weint nicht!« oder: »Waaas – du machst dich so schmutzig? – Du bist doch ein Mädchen, sieh mal, das schöööne Kleid!« So entsteht die harte Männlichkeit des Schmerzverbeißens, so bilden sich Frau Saubermann und ihre Eitelkeit! Mit Hilfe des Versuch-Irrtum-Lernens begreift das Kind, was »man« von einem Mädchen oder Jungen an Verhaltensqualitäten erwartet. Dementsprechende Hemmungs- und Zensurmechanismen werden aufgebaut, es formiert sich ein geschlechtstypisches Gewissen.

Die zweite Quelle des Lernens ist die Beobachtung. Dem Kind fällt auf, daß die Geschlechter sich durch spezifische Tätigkeiten unterscheiden. In der Krippe agieren nur Frauen, und es gibt nur Kindergärtnerinnen, aber keine Kindergärtner. Was Wunder, wenn das Kind annimmt, die Pflege und Betreuung von Kindern sei nur Frauensache? – Und zu Hause? Welche Arbeiten sind der Mutter, welche dem Vater vorbehalten? Womit beschäftigt sich die ältere Schwester im Unterschied zum Bruder? – Es gibt eine Untersuchung von Dannhauer, die Auskunft darüber gibt, welche Vorstellungen sich unsere Kindergartenkinder über geschlechtstypische Tätigkeiten machen. Er nannte den Kindern bestimmte Handlungen, und sie hatten die Aufgabe, diese dem Vater, der Mutter oder beiden zuzuordnen. Über die Ergebnisse informiert Tabelle 4 auf Seite 144 (die Kategorie »beide tun es« wurde weggelassen).

Es mag sein, daß sich seit 1968 (als die von Dannhauer berichteten Daten ermittelt wurden) gewisse Extreme ausgeglichen haben. Der Richtung nach dürften wir jedoch auch heute ein ähnliches, ungünstiges Bild der Funktionsteilung von Mann und Frau im Bewußtsein unserer Vorschulkinder vorfinden. Natürlich müssen wir eine Vergröberung der Realität bei der kindlichen Urteilsbildung in Rechnung stellen. Aber dennoch steht fest: Die Kinder lügen nicht; sie bilden in typisierter Form die Wirklichkeit ihrer Familie ab, und – das ist anzunehmen – sie verallgemeinern ihre Einschätzung über die Familie hinaus.

Als Resultat der geschlechtsspezifischen Erziehung registrieren wir dann, wie diesbezügliche Untersuchungen ergeben haben, bereits im Alter von drei, vier Jahren auch entsprechende Verhaltensweisen, die sich im weiteren Entwicklungsverlauf deutlicher ausprägen und stabilisieren. So wird verständlich, warum wir nach wie vor konventionelle Geschlechtsunterschiede finden, z. B. die stärkere Aggressivität der Jungen, die deutlichere Herausbildung sozialpflegerischer Berufsinteressen bei Mädchen (im Gegensatz zu den technisch-naturwissenschaftlichen Interessen der Jungen) oder die aktivere Rolle des männlichen Geschlechts bei der erotischen und sexuellen Partnerannäherung. Das Dilemma der Erziehung auf diesem Gebiet ist in der *frühen* Ausbildung geschlechtstypischer Einstellungen, Interessen und Ausdrucksweisen begründet, die dann zu Gewohnheiten werden, über die wir späterhin kaum noch nachdenken. Eine Änderung kann sich nur dann vollziehen, wenn viele Erziehergenerationen kontinuierlich *gegen herkömmliche Normen*, nach denen sie selbst noch erzogen wurden, die aber den Erfordernissen der Gegenwart und Zukunft nicht mehr entsprechen, in der Erziehung ihrer eigenen Kinder ankämpfen. Das wichtigste Mittel dabei dürfte die Abschaffung der überkommenen Arbeits- und Funktionsteilung in der Familie, im Haushalt sein, die der Frau und Mutter zahlreiche Entfaltungsmöglichkeiten vorenthält. Sie wirkt unmittelbar auf das Vorschulkind ein und prägt seine Vorstellungswelt über Tätigkeiten, Funktionen und Interessen der Geschlechter.

Es geht hier nicht darum, der vollständigen Beseitigung der psychischen Geschlechtsunterschiede das Wort zu reden. Eine solche Nivellierung wäre eine Verarmung unseres Lebens. Sie hätte u. a. zur Folge, daß der

aus dem Gegensatz der Geschlechter herauswachsende Reiz der Liebes- und Bindungsbeziehungen geopfert würde. Anzustreben ist einzig und allein dies: Geschlechtsunterschiede, die wir anerziehen, müssen für beide Geschlechter *gleiche Chancen der Entwicklung von Fähigkeiten und Interessen in allen Bereichen unseres Lebens* gewährleisten, stützen und absichern.

Eine wichtige Frage ist bisher noch nicht beantwortet worden. Wenn viele Verhaltensnormen, die wir dem Kind anerziehen, auf die Herausbildung seiner *Selbständigkeit* abzielen, was verstehen wir dann unter Selbständigkeit? – Selbständigkeit, das kann bedeuten, etwas ohne Hilfe von Erwachsenen tun, z. B. Sichanziehen, Reißverschlüsse öffnen und schließen, Schnürsenkel binden, Aufräumen der Spielsachen. Es kann außerdem bedeuten, eigenständig vernünftige, abgewogene Entscheidungen zu fällen. Wie sagt doch Engels (in unserem Motto): Freiheit ist auch die auf Erkenntnis gegründete Herrschaft über uns selbst. Diese Freiheit ist ein Erziehungsziel! Es gibt zahlreiche psychologische und pädagogische Untersuchungen, deren Ergebnisse das bekräftigen. So weiß man beispielsweise schon lange, daß die Schulfähigkeit des Kindergartenkindes, bezogen auf die soziale Einordnung und die Leistungsbemühungen, sehr entscheidend davon abhängt, in welchem Ausmaß das Kind zur Selbständigkeit im Sinne von Entscheidungskompetenz und Selbstbehauptung erzogen wurde. Entsprechende empirische Befunde wurden schon vor mehr als 20 Jahren von Heckhausen/Kemmler erhoben. Sie konnten nachweisen: Mütter von sozial nicht ausreichend schulfähigen Kindern und solche, deren Kinder sozial gut schulfähig waren, unterscheiden sich vor allem in ihren pädagogischen Einstellungen zu dieser Art von Selbständigkeit. Wir zitieren aus einem kinderpsychologischen Lehrbuch (von Clauß/Hiebsch):

Die Mütter der sozial und willensmäßig reifen Kinder gestatteten diesen in viel früherem Alter, »unbeaufsichtigt auf der Straße zu spielen, Spielkameraden mit nach Hause zu bringen, passende Freunde selbst auszusuchen, selbst zu entscheiden, was man anzieht, und frei über Taschengeld zu verfügen«, als die Mütter der anderen Gruppe.

»Recht interessant ist auch, daß sich beide Müttergruppen hinsichtlich des Lebensalters, in dem sie selbständige Pflichterfüllung und Fertigkeitsbeherrschung vom Kind erwarten, *nicht* signifikant unterscheiden. Diese Form der Selbständigkeit . . . soll vor allem der Entlastung der Mutter dienen . . . Um ihr manche Arbeit abzunehmen oder zu erleichtern, wird das Kind dazu angehalten, bestimmte Verrichtungen allein auszuführen.«

Diese Befunde sind nicht allein für die Familienerziehung wichtig. Es gibt nicht wenige Anzeichen dafür, daß auch in unseren Krippen, Kindergärten und -heimen Erziehungsgrundsätze und -ziele wirksam sind, die allzu einseitig die Fähigkeiten der Selbstbedienung, Selbstdisziplin und Pflichterfüllung in den Mittelpunkt rücken, zu wenig jedoch die Selbständigkeit der Entscheidung. Freilich ist das schwieriger und mit mehr Risiken verbunden. Aber der risikofreudige

Erzieher wird auch dafür entschädigt. Er bringt Prozesse *wirklicher* (nicht nur vermeintlicher) Persönlichkeitsentwicklung in Gang; die Herausbildung von Fähigkeiten freier Entscheidung und Verantwortung kann er mit Genugtuung, Freude und Stolz als Resultat seiner Bemühungen verbuchen.

Welcher Erzieher möchte das nicht? – Allerdings bedarf es dazu der Einsicht in die Verantwortlichkeit erzieherischer Normvermittlung. Im 2./3. Lebensjahr entsteht das kindliche *Gewissen*. Aus der Beobachtung des Erziehers entsteht im Kopf des Kindes ein vorbildhaftes Modell des Verhaltens, erzieherisches Gebot und Verbot verdichten sich in einer verinnerlichten »Zensurinstanz«, aus der eingesehenen sachdienlichen Notwendigkeit wird ein verhaltenregulierendes Prinzip von Entscheidungen für oder gegen eigenes und fremdes Tun. Das ältere Kind, der Jugendliche, der Erwachsene – sie alle richten sich oft unbewußt, gleichsam instinktiv, nach *sehr früh* erworbenen Maßstäben, ohne mehr zu wissen, wann, wie und warum sie sich diese Normen angeeignet haben. Diese sind dann mit wachsendem Alter immer weniger veränderbar, sie sind in Fleisch und Blut übergegangen. Daraus ist ersichtlich, wie schwer die Bürde des normsetzenden Erziehers ist. Er muß wissen: Sein Vorbild, seine Maximen überdauern ihn im Gewissen der von ihm erzogenen Kinder, in ihren Schuldgefühlen und Ängsten, in dem, was sie beschämt und stolz macht, was sie anwidert oder unwiderstehlich anzieht – dies alles im Guten wie im Schlechten, als törichtes oder kluges, als zersetzendes oder harmonisierendes Gewissen, als Gewissen des Kindes, Jugendlichen, Erwachsenen.

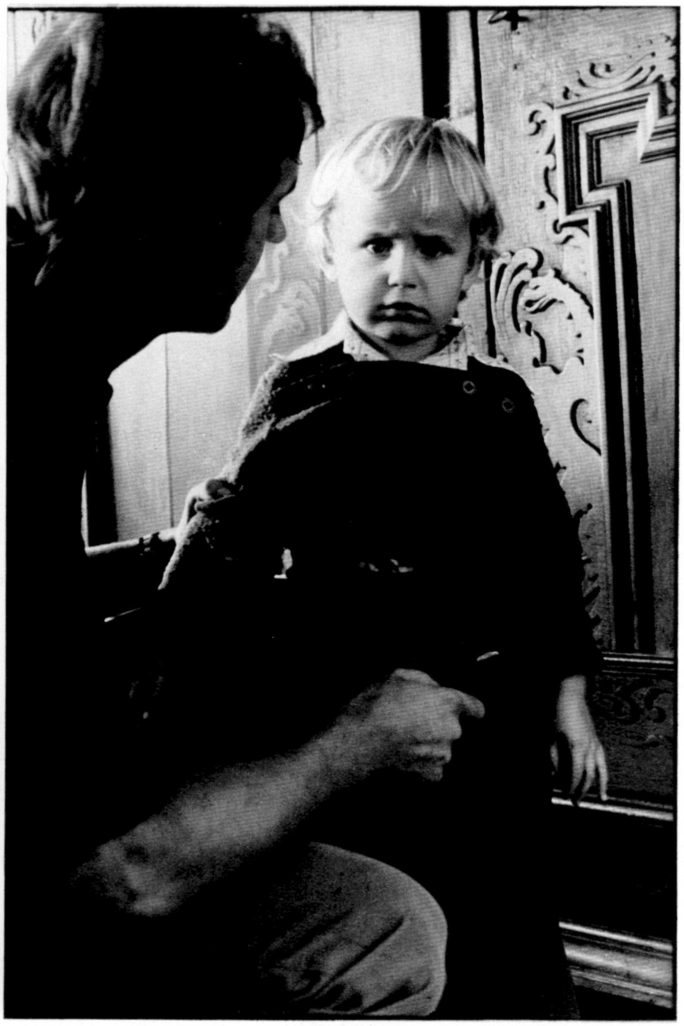

Griff in das Leben

Denn ... der Mensch spielt nur, wo er in voller Bedeutung des Wortes Mensch ist, und er ist nur da ganz Mensch, wo er spielt... *Und was ist es für ein Phänomen, durch welches sich bei dem Wilden der Eintritt in die Menschheit verkündigt? Soweit wir auch die Geschichte befragen, es ist dasselbe bei allen Völkerstämmen ...: die Freude am* Schein, *die Neigung zum* Putz *und zum* Spiele.

Friedrich Schiller, Über die ästhetische Erziehung des Menschen (1795)

Meine frühe Kindheit hat
Auf sonniger Straße getollt;
Hat nur ein Steinchen, ein Blatt
Zum Glücklichsein gewollt.

Jahre verschwelgten. Ich suche matt
Jene sonnige Straße heut,
Wieder zu lernen, wie man am Blatt,
Wie man am Steinchen sich freut.

Joachim Ringelnatz,
Die sonnige Straße

Als ob es ernst wäre

Wenn man den menschlichen Lebenslauf unter dem Gesichtspunkt der Entwicklung alterstypischer Tätigkeiten gliedert, dann ergibt sich zunächst eine einfache Dreiteilung. Am Anfang steht das Spiel, das vom schulischen Lernen abgelöst wird, um dann der Arbeit des Jugendlichen und Erwachsenen Platz zu machen.

Diese drei Tätigkeitsformen haben viel Gemeinsames. Es wäre falsch, sie in ein Gegensatzverhältnis zu bringen, wie es oft bei Spiel und Arbeit geschieht. Spielen, gesellschaftlich organisiertes Lernen und Arbeiten – alle diese Tätigkeiten verkörpern Möglichkeiten der Entwicklung von Fähigkeiten, um Kontakt mit der Umwelt aufzunehmen, auf sie einzuwirken, sie verstehend zu durchdringen und gestaltend zu beherrschen. Im spielenden, lernenden, arbeitenden Tätigsein erfährt der kleine oder große Mensch Erfolge oder Mißerfolge, ist fröhlich oder niedergeschlagen, befriedigt oder unzufrieden – weil alle diese Handlungen und ihre Ergebnisse für ihn wertvoll, bedeutungshaltig, wichtig sind.

Die Bindung der drei Tätigkeitsformen an bestimmte Phasen des Lebenslaufs ist sehr locker; Spiel, Lernen und Arbeit überlagern sich wechselseitig. Es gibt Kinderspiele, die ein absichtliches Lernen einschließen, z. B. wenn ein Liedertext oder eine Spielregel beherrscht werden müssen. Der Schüler ist nicht ein ausschließlich lernendes Kind. Er entlastet sich vom Ernst der Schulanforderungen im Freizeitspiel, und manche schulischen Aufgaben empfindet er als Spiel, wenn sie ihm nicht als Zwang entgegentreten, wenn sie Auswahlmöglichkeiten einschließen, wenn sie mit seinen unmittelbaren Bedürfnissen und Interessen übereinstimmen. Arbeitende Jugendliche und Erwachsene sind nebenher noch Lernende, solange sie sich beruflich qualifizieren, und in der Freizeit, im Urlaub spielen sie. Je mehr wir in der Lage sind, materielle und kulturelle Bedingungen zu schaffen, um der Arbeit ihren Zwangscharakter zu nehmen, desto häufiger wird der Fall eintreten, daß wir Arbeitshandlungen gleichsam spielerisch vollziehen – weil sie schöpferisch sind, weil wir spüren, daß wir uns dabei als Persönlichkeit weiterentwickeln.

Das Lernen, wie es hier verstanden wird, läßt sich leicht definieren: Es geht um den an schulische Bedingungen gebundenen beabsichtigten, bewußt angestrebten Erwerb von Können und Wissen. Auch über das, was Arbeit ist, kann man sich verhältnismäßig schnell einigen: Hier sind Tätigkeiten gemeint, die direkt und indirekt die gesellschaftlich organisierte, zielgerichtete Produktion von materiellen und ideellen Gebrauchswerten gewährleisten. Als wesentlich schwieriger erweist sich die definitorische Umschreibung des Spiels. Dieser Begriff erfaßt im Sprachgebrauch des Alltags eine Fülle verschiedenartiger Tätigkeiten, auch solche, die in Wahrheit Arbeitshandlungen sind. Für den Schachspieler im Turnier ist das Brüten über den Zügen verpflichtende Arbeit, und der Schauspieler wird für seine Tätigkeit wie jeder andere Werktätige entlohnt. Um dieser Schwierigkeiten Herr zu werden, ist es im Rahmen einer psychologischen Charakteristik des Spiels zweckmäßig, nicht den objektiven Effekt, das Produkt der Handlung zugrunde zu legen, sondern die subjektive Einstellung, die Haltung zu einer bestimmten Tätigkeit. Von Spiel können wir immer dann sprechen, wenn eine *Spielhaltung* vorliegt, d. h., wenn eine Tätigkeit völlig frei, anforderungsunabhängig gewählt wird, wenn die entsprechenden Handlungen keinen äußeren Einengungen in Gestalt von dringenden Lebenserfordernissen unterworfen sind, sondern einzig und allein den subjektiven Absichten, Wünschen, Motiven des Handelnden entspringen. Das ist gemeint, wenn gelegentlich von der »Zweckfreiheit« des Spiels gesprochen wird. So gesehen ist es möglich, daß ein und dieselbe Tätigkeit einmal Spiel sein kann, das andere Mal Lernen oder Arbeit.

Hier ein Beispiel (nach Oerter): »Ein Junge liegt abends im Bett und darf noch eine Viertelstunde lesen. Er vertieft sich in sein Buch und vergißt die Umwelt. Nach Ablauf einer Viertelstunde betritt die Mutter das Zimmer und mahnt, endlich Schluß zu machen. Der Junge darf auf sein Bitten hin noch ein Kapitel fertig lesen und muß dann von sich aus das Licht löschen.« – Dieselbe Tätigkeit (Lesen) ist zunächst mit einer Spielhaltung verbunden, dann mit einer Einstellung, die aus dem Ernstcharakter der mütterlichen Forderung erwächst.

Spieltätigkeiten des Kindes nehmen vielerlei Formen an. Diese Spielformen treten innerhalb der kindlichen Entwicklung zu bestimmten Zeitpunkten mit einer gewissen Regelhaftigkeit in Erscheinung. Am Anfang stehen die Funktions- oder Experimentierspiele, die wir schon kennen. Danach bilden sich die Illusionsspiele heraus, die ihr reifstes Entwicklungsstadium im sozialen Rollenspiel erreichen. Den Endpunkt bilden die vor allem aus dem Rollenspiel erwachsenden Regelspiele und die mit dem Funktionsspiel verwandten Konstruktionsspiele. Wenn man alle diese Spielformen einmal unter dem Aspekt des Inhalts (realer oder konstruierter Inhalt), zum zweiten unter dem der Situation (vorwiegend individuelle oder soziale Situation) betrachtet, so ergibt sich das nebenstehende Schema (in Anlehnung an Schmidtchen/Erb). Die Pfeile sollen ausdrücken, in welche Richtung die Entwicklung verläuft.

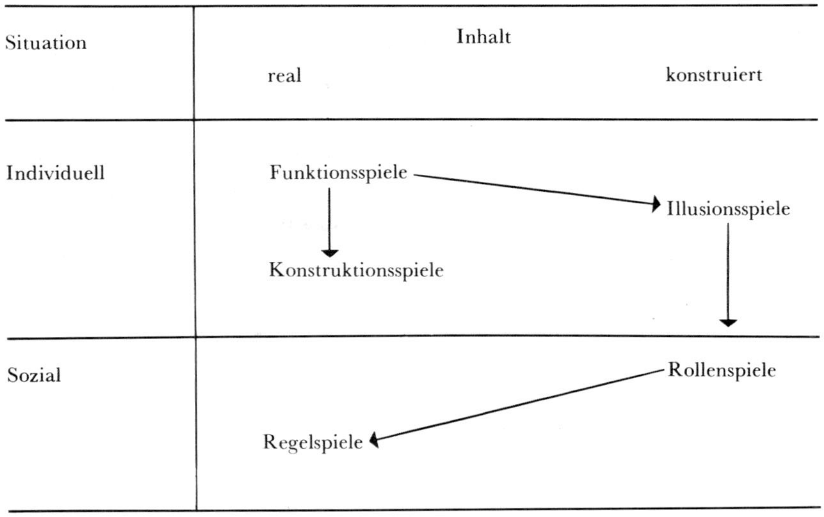

Verlassen wir nun die abstrakten Einteilungen, die Aufzählung von Namen für Spielformen! Wir wollen sie beschreiben, mit Inhalt erfüllen, ihren Entwicklungswert abschätzen.

Das *Illusionsspiel* ist eines der schönsten Entwicklungsphänomene im Leben des Kindes. Der Erzieher entdeckt eines Tages ein merkwürdiges Gebaren seines anderthalbjährigen Kindes. Es holt sich aus der Ecke hinter dem Küchenschrank die Einkaufstasche der Mutter, lenkt die Aufmerksamkeit des Erziehers auf sich, setzt eine ernsthafte Miene auf, verabschiedet sich von ihm mit »Tschüs!« und geht zur Tür hinaus auf den Korridor. Nach einiger Zeit kehrt es zurück und entnimmt der Tasche einige Gegenstände, die es auf dem Fensterbrett ablegt: eine alte Zeitung, Spielwürfel, Taschentücher (die es sich aus dem Nachtschrank im Schlafzimmer besorgt hat). Oder ein anderes Beispiel: Das Kind bringt sich am Frühstückstisch in den Besitz einer Wurstpelle, streift sie über das Handgelenk, dreht den eingewinkelten Arm hin und her und sagt – stolz, aus Entdeckerfreude die Eltern anlachend: »Tik-tak! Tik-tak!« Und mehr noch: Es hält sich die Wurstpelle ans Ohr und lauscht konzentriert!

Was ist da geschehen, was erlebt das Kind? – Es tut so, *als ob* es einkauft, *als ob* es eine Armbanduhr besitzt. Aber was bedeutet dieses Als-ob, was verbirgt sich dahinter? Zunächst steht fest: Das Kind hat von einer in seinem Gedächtnis verankerten Vorstellung Gebrauch gemacht, hat sie aktiviert. Die Vorstellung ist das innere Modell der Tätigkeit (Einkaufen), des Gegenstandes (Uhr). Sie löst als eine Art Leitbild die Spielhandlung aus. Es kommt aber noch ein zweites Moment hinzu. Da die reale Tätigkeit des Erwachsenen noch nicht vollzogen werden kann oder das reale Objekt dem Kind nicht verfügbar ist, werden einer vom Kind vollziehbaren Handlung, einem Objekt des kindlichen Aktionsraums Eigenschaften der Erwachsenen-Handlung, des Erwachsenen-Gegenstandes *angedichtet*, *zugeschrieben*. Das Kind konstruiert die Wirklichkeit um, »verbiegt« mit Hilfe seiner Phantasie die Realität, macht sie auf diese Weise seinen Handlungsmotiven gefügig. Das Gehen auf dem Korridor vertritt den Gang zum Einkaufen; Zeitung, Spielwürfel und Taschentücher stehen für die Einkaufswaren; die Wurstpelle ersetzt die wirkliche Uhr. Warum sind diese Vorgänge so eindrucksvoll? – Im Illusionsspiel tritt uns wiederum die *schöpferische*, frei gestaltende geistige Kraft des Kindes entgegen. Es beginnt die Entfaltung eines symbolischen Als-ob-Handelns, das wir auch beim Erwachsenen wiederfinden, wenn er eine lyrisch-bildhafte Wendung wie die des »kosenden Windes« versteht, wenn er den heroisch-tragischen Gehalt eines Beethovenschen Sinfoniesatzes heraushört und sich vom Geschehen auf der Theaterbühne hinreißen läßt. Nur ein Unterschied ist hier wichtig: In allen eben genannten Fällen sind wir *rezeptiv* tätig, aber das Kind erzeugt *aktiv* seine illusionäre Spielwelt! Allein in Elementen der Kunstproduktion begegnet uns die direkte Fortsetzung jener Form kreativer Illusionierung, wie wir sie beim Kind vorfinden.

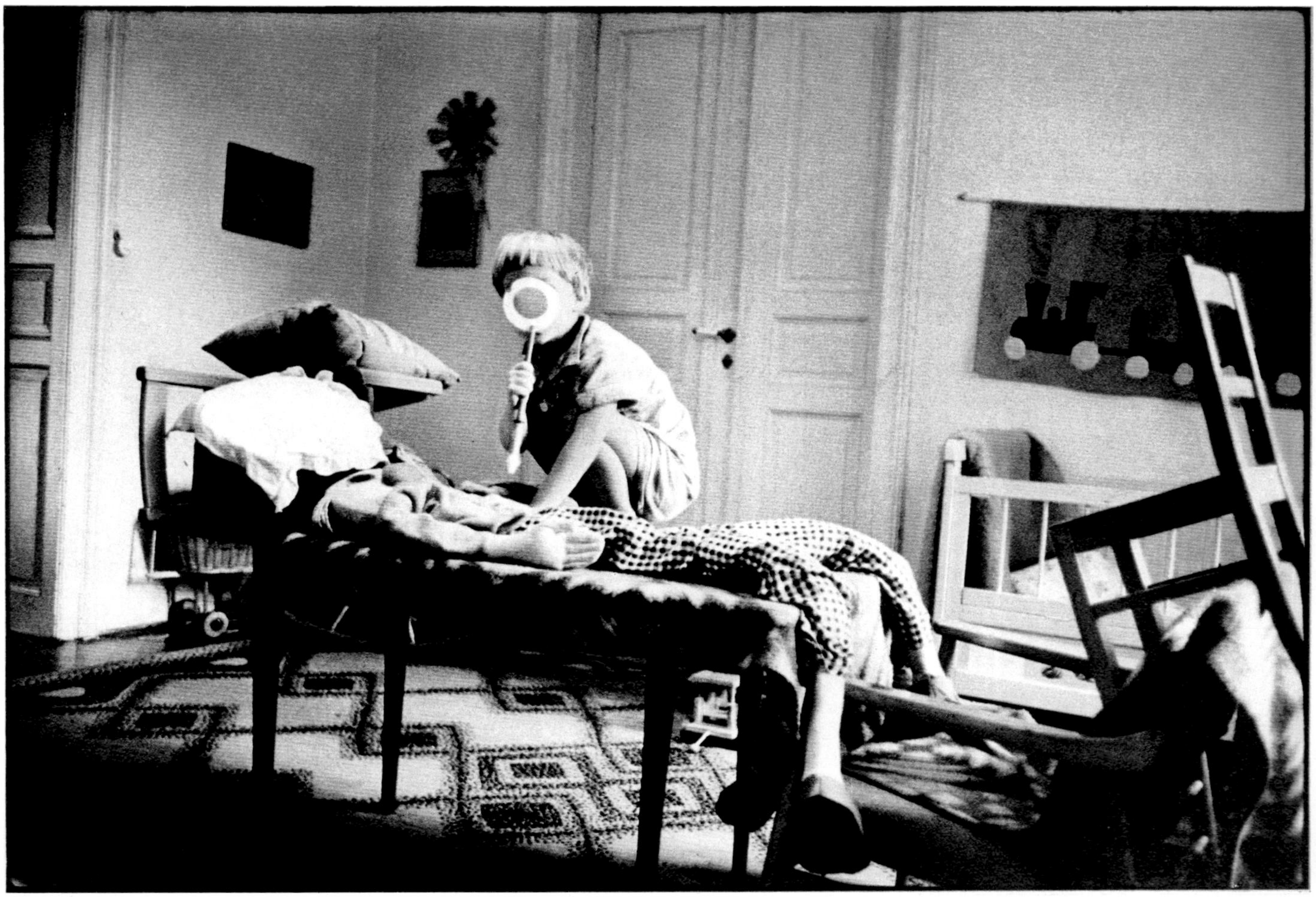

Bei näherem Zusehen erweist sich diese Illusionierung nicht als fiktiver »Traum«, sondern als ein realitätsbezogener Akt bemerkenswerter intellektueller Reife. Um nämlich aus der Wurstpelle eine Armbanduhr zu machen, um einen Baustein in eine Lokomotive zu verwandeln, muß das Kind aus dem Merkmalskomplex des realen Objekts *eine* wesentliche Eigenschaft ausfiltern, die es am Spielobjekt wiederentdeckt, um dann erst eine willkürliche Erweiterung der Merkmale vorzunehmen. Die Wurstpelle verkörpert die Rundheit des Armbands, der Baustein die länglich-gestreckte Form der Lokomotive. Aus diesem Grunde ist das Illusionsspiel ein Gradmesser der Intelligenzentwicklung (genauer: der Analysefähigkeit), und die Anregung dieses Spiels dient der Förderung ebendieser Entwicklung. Eine solche Anregung wird kaum durch fertige, in ihrer Funktion festgelegte Spielzeuge vermittelt, sondern durch universell handhabbare Materialien.

Makarenko unterscheidet fertiges Spielzeug, halbfertiges Spielzeug und Spielmaterial (wie Sand, Pappe, Holz, Draht). Jedes, so betont er, hat seine Bedeutung, keines darf im Angebot fehlen. Das Illusionsspiel entzündet sich am ehesten an den zuletzt genannten Materialien. »Das Spielzeug der dritten Art ... ist das billigste und dankbarste Spielelement ... Im Spielmaterial liegt ein guter Teil Realismus, gleichzeitig aber läßt es auch Raum für die Phantasie, und zwar ... für die große schöpferische Arbeitsphantasie.«

Das Illusionsspiel geht über in das *Rollenspiel*, dies ohne scharfe Grenzen. Das oben erwähnte »Einkaufen« ist bereits ein Rollenspiel. Eine Tätigkeit, die noch nicht im Aktionsfeld des Kindes liegt, wird von ihm nachgemacht und in einer illusionären, irrealen Handlungssphäre vollzogen.

Rollenspiele haben stets einen *sozialen* Charakter, weil die Funktion eines anderen Menschen spielerisch übernommen wird, weil das Kind in die Rolle des anderen (des älteren Geschwisters, des Jugendlichen oder Erwachsenen) »hineinschlüpft« und weil viele Rollenspiele mitgestaltende Partner voraussetzen. Im Puppenspiel ist das Kind Mutter, Vater oder Kindergärtnerin; im Umgang mit dem Kipper ist es LKW-Fahrer; in dem aus Stühlen zusammengestellten Eisenbahnzug fungiert es als Lokomotivführer.

Welche Antriebe, welche Motive liegen dem Illusions- und Rollenspiel zugrunde? Sie müssen sehr stark sein, denn das ältere Vorschulkind kann sich darin verlieren, ist schwer herauszureißen aus diesem Medium, reagiert aggressiv, wenn wir es unvermittelt tun. – Das wird verständlich, wenn wir uns folgendes vor Augen halten. Die Tätigkeiten der Erwachsenen, die in sie einbezogenen Objekte sind für das Kind außerordentlich anlockend, interessant, ja verführerisch. Aber sie sind dem Kind nicht zugänglich – sei es, daß seine Fähigkeiten nicht ausreichen, sei es, daß die Gegenstände und Handlungen innerhalb des Verbotsbereiches liegen. Dem brennenden Wunsch, diesen Widerspruch, diesen Konflikt zu lösen, entspringt die Illusionierung: Das Kind sucht die Ebene der Irrealität auf, die es plötzlich möglich macht, das Gefälle zwischen sich und dem Erwachsenen zu beseitigen! Das Rollenspiel verschafft dem Kind eine vollgültige Ersatzbefriedigung seines Bedürfnisses, so tätig zu sein, wie die Erwachsenen.

Es sei hier eine entsprechende Funktion des Karnevals erwähnt. Dessen historische Entstehung verweist auf die folgende Tatsache. Das kurzzeitige Außerkraftsetzen des Machtgefälles zwischen Herrschenden und Beherrschten in einer Klassengesellschaft, die Installierung einer narreneigenen Machtinstitution, die sogar Rathäuser »besetzt«, war ein wesentliches Element der Erfindung dieses Rollenspiels.

Die Funktion des Theaters (mit den Rollen und Spielern), die dort getätigte Modellierung von Weltausschnitten hat ebenfalls Ähnlichkeit mit den Bedingungen und Motiven des kindlichen Rollenspiels.

Mit der oben erwähnten Ersatzbefriedigung im Rollenspiel hängt es auch zusammen, daß individuelle Konflikte des Kindes, die aus dem »Zusammenstoß« mit Erwachsenen resultieren, in dieser Spielform bewältigt werden können. Das von der Mutter hart bestrafte Kind vermag sich beispielsweise auf folgende Art innerlich zu entlasten. Es wiederholt die mit der Strafe zusammenhängende Situation im Puppenspiel und gibt die selbstempfangene Demütigung an die Puppe weiter, die ihrerseits nun im Spiel »zurückschimpft«, sich gegen die Spielmutter zur Wehr setzt, also ein Verhalten praktiziert, das nur auf der irrealen Ebene des Rollenspiels vollziehbar ist. In dieser Möglichkeit individueller Konfliktentlastung liegt auch der Grund dafür, daß Rollenspiele in der Psychotherapie verhaltensgestörter Kinder als Behandlungsmethode eingesetzt werden.

Dem Rollenspiel entspringt das *Regelspiel.* Wie der Name sagt, handelt es sich darum, daß mehrere Spielpartner funktionsteilig zusammenwirken, wobei die Organisation des kooperativen Handelns durch eine für alle verbindliche Regel gesichert wird. Das erste Regelspiel, das wir in der Entwicklung antreffen, stellt den Besitzwechsel eines Gegenstandes in den Mittelpunkt (Gib-Nimm-Spiel). Erzieher und Kind tauschen fortlaufend ihre Rollen eines Gebenden oder Nehmenden. Das ist bereits gegen Ende des ersten Lebensjahres möglich. Späterhin entwickeln sich kompliziertere Regelspiele, wie z. B. Reigenspiele (»Häschen in der Grube«), Suchen- und Kriegenspiel, Vater-Mutter-Kind-Spiel, Spiel mit dem Kaufmannsladen.

In einigen dieser Regelspiele kann man ein spielerzeugendes und -tragendes Antriebsmoment entdecken, das die Kinderpsychologen mit dem Begriff des »*Aktivierungszirkels*« belegt haben. Am Suchenspiel läßt sich das gut veranschaulichen. Es gewinnt seinen Reiz durch den dauernden Wechsel von Spannung und Lösung. Das Risikogefühl des Versteckten (»Wird er mich auch nicht finden?«) und des Suchenden (»Steht sie etwa hinter der Tür?«) baut die Spannung auf, das Finden und Gefundenwerden führen zur Entspannung. Die späteren Regelspiele des Schulkindes (»Räuber und Gendarm«, Indianerspiele, sportliche Regel-Kampfspiele), aber auch manche Funktionsspiele, die Risiken einschließen (z. B. das Balancieren auf Geländern), leben so gut wie ausschließlich von diesem dramatischen Element. Auch das Märcheninteresse des Vorschul- und Schulkindes wird teilweise durch einen Aktivierungszirkel gespeist, wenn es sich um prickelnd-gruselige Märchen handelt. Letztlich bekundet auch der Erholungswert des Abenteuerbuchs und -films, des Krimis, des im Stadion oder am Bildschirm verfolgten Fußballspiels die lebenslange Wirksamkeit dieses Spielmotivs bei Jugendlichen und Erwachsenen.

Das Experimentier- oder Funktionsspiel bildet die Grundlage für das *Konstruktionsspiel*. Der Beginn des Auftretens dieser Spielform, bei der werkschaffende Konstruktionsleistungen des Erwachsenen als Vorbild nachahmender Aktivitäten dienen, liegt bereits in der Mitte des zweiten Lebensjahrs, wenn das Kind im Buddelkasten Sand schippt oder Spielwürfel übereinanderstellt, um einen Turm zu bauen. Deutlicher ausgeprägt finden wir Konstruktionsspiele jedoch erst im Kindergartenalter, dies unter anderem deshalb, weil sie erhebliche sensumotorische, intellektuelle und

Willensfähigkeiten voraussetzen. Jetzt beginnt das Kind zielgerichtet zu zeichnen und zu malen, formt Objekte aus Knetmaterial, baut Häuser aus Bausteinen, beschäftigt sich mit dem Auffädeln von Perlen zu Ketten oder schneidet Papier und Pappe, um sich einen Hampelmann herzustellen. Je nach Anregung und Materialfülle ist der Variantenreichtum von Spielinhalten groß oder gering.

Welchen Sinn, welche Funktionen haben alle diese Spiele? – Auf eine kurze Formel gebracht, kann man sagen: Sie bewirken eine Vorbereitung auf das spätere Leben des Erwachsenen. Anders, etwas genauer ausgedrückt: Sie sind Mittel und Durchgangsstadium der *Vergesellschaftung* des kindlichen Individuums. Die verschiedenen Spielformen betonen jeweils bestimmte Seiten des Hineinwachsens in die Organisationsformen und Inhalte gesellschaftlichen Lebens und Wirkens.

Funktions- und Konstruktionsspiele betonen den *technologischen* Aspekt der Vergesellschaftung. Sie haben die engste Verwandtschaft mit der individuellen oder kooperativen Arbeit. Das Kind eignet sich in diesen Spielformen Fertigkeiten und Fähigkeiten an, um die gegenständliche Welt zu gestalten. Es erlernt Eigenschaften von Objekten, Umgangs- und Behandlungsweisen, die zu den Objekten und Materialien passen, es erlernt Werkzeugfunktionen bestimmter Gegenstände und Beziehungen zwischen Ursache und Wirkung. Wesentlich ist der Erwerb von Einsichten in physikalische Gesetze der Statik, der Mechanik. Wichtig ist jedoch auch die Gewöhnung an längerfristige Handlungsplanungen mit größerem Spannungsbogen, der auch bei Mißerfolgen »durchhalten« muß. Im Konstruktionsspiel formen sich also Willensqualitäten und physische wie psychische Belastbarkeit. Schließlich erlebt sich das

Kind in dieser Spielform als Schöpfer eines sinnhaften Werkes, das in seiner Welt einen Nutzwert besitzt, an dem und mit dem es auf seine Weise »arbeiten« kann. Das gute Konstruktionsspiel (ohne eng begrenzende Vorlagen, ohne erzieherische Gängelung) ist Bedingung und Ausdruck technischer und künstlerischer Kreativität. Der große, reich ausstaffierte Schneemann ist ein wirkliches Pendant der Plastik eines Rodin oder Cremer – trotz seiner Vergänglichkeit, die von manchem Kind beweint wird wie der unwiderrufliche Verlust eines zerschlagenen Kunstwerks, der den Künstler in Verzweiflung stürzt.

Der *sozialen* Seite der Vergesellschaftung begegnen wir im Rollen- und Regelspiel. Die Positionen und Beziehungen der Erwachsenen innerhalb der arbeitsteiligen Prozesse von Produktion, Dienstleistung und Konsumtion sind Modelle für den Aufbau von Spielinhalten. Im Rollenspiel überprüft und vervollkommnet das Kind sein erworbenes Wissen über das Zusammenleben der Erwachsenen. Zugleich wird es in die Lage versetzt, sich erste Erlebnisfähigkeiten für den späteren Genuß filmischer und theatralischer Darbietungen anzueignen. Im Rollenspiel wird aber auch der Grundstein gelegt für die aktive, entspannende Entäußerung inneren Erlebens. Das Kind, das im Spiel mit Handpuppen seinen gleichaltrigen oder jüngeren Gefährten einen zugespitzten Konflikt zwischen zwei Personen vorexerziert, ist Dichter, Stückeschreiber, Schauspieler in einer Person. Fast alle älteren Vorschulkinder wollen und können das, besitzen noch die dafür notwendige Unbefangenheit. In der Schulzeit geht sie weitgehend verloren – wahrscheinlich, weil unsere Bildungs- und Erziehungsprogramme dieser Seite der Persönlichkeitsentwicklung zu wenig Aufmerksamkeit schenken, sie in den Winkel der Tätigkeit von spezialisierten Interessen-Zirkeln verbannen. Das Rollenspiel führt das Kind auch zu Fortschritten auf der Ebene sozialer Ein- und Anpassung, weil die Nachahmung der kooperativen Erwachsenenbeziehungen zwangsläufig Verhaltensweisen gegenseitiger Rücksichtnahme oder des Vollzugs einer Hilfeleistung erforderlich machen. Gemeinsames Spiel einer Kindergruppe mit der Puppenstube oder dem Kaufmannsladen, die Abwicklung des Vater-Mutter-Spiels oder von Geschehnissen wie »Hochzeit« oder »Demonstration« – Unternehmungen dieser Art sind sonst gar nicht durchführbar. Der Spielinhalt vermag die Kinder also zu angepaßtem sozialem Verhalten zu erziehen. Das gilt in noch höherem Ausmaß für Regelspiele, die von jedem Mitspieler eine strenge, oft pedantische Beachtung der Norm verlangen, wenn das Spiel nicht zerfallen soll. Andererseits appellieren Mißerfolge, die aus der sozialen Fehl-

anpassung einzelner resultieren, an die Einsicht aller Mitspieler. Sie begreifen, daß und warum die Mitberücksichtigung des anderen, die Akzeptierung der Norm unumgänglich ist, und sie erziehen sich gegenseitig auf dieses Ziel hin.

Der erzieherische Wert von Rollen- und Regelspielen ist nun freilich kein automatisches Ergebnis ihrer Durchführung. Es kommt immer darauf an, welche Realitätsmodelle den Inhalt des Spiels formieren. Unter ihnen gibt es tradierte, konservative Modelle ohne erzieherischen Wert und solche, die progressive Entwicklungen unserer gesellschaftlichen und sozialen Welt verkörpern. Gegen Indianerspiele ist sicherlich nichts einzuwenden, aber die Einbeziehung einer Marterpfahl-Situation in ein solches Rollenspiel ist gewiß nicht zu begrüßen. Und wem nutzt es, wenn im Vater-Mutter-Kind-Spiel die herkömmliche Szene

der pflegenden, kochenden, putzenden Mutter reproduziert wird, die den von der Arbeit heimkehrenden Vater begrüßt und ihm von den Unarten des Kindes erzählt? Welchen Wert hat das Puppenspiel, in dem die Spielmutter mit der Puppe herumkommandiert, sie beschimpft und schlägt? Wir Erzieher müssen uns also für die Inhalte kindlicher Rollen- und Regelspiele interessieren, müssen uns Gedanken darüber machen, welche Modelle von Realität dahinterstehen, ob diese Realität eine vertretbare Zukunft vorwegnimmt oder nicht. Dementsprechend müssen unsere Anregungen, unsere eingreifenden Korrekturen beschaffen sein.

Aus der Einbindung des Kindes in die Rollen- oder Regelspieltätigkeiten einer Gruppe entstehen mächtige Antriebe der Leistung. Der sowjetische Psychologe Manuilenko hat das in einem Experiment anschaulich demonstriert. Ein und dieselbe Handlung, nämlich das bewegungslose Verharren in stehender Haltung, ließ er Vorschulkinder einmal als Reaktion auf eine Aufgabenstellung des Versuchsleiters allein durchführen, das andere Mal spielten die Kinder allein oder kollektiv ein »Wachtposten«-Spiel. Die Untersuchung war so angelegt, daß die Zeit des Stillstehens genau gemessen werden konnte. Aus den Ergebnissen des Experiments (Abb. 8) läßt sich

Abb. 8. Ergebnisse eines Experiments über den Einfluß der Rolle im Spiel auf die Leistung. Aus Elkonin (1965)

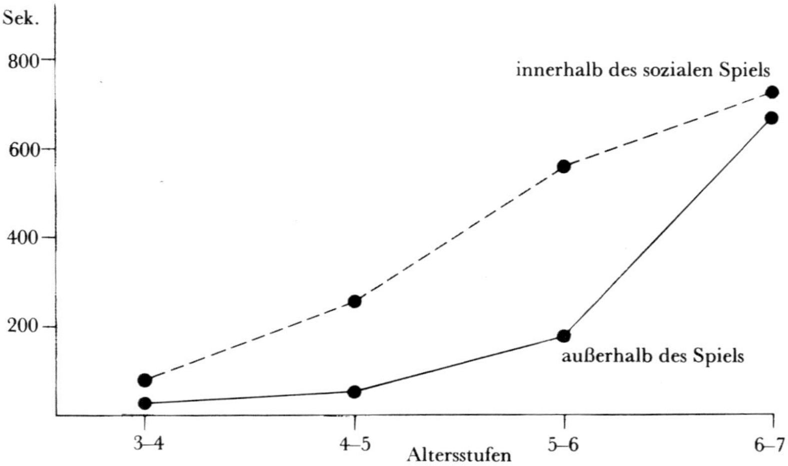

ablesen, daß die Spielhaltung der Gruppe bei den jüngeren Kindern ein wesentlich stärkerer leistungsmotivierender Faktor ist als die Aufforderung des Experimentators. Erst bei den ältesten Kindern (6- und 7jährigen) gleicht sich das an. Der Erwachsene, der eine Aufgabe stellt, wird jetzt zu einer Respektsperson, vor der sich das Kind nicht blamieren möchte.

Die hier gezeigte sensumotorische Leistung reflektiert zugleich die Fähigkeiten der Regelbeachtung:

»Wie die angeführten Tatsachen belegen, fällt es den Jungen und Mädchen im Vorschulalter wesentlich leichter, sich einer Regel unterzuordnen, wenn sie eine Rolle übernehmen. Dafür gibt es eine einfache Erklärung: Gestaltet das Kind eine bestimmte Rolle nach, dann wird es durch die Vorstellung von den Funktionen der Menschen, deren Rolle es spielt, angeregt, das heißt durch die Vorstellung von den Erwachsenen, deren Handlung es nachgestaltet. Um sich einer Regel mit Erfolg unterzuordnen, genügt diese Anregung allerdings noch nicht. Sie muß ... durch das Kollektiv spielender Kinder unterstützt werden« (Elkonin).

Blicken wir zurück: Wir erkennen nicht nur den Sinn und Zweck, sondern auch den schöpferischen Reichtum, die ästhetische Anmut des kindlichen Spiels, wenn wir Sinne dafür besitzen. Diese Einheit lernenden Vorgreifens auf das spätere Leben und bedürfnisunmittelbaren Handelns in der geschützten Welt des Spiels bildet eine Etappe der Persönlichkeitsentwicklung ab, in der sich Verstand und Gefühl, Gebundenheit und Freizügigkeit, Belastung und Entlastung, Individuelles und Soziales, Empfangen, Geben und Gestalten harmonisch die Waage halten. In der Bildung und Erziehung zum Spielen durch das Spiel können wir diese Harmonie erhalten und zum Nutzen von Stabilität, Wohlbefinden sowie körperlicher und psychischer Widerstandskraft des Kindes immer erneut wiederherstellen.

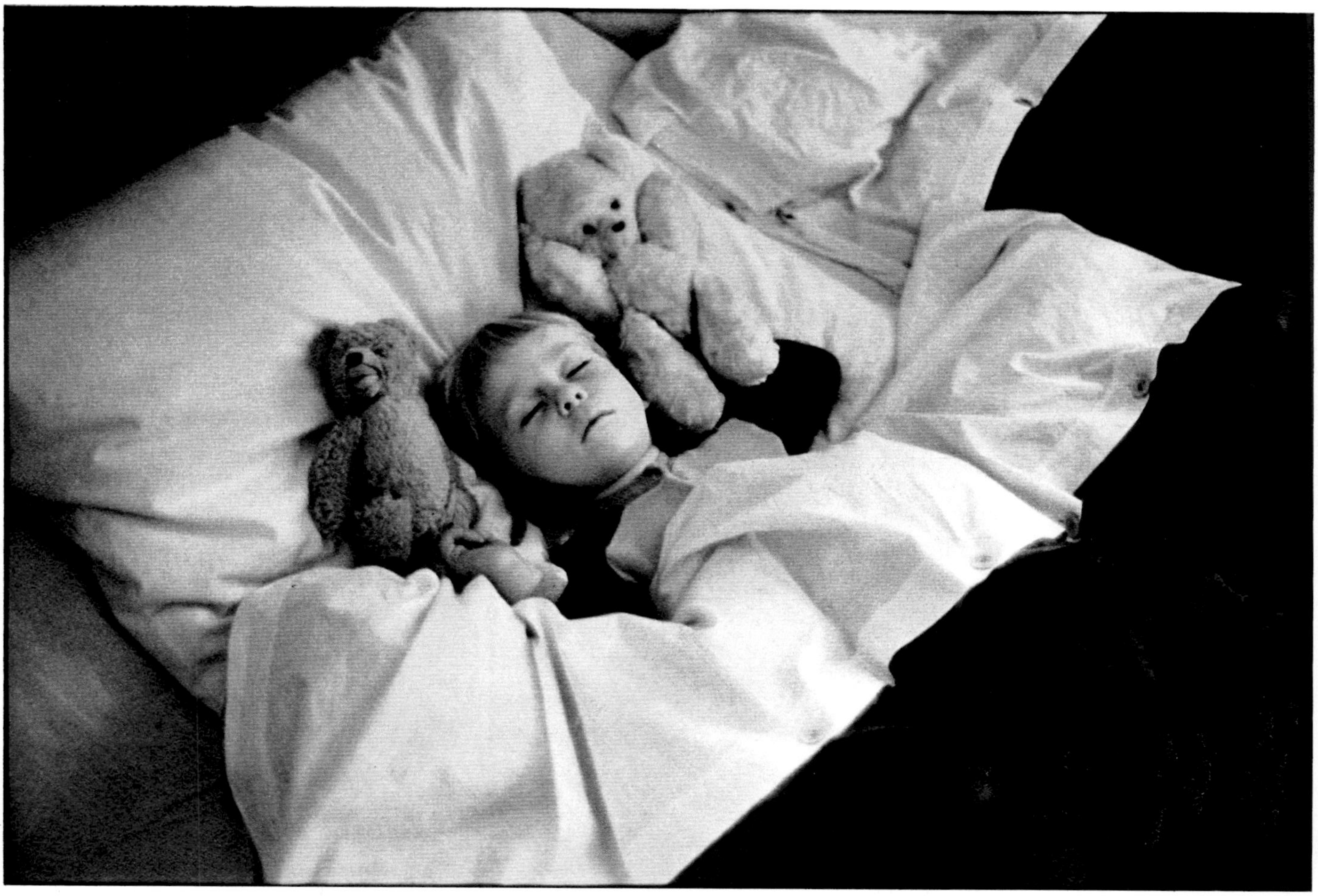

Ringel, ringel, reihe,
sind der Kinder dreie,
tanzen um den Holderbusch,
machen alle husch, husch, husch.

Altes Kinderlied

Brüderchen, komm tanz mit mir,
beide Hände reich ich dir,
einmal hin, einmal her,
ringsherum, das ist nicht schwer.
Mit den Händchen klapp, klapp, klapp,
mit den Füßchen trapp, trapp, trapp,
einmal hin, einmal her,
ringsherum, das ist nicht schwer.

Altes Kinderlied

In solchen Liedern kommt zweierlei zum Ausdruck: das Bedürfnis des Kindes, mit anderen zusammenzuwirken – organisiert, regelgebunden; außerdem die Fähigkeit, diesem Bedürfnis durch ein Können so zu entsprechen, daß es erfolgreich befriedigt werden kann (»... das ist nicht schwer«, heißt es im zweiten Lied).

Aber gerade das ist ein wenig zu optimistisch gesungen! Wir wissen: Es ist nicht von Anfang an möglich. Die Entwicklung des Spielverhaltens lehrt, wie wir gesehen haben, daß – abgesehen vom Gib-Nimm-Spiel – Rollen- und Regelspiele erst in der zweiten Hälfte des zweiten Lebensjahres auf niedrigem Niveau beginnen. Zwischen dem 3. und 6. Lebensjahr durchlaufen sie dann einen Prozeß erheblicher Niveausteigerung, der identisch ist mit dem Hineinwachsen des Kindes in die Gruppenbeziehungen der Gleichaltrigen. Dabei werden Kontakt- und Kooperationsbefähigungen erworben und gefestigt. Welche typischen Phasen treten hier in Erscheinung?

Wenn man Kinder zwischen dem 2. und dem 5./6. Lebensjahr bei Spielen beobachtet, die auf Grund der räumlichen Zusammenfassung soziale Beziehungen zwischen den Kindern ermöglichen (beispielsweise in einer Buddelkasten-Situation), so stellt man fest, daß sie nicht in gleicher Weise davon Gebrauch machen. Es gibt Kinder, die keinen Kontakt zu anderen aufnehmen, sondern vor sich hin, isoliert von den anderen, in einer Ecke des Sandkastens mit Eimer und Formen spielen. Hier handelt es sich um ein »Alleinspiel«. Andere Kinder stehen untätig herum und sind aufmerksame Beobachter der Spiele, die ihre Gefährten durchführen, an denen sie sich aber nicht beteiligen. Sie agieren also in einer »Zuschauerrolle«. Dann gibt es Kinder, die in engster körperlicher Nachbarschaft mit Schaufel, Eimer, Formen, Holzautos oder Kippern hantieren, sich dabei manchmal berühren und auch gegenseitig stören. Sie treten jedoch nicht in einen Kontakt ein, der die individuellen Spiele miteinander verbindet. In diesem Falle kann man von einem »Parallelspiel« sprechen. Sobald Spiele dieser Art über visuelle und sprachliche Kontakte der Partner miteinander in Beziehung gebracht werden (gleicher oder ähnlicher Spielinhalt; Austausch von Geräten, Ratschlägen und Hilfen; Bewertungen eigener und fremder Spielprodukte), dann ist der Begriff »verbundenes Spiel« angemessen. Erst wenn mehrere Kinder funktionsteilig, organisiert (unter alleiniger oder wechselnder Anleitung und Führung durch Spielgefährten) an der Lösung *einer gemeinsamen Aufgabe* arbeiten (z. B. Bau einer Sandburg mit Zufahrtsstraßen), dann ist die Bezeichnung »kooperatives Spiel« berechtigt.

Tabelle 5: Verteilung von Spielkategorien auf drei Altersgruppen (nach Parten/Newhall 1943)

Spielkategorie	2–3 Jahre	3–4 Jahre	4–5 Jahre
Alleinspiel	24	15	10
Zuschauerrolle	8	6	3
Parallelspiel	44	27	28
verbundenes Spiel	21	27	31
kooperatives Spiel	3	25	28
	100	100	100

Es ist leicht ersichtlich: Der Prozeß der Niveausteigerung, von dem oben die Rede war, bildet sich in diesen fünf Spielkategorien ab. Man kann sich nun die Frage vorlegen, welche davon in den einzelnen Stufen des Vorschulalters eine dominierende, welche eine untergeordnete Rolle spielen. Dazu gibt es kinderpsychologische Forschungsbefunde. Sie besagen zunächst: In allen Altersstufen werden alle genannten Kategorien angetroffen, nur in Hinsicht auf die Verteilung gibt es Unterschiede. Das ist aus der Tabelle 5 ersichtlich, die Daten empirischer Untersuchungen an größeren Stichproben zusammenfaßt. Die Zahlen sagen aus, wieviel Prozent der gesamten Spielzeit jede Kategorie in Anspruch nimmt. Es handelte sich um freie Spielsituationen, die soziale Beziehungen zwischen den Kindern zuließen.

Den Zahlenwerten ist direkt und indirekt sehr viel zu entnehmen. Bleiben wir vorerst bei den Krippenkindern (2–3 Jahre). Wenn sie – wie bei diesen Untersuchungen – sich selbst überlassen sind, dann verwirklichen sie im Spiel nur ein geringes Ausmaß echt sozialer Aktivität; nur etwa 25% der Zeit entfallen auf die Kategorien des verbundenen und kooperativen Spiels, wobei die zuletzt genannte faktisch keine Rolle spielt. Warum ist das so? – Es gibt verschiedene Gründe dafür. Das auf den gleichaltrigen Partner gerichtete Spiel-Kontaktbedürfnis ist offensichtlich nicht sehr groß – im Unterschied zu den intensiven Bemühungen des Kindes um soziale Kommunikation mit seinen Erziehern. Früher wurde bereits erwähnt: Diese Meidungstendenz hängt zum Teil mit intellektuellen Schwierigkeiten zusammen. Der Spielpartner ist gleichsam ein Fragezeichen; das Kind kann sich nicht in ihn hineinversetzen, um sein Verhalten vorhersagen zu können. Weitere Probleme entstehen aus der frühkindlichen Impulsivität. Das bedürfnisunmittelbare Reagieren, das Nicht-warten-Können auf die Aktion des anderen verhindert jegliche Organisation des Spiels. Als störend erweist sich ferner die hochgradig »egoistische« Eigentumsbeziehung des Kindes zu Spielgegenständen, die ihm wirklich gehören oder die es gerade zur Hand hat. Es interpretiert den Partner zu häufig als einen Nebenbuhler, der nur daran denkt, sich der Spielzeuge des anderen zu bemächtigen. Das geschieht sogar dann, wenn das Kind gar keine negativen Erfahrungen dieser Art von »Diebstahl« gemacht hat.

Psychologen kennzeichnen solche Eigentumsbeziehungen bisweilen mit dem Begriff »*Zubehörcharakter* eines Gegenstandes«. Damit ist folgendes gemeint. Ein Objekt, mit dem wir oft umgehen, kann uns »ans Herz wachsen«, kann gleichsam Teil unseres Selbst werden. Es ist so fest in unsere persönlichen Handlungen eingebunden, daß wir es nicht neutral handhaben, sondern mit hoher emotionaler Bewertung versehen. Es mag uns z. B. schwer werden, unsere abgetragenen Hausschuhe wegzuwerfen; wir können unter Umständen nur mit *unserem* Füllhalter einen längeren Brief schreiben; von seiner Lieblingspfeife trennt sich der Raucher nur schwer. – So etwa müssen wir uns das Verhältnis des Kleinkindes zu seinen Spielgegenständen vorstellen.

Wesentlich anders ist das Bild des Kindergartenkindes. Zwischen dem 4. und 6./7. Lebensjahr vollziehen sich erhebliche Wandlungen. Die Zahlen der Tabelle 5 weisen das für das 4. und 5. Lebensjahr aus: Die Kategorien nicht-sozialer Spiele erfahren eine quantitative Verminderung, die der sozialen Spiele (verbundenes und kooperatives Spiel) eine Zunahme. Dieser Trend setzt sich in den Altersgruppen, die nicht in die Untersuchung einbezogen waren, natürlich fort, vor allem in der Kategorie kooperativer

Spiele. Allgemein gesprochen bedeutet das: Im Kindergartenalter erwirbt das Kind Gemeinschafts- und Kooperationsfähigkeiten, wie sie dann auch jenseits des Kindergartens vor allem in der Schule gebraucht und gefordert werden (»soziale Schulfähigkeit«). – Diese Entwicklung gründet sich auf den Zuwachs an intellektueller und motivationaler Reife des Kindes. Es wird fähig, seine Spielpartner zu durchschauen und dadurch ihr Verhalten »auszurechnen«. Wenn zwei Kinder gemeinsam eine Burg im Buddelkasten aufbauen, dann weiß z. B. das eine, dem die Aufgabe des Sandtransports zugedacht ist, daß sein Partner inzwischen Gebäude geformt und festgeklopft hat – eben weil es davon ausgeht, die vereinbarte Funktionsteilung würde sein Handeln bestimmen. Auch die Impulsivität hat nachgelassen, sie weicht langsam einem distanziert bedenkenden Handeln. Das Kind ist in der Lage, Aktionen seines Partners abzuwarten, die eigene Tätigkeit in den Zeittakt der Kooperation korrekt einzufügen.

Auch die Beziehung zu Spielgegenständen hat sich gewandelt. Der Zubehörcharakter, von dem oben die Rede war, betrifft nur noch die Objekte des persönlichen Besitzes. Und auch sie kann es in die kooperative Spielhandlung einbringen, weil es weiß, daß ein Zur-Verfügung-Stellen (des Eimers, der Schippe, der Schere) kein Verschenken ist, weil es weiß: Wenn der Partner ein Instrument benutzt, das dem anderen gehört, dann ist das nicht identisch mit einem Wegnehmen, Stehlen.

Der oben kurz beschriebene Entwicklungsweg (Übergang vom dominierenden Allein- bzw. Parallelspiel zum verbundenen und vor allem kooperativen Spiel) ist natürlich von den erzieherischen Bemühungen der Erwachsenen, älterer Geschwister und Spielpartner nicht zu trennen. Sie beeinflussen das Kind unbeabsichtigt oder bewußt dahingehend, daß es so schnell wie möglich mit anderen geordnet zusammenwirken kann. Sie versuchen, ihm das Erkennen von Absichten des Partners zu erleichtern, gewöhnen ihm die impulsiven Reaktionen ab und lehren es, Spielgegenstände auszutauschen, dem Partner etwas zu leihen oder abzugeben, persönlichen Besitz (z. B. geschenkte Süßigkeiten) mit ihm zu teilen. So wird die kooperationshemmende Ichbezogenheit des Kindes zur Welt seiner Gegenstände langsam überwunden. Das alles geschieht, indem sich der Erzieher selbst in kooperative Tätigkeiten mit dem Kind einfügt (z. B. beim abendlichen Einsammeln der verstreuten Spielmaterialien, in gemeinsamen Konstruktionsspielen) oder indem er kooperative Spiele mehrerer Kinder bewußt in Gang bringt und kontrolliert. Die Erziehungspläne der Kindergärten enthalten vielfältige Aufgaben dieser Art.

Dabei zeigt sich, daß kooperatives Verhalten von Kindern sehr wohl *trainierbar* ist. Auch experimentelle kinderpsychologische Untersuchungen haben das bewiesen. Sie haben außerdem den Nachweis erbracht, daß und wie durch kooperative Aufgabenstellungen die geistige Entwicklung gefördert werden kann. Dafür ein instruktives Beispiel:

Der Psychologe H. F. Böttcher konnte durch ein gezieltes Training die Entwicklung des Mengenbegriffs und die Zählleistungen von Kindergartenkindern im 6. Lebensjahr erheblich verbessern. Das Trainingsverfahren setzte kooperatives Verhalten von je zwei Spielpartnern voraus; im Training vervollkommneten sich sowohl Kooperation als auch intellektuelle Leistung. Wie mußten die Kinder zusammenarbeiten? – Sie saßen sich an einem Tischchen gegenüber, verbunden durch ein Brett, auf dem sich eine Modelleisenbahn-Schiene und ein Eisenbahnwagen befanden. Jedes Kind hatte neben sich eine kleine Box mit fünf Abteilen. In jedem Abteil zeigte ein Kärtchen mit aufgedruckten Spielmaterial-Mengen an, wie viele Objekte im Abteil deponiert werden sollten. Außerdem stand jedem Kind ein Kästchen mit Plaste-Spielmaterial zur Verfügung: Messer, Gabeln, Löffel, Tassen und Untertassen. Der »Witz« der Anforderung bestand nun darin, daß die dem Kind verfügbaren Materialien dieses Kästchens nicht zu seinen eigenen Mengen-Kärtchen in den Abteilen paßten. Es mußte, um seine Abteile zu füllen, die der Anzeigekarte entsprechenden Mengen beim Partner anfordern, der sie ihm mit Hilfe des Wagens hinüberschickte. – Böttcher schreibt dazu: »Das wesentlichste Merkmal des Trainingsverfahrens besteht darin, daß eine Kooperationssituation entsteht, in der Leistungsforderungen an die Kinder gestellt werden, die gleichzeitig bestimmte Verhaltensforderungen einschließen, ohne deren Realisierung die Kooperation nicht zum Erfolg führt. Aus der engen Partnerbeziehung ergibt sich eine große Spielaktivität der Kinder, die an zahlreichen Handlungen *für den Partner* deutlich wird: 1. Das Kind richtet seine Intentionen auf den Partner, indem es fragt: ›Was wünschst du dir?‹ 2. Die Kinder korrigieren gegenseitig ihre Fehler, z. B. schicken sie den Eisenbahnwagen mit der ungenau gezählten Menge zur Korrektur zurück. 3. Sie helfen sich gegenseitig, z. B. durch gemeinsames zählendes Darstellen oder zählendes Auffassen der Mengen. Die gegenseitige Hilfe ist dann besonders intensiv, wenn das eine Kind niedrigere Zählleistungen aufweist als das andere Kind...«

Die Fähigkeit, sich kooperativ zu verhalten, hängt indirekt auch noch von anderen erzieherischen Bedingungen ab. Wenn der Aktionsradius der Kinder durch stark eingeengte räumliche Möglichkeiten zu klein ist, beginnt ein »Gedrängefaktor« zu wirken: Nervosität, Reizbarkeit und Aggressionsneigungen von Kindern wie Erziehern nehmen zu und hemmen die Zusammenarbeit, weil gerade sie eine entlastete, freie, freundliche soziale Atmosphäre voraussetzt. Auch der Erziehungsstil der Betreuer wirkt sich positiv oder negativ aus: »Je nachdem, ob mehr selbständiges, unabhängiges oder unterwerfendes, abhängiges Verhalten bekräftigt wurden, sucht das Kind mehr aktiv Kontakte mit Gleichaltrigen, oder es verhält sich eher passiv abwartend. Kinder, die eher den Kontakt mit Erwachsenen bevorzugen, sind dadurch ... nicht nur in ihrer weiteren sozialen Entwicklung fortschreitend beeinträchtigt, sondern sie werden dann auch von den Altersgenossen ihrerseits zunehmend abgelehnt...« (Nickel). Unsere früher schon hervogehobene Bedeutung der Anerziehung einer *vielseitigen* Selbständigkeit wird hier nochmals unterstrichen, diesmal durch Argumente, die die Entwicklung des kooperativen Handelns betreffen.

Im allgemeinen kann man davon ausgehen, daß im 6./7. Lebensjahr, ja überhaupt in der ältesten Gruppe des Kindergartens, gut entwickelte Dispositionen dafür gegeben sind. An sie knüpft der Erzieher an und vervollkommnet sie. Leitet sich nun daraus die Berechtigung ab, hier bereits von einem »Kinderkollektiv« zu sprechen?

Man kann es tun, wenn man sich für eine unspezifische, lediglich hinweisende Verwendung des Kollektivbegriffs entscheidet. Er leistet dann nicht mehr als die Kennzeichnung einer begrenzten Menge von Kindern, die organisatorisch zusammengefaßt sind und soziale Beziehungen untereinander aufnehmen und zeitweilig aufrechterhalten.

Allerdings läuft man dabei Gefahr, der allzu verbreiteten gedankenlosen Ausdehnung des Kollektivbegriffs Vorschub zu leisten. Machen wir uns nichts vor: Die in diesem Alter sich zusammenfindenden, miteinander – auch kooperativ – spielenden Kinder sind nur lose aneinander gebunden, trennen sich leicht, vermissen sich dann kaum; die Funktionsteilung im Spiel überdauert die jeweilige Spielaktion nicht, sondern muß immer wieder mühsam aufgebaut werden, wenn ein neues Spiel in Angriff genommen wird; die Kinder bewerten sich so gut wie ausschließlich nach äußerlichen Kriterien (wie Sauberkeit, Höflichkeit, Stärke, Attraktivität), nicht aber nach charakterlichen Merkmalen, und ihre Meinungen wechseln wie die Windrichtung. – Wenn wir also höhere Maßstäbe an ein »Kollektiv« anlegen, sollten wir vorsichtiger sein mit diesem Begriff. Kindergartenkinder formieren sich in kurzlebigen, *situativen sozialen Gruppen;* zu mehr sind sie nicht in der Lage.

Unabhängig davon bleibt festzuhalten: Seinen Weg in die sozialen Beziehungen der Gleichaltrigen hat das Kindergartenkind auf Siebenmeilenstiefeln zurückgelegt! Die Vergesellschaftung des kindlichen Individuums schreitet, wie wir wissen, mächtig voran durch Funktions- und Konstruktionsspiele mit ihren technologischen Aufgaben. Sie vollzieht sich im Rollen- und Regelspiel nicht nur als zunehmend leistungsfähigere soziale Beziehungsherstellung, An- und Einpassung, Durchsetzung und Behauptung, sondern – das haben wir jetzt klargemacht – vorwiegend auch als Erwerb von Fähigkeiten der Kooperation. Sie werden im Spiel aufgebaut, um sich späterhin in den Ernstsituationen schulischen und beruflichen Lernens und Arbeitens endgültig zu bewähren.

So wichtig ist das Spiel, so vollwertig müssen wir es nehmen, so notwendige, unerläßliche und zugleich schöne Entwicklungsresultate bringt es hervor!

Ein Ziel vor den Augen

Eine Spinne verrichtet Operationen, die denen des Webers ähneln, und eine Biene beschämt durch den Bau ihrer Wachszelle manchen menschlichen Baumeister. Was aber von vornherein den schlechtesten Baumeister vor der besten Biene auszeichnet, ist, daß er die Zelle in seinem Kopf *gebaut hat, bevor er sie in Wachs baut... er verwirklicht im Natürlichen zugleich seinen* Zweck, *den er weiß, der die Art und Weise seines Tuns als Gesetz bestimmt und dem er seinen* Willen *unterordnen muß... Außer der Anstrengung der Organe, die arbeiten, ist der* zweckmäßige Wille, *der sich als* Aufmerksamkeit *äußert, für die ganze Dauer der Arbeit erheischt...**

Karl Marx, Das Kapital (1867)

Wie die pränatale Entwicklung eine im Mutterleib gesicherte Vorbereitung des Kindes auf die Existenzbedingungen nach der Geburt garantiert, so ist das Spiel des Kindes eine unter dem schützenden Dach erzieherischer Fürsorge und Betreuung sich vollziehende, probierende Vorwegnahme des späteren Lebens, seiner Sphären von Lernen und Arbeit. Der Erwerb von Können, Wissen und von Fähigkeiten der Kooperation erfolgt in den verschiedenen Spielformen. Aber auch absichtliches, zweckgerichtetes, willentlich kontrolliertes und zielorientiertes Handeln bildet sich im Spiel heraus, vor allem dort, wo es um Regelbeachtung, körperliche Leistung und konstruktives Werkschaffen geht. Davon war bisher nur in Ansätzen die Rede, und darum soll es jetzt in den Mittelpunkt gerückt werden. Unser Thema ist also – auf eine kurze Formel gebracht – die Entwicklung des *leistungsbetonten Zielsetzungsverhaltens* im Vorschulalter. Wo beginnt sie, diese Entwicklung? – Sie hebt an mit der starrköpfigen Eigenwilligkeit im zweiten Lebensjahr, die mit den Erscheinungen widersetzlichen, trotzigen Verhaltens einhergeht. Das Kind hat beispielsweise mühselig, durch unsere Belehrung unterstützt, den Mechanismus des drehenden Öffnens einer Dose begriffen. Kaum ist das geschehen, da wehrt es sich gegen unsere Hilfestellung bei seinen erfolglosen Manipulationen. Es wird wütend, schleudert die Dose auf den Boden, wenn wir ihm das Öffnen nochmals vormachen wollen! Ähnliches beobachten wir bei den unbeholfenen, vergeblichen Versuchen des Kindes, sich Strümpfe, Schuhe oder Höschen anzuziehen. Erscheinungen wie diese sind der erste, noch sehr primitiv-unmittelbare Ausdruck selbständiger Handlungsantriebe, die sich mit utopischen Ansprüchen an das eigene Können verbinden.

Wie geht die Entwicklung weiter? – Den nächsten Schritt entdecken wir, wenn das Kind zu wetteifern beginnt. Das läßt sich beispielsweise bei zwei oder mehr gemeinsam spielenden Kindern überprüfen, wenn man sie auffordert, einen Turm, ein Haus aus Bausteinen schöner oder schneller zu errichten als die Partner. Auf solche Anregungen sprechen die Kinder sehr unterschiedlich an.

* Hervorgehoben vom Autor (H.-D. S.)

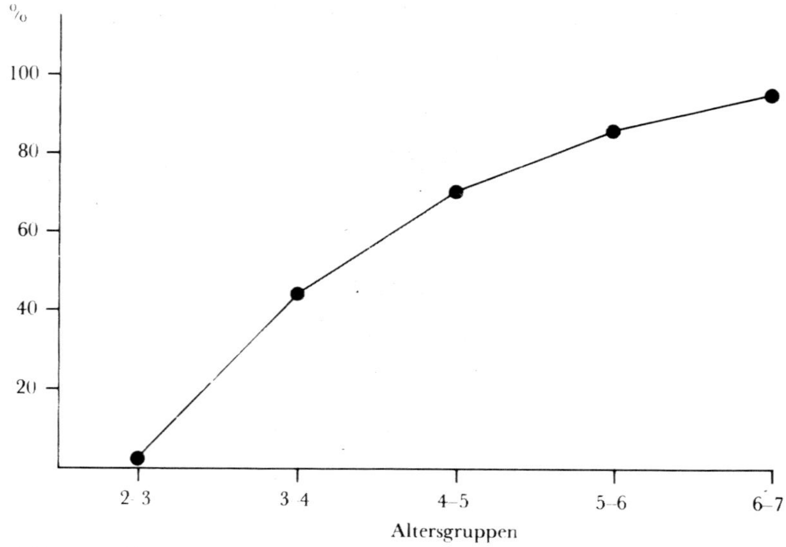

Abb. 9. Prozentzahl der wettbewerbsfähigen Kinder verschiedener Altersstufen in entsprechenden Situationen. Nach Versuchen von Greenberg (1932), aus Nickel (1974)

In psychologischen Untersuchungen ergab sich: »Während die Zweijährigen noch vorwiegend an dem Material und der Tätigkeit als solcher interessiert waren – sie zeigten also . . . kaum Wetteifer mit dem Partner –, war ein solcher schon bei den Dreijährigen deutlicher zu beobachten; im Alter von vier bis sechs Jahren wurde er sogar zum vorherrschenden Tätigkeitsmerkmal« (Nickel). Abbildung 9 veranschaulicht Ergebnisse solcher Untersuchungen.

Psychologen, die sich mit Entwicklungsvorgängen dieser Art beschäftigten, gingen der Frage nach, warum das Wetteifern ziemlich spät in Erscheinung tritt. Sie entdeckten dabei: Es liegt an der Schwierigkeit, das hinter der Wettbewerbsanforderung liegende intellektuelle Problem zu sehen und zu lösen.

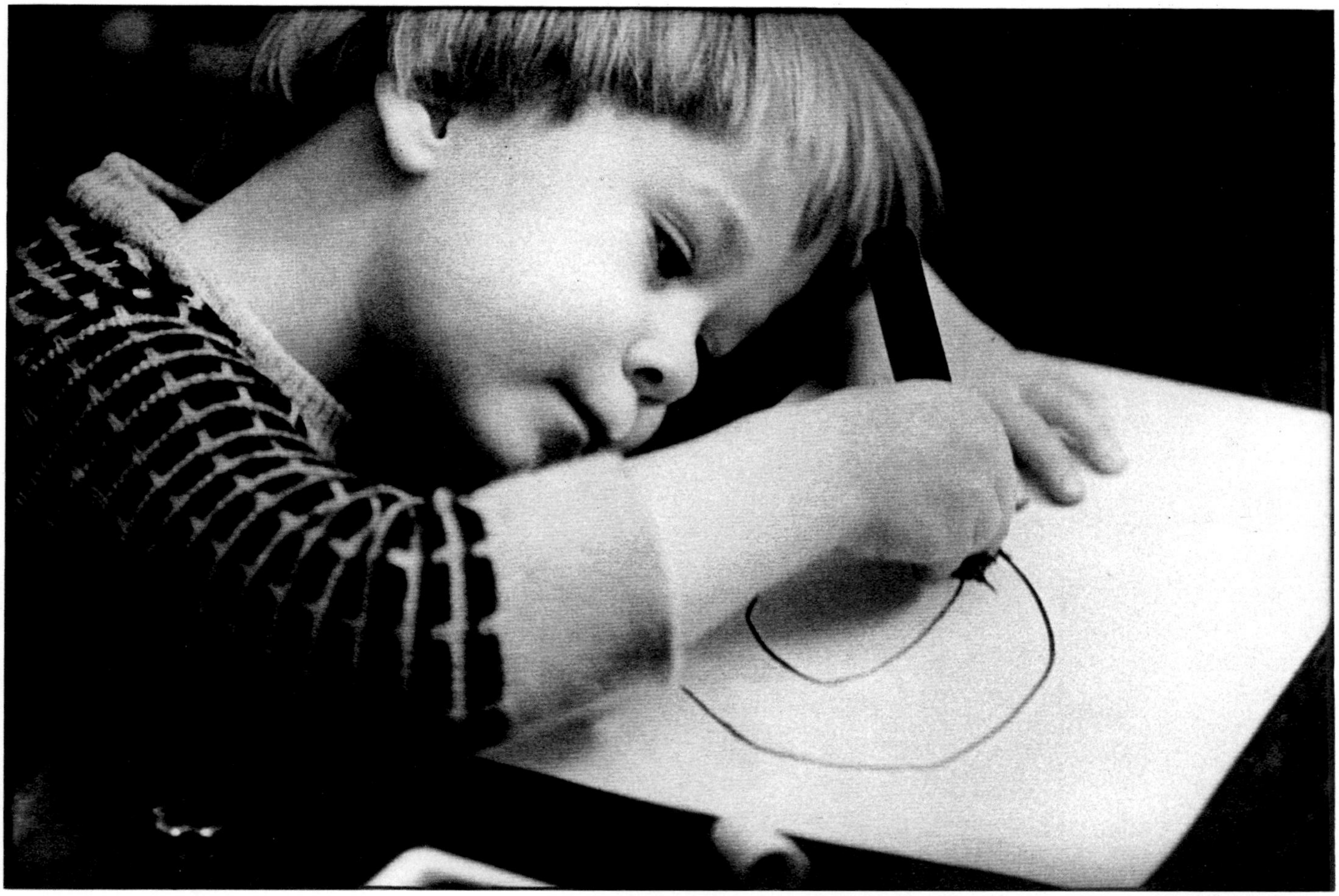

Um welches Problem handelt es sich? – Die Antwort lautet: Nur derjenige vermag mit einem anderen in einen Leistungswettstreit einzutreten, der gesellschaftliche und soziale *Normen der Leistungsgüte* erkennt und sie als innere Maßstäbe seines Verhaltens abbildet. Schneller sein als der andere ist besser als langsamer, ein höheres Bauwerk errichten bringt mehr Lob ein als das Sich-zufrieden-Geben mit einem niedrigen – das sind Beispiele für einfache, durchschaubare »Gütestandards«. Im dritten Lebensjahr ist es soweit; das Kind ist geistig in der Lage, solche Normen als verbindlich zu akzeptieren und daraus Handlungsantriebe abzuleiten, Ziele ins Auge zu fassen, sich anzustrengen.

Noch existiert aber eine andere, zunächst unüberwindliche Schwierigkeit. Das Kind vermag nicht zu erkennen, daß alle Gütemaßstäbe viele Punkte auf einer Skala zwischen zwei Polen umfassen. Beispielsweise von dem *Kontinuum* rasend schnell – sehr schnell – schnell – mäßig schnell – ziemlich langsam – langsam – sehr langsam erfaßt es nur die Eckpunkte. Und wenn es nun wetteifert, dann setzt es sich zunächst, im 3./4. Lebensjahr, stets das *höchstmögliche* Ziel. Es folgt in seinem uneingeschränkten Optimismus gleichsam einem »Alles-oder-Nichts«-Prinzip. Es erkennt noch nicht, daß sehr gute Leistungen ebenso wie gute nicht einen Punkt auf dem Gütemaßstab bilden, sondern einen mehr oder minder ausgedehnten *Bereich* besetzen. Diese Einsicht dämmert erst im 5. bis 7. Lebensjahr; wie schnell das geschieht, ist auch abhängig von der intellektuellen Schwierigkeit, die eine bestimmte Gütenorm verkörpert.

Es gibt zahlreiche Leistungsmaßstäbe, die im Grunde zwei Normen in sich vereinigen: den Tisch flink abräumen, aber dabei kein Geschirr fallen lassen; sich schnell anziehen, aber ohne Gewaltanwendung gegenüber Knöpfen und Reißverschlüssen; flott zeichnen oder schreiben, dabei aber schön und deutlich. Solche Maßstäbe erschließen sich dem Kind wesentlich später als diejenigen, die einen einzigen Leistungsgesichtspunkt zugrunde legen. Die intellektuelle Problematik von Gütenormen, die – wie die Beispiele zeigen – einen *Kompromiß* zwischen zwei Maßstäben verlangen, sollten wir auch bei der Anwendung von Kritik, Tadel oder Strafe berücksichtigen. Sonst geschieht es allzu leicht, daß wir dem gutwilligen, leistungsstrebigen Kind sehr unrecht tun, wenn es z. B. beim schnellen Tischdecken eine Tasse zerbricht.

Es gibt noch einen zweiten Grund für diesen ungebrochenen Leistungsoptimismus des drei-, vier-, ja fünfjährigen Kindes, das unbeirrt das höchste Ziel unter vielen möglichen für sich auswählt. Dieser Grund wird ersichtlich, wenn man sich Techniken und Ergebnisse entsprechender kinderpsychologischer Versuche vor Augen führt. Stellen wir uns folgendes vor: An einem Tisch sitzen sich Kind und Experimentator gegenüber und bauen »um die Wette« jeder für sich einen Turm aus runden, in der Mitte durchlöcherten Bausteinen, die auf einen Stahlstab aufzustecken sind. Der Untersucher hat es hier natürlich in der Hand, das Kind oder sich selbst gewinnen zu lassen. Auf diese Weise kann er einen genaueren Einblick in den psychologischen Mechanismus der kindlichen Zielsetzung gewinnen. Er läßt sich z. B. vom Kind voraussagen, wer beim nächsten Wettspiel gewinnen wird, und er registriert genau, wie das Kind auf die von ihm programmierten Erfolge und Mißerfolge reagiert. – Welche Resultate erbrachten nun Versuche dieser Art (u. a. von Heckhausen/Roelofsen)?

Im 3./4. Lebensjahr sind alle Kinder davon überzeugt, daß sie beim jeweiligen nächsten Turmbau-Wettspiel gewinnen werden. Die Voraussage ihres eigenen Sieges ist völlig unabhängig davon, ob sie zuvor gewonnen oder verloren haben. Es ist also offensichtlich, daß in diesem Alter die Zielsetzungen von vorherigen Leistungserfahrungen nicht oder kaum beeinflußt werden. Die Zielerreichung oder -verfehlung wird nicht als Erfolg oder Mißerfolg erlebt. So ist es nicht verwunderlich, daß die Voraussage des eigenen Sieges auch dann sehr schnell, ohne Zögern, ohne Konflikte gegeben wird, wenn das Kind vorher einmal oder mehrmals der Verlierer war. Der Begriff *»naiver Leistungsoptimismus«* dürfte als allgemeine Charakteristik des kindlichen Zielsetzungsverhaltens angemessen sein.

Ein verändertes Bild registrieren wir bei den Vier- bis Fünfjährigen. Zwar neigen sie immer noch dazu, ihren eigenen Sieg vorauszusagen, aber nach vorherigem Verlieren sind die Siegeserwartungen sichtlich verringert. Die Kinder zögern nämlich die Voraussage hinaus, das »Ich werde gewinnen« wird leise, mit gesenktem Kopf ausgesprochen. Außerdem beobachtet man konzentriertere Leistungsbemühungen, das Kind baut nach Mißerfolgen hastiger als nach Erfolgen, der Sieg erscheint ihm jetzt nicht mehr so sicher.
Damit ist ein wesentlicher Fortschritt zu verzeichnen: Die Leistungserfahrungen beeinflussen die Leistungserwartungen und dadurch zugleich die Zielsetzung. Jetzt können wir also von einem *»gedämpften Leistungsoptimismus«* sprechen.

Im 5./6. Lebensjahr wird der eigentliche Durchbruch erzielt. Das ist an folgenden Phänomenen abzulesen:

- Das Kind erlebt Zielverfehlungen deutlich als Mißerfolge. Es reagiert auf sie mit Enttäuschung, Kopfschütteln, Ärger, ja mit Tränen in den Augen oder mit ungehemmtem Weinen. Und es erlebt Erfolge: Stolzes Sichaufrecken, Hochwerfen der Arme, strahlendes Lachen, Verspotten des Experimentators wegen seines Verlusts – solche und ähnliche Äußerungen treten auf.

- Nach Mißerfolgen wird verbissen um den Sieg gekämpft, mit rotem Kopf und flatternden Händen. Manche Kinder verkraften viele, manche weniger Mißerfolge, ehe sie resignieren. Nach gehäuften Erfolgen ist sehr oft ein Nachlassen der Zielbemühungen zu verzeichnen – als Effekt einer gewissen Erfolgs-Verwöhnung (»Lorbeer-Effekt«).

- Die Voraussage des nächsten Gewinners ist nach verlorenem Spiel mit deutlichen Zeichen eines inneren Konflikts verbunden, wie sie oben bereits beschrieben wurden. Aber es kommt noch etwas hinzu: Nach gehäuften Mißerfolgen ist das Kind in der Lage, auch den Sieg seines Gegners vorauszusagen – neidlos seine Überlegenheit akzeptierend oder ärgerlich sich dem Schicksal fügend. Nach Erfolgen wird der eigene Sieg geradezu triumphierend proklamiert.

- Dem Experimentator ist es möglich, in gewissen Grenzen die Gewinn- bzw. Verlusterwartungen des Kindes vorauszusagen. Das bedeutet: Die Beziehungen zwischen Erfolgen/Mißerfolgen einerseits und den Leistungserwartungen (und damit Zielsetzungen) des Kindes andererseits unterliegen einer Regel, einer Gesetzmäßigkeit.

Dieser Gesetzmäßigkeit ist man in anderen Versuchen auf den Grund gegangen. Es handelte sich dabei um Geschicklichkeitsaufgaben. Das Kind mußte z. B. verschiedenartig geformte Figuren in passende Schablonen einpassen und sich dabei bemühen, in 15 bis 20 aufeinanderfolgenden Versuchen eine möglichst schnelle Einordnung zu erreichen. Der Zeitverbrauch wurde anschaulich demonstriert; eine Kenntnis der Uhr war nicht vonnöten. Vor jedem Versuch hatte das Kind anzugeben, welche Lösungszeit es sich vornahm. Wie die Beschreibung deutlich macht, ging es also um die Bewältigung einer sportähnlichen Anforderung. Die Resultate solcher Versuche rechtfertigen eine allgemeine Charakteristik des fünf- und sechsjährigen Kindes durch den Begriff der *»realistischen Leistungshaltung«*. Inwiefern? Es zeigt sich: Die Zielsetzungen (schneller sein – noch einmal die gleiche Zeit erreichen – langsamer sein) richten sich nach den vorausgegangenen Erfolgen und Mißerfolgen. Kinder dieses Alters verarbeiten Mißerfolge meist in der Weise, daß sie ihre Zielhöhe verringern oder höchstens auf dem vorherigen Niveau belassen. Nach Erfolgen hingegen erhöhen sie ihre Leistungsansprüche, wollen noch schneller sein als vorher. Ihr Verhalten ähnelt dem von Erwachsenen in analogen Versuchen: Die Differenz zwischen gestelltem Ziel und erreichter Leistung reguliert die zukünftige Zielbildung.

Experimentelle Untersuchungen dieser Art haben den Vorteil, daß man die wesentlichen Bedingungen, die dem Zielsetzungsverhalten zugrunde liegen, in ihrer Auswirkung genauer studieren kann. Durch das daher gewonnene Wissen läßt sich das Alltagsverhalten des Kindes besser verstehen. Beispielsweise erkennen wir jetzt, was es bedeutet, wenn das Dreijährige beim Zeichnen oder Malen erst *nach* der Fertigstellung seines Produkts in der Lage ist, es zu benennen.

Das Kind zeichnet und malt eben ohne Plan, Programm, ohne Zielsetzung! Wenn es älter wird, benennt es sein Kunstwerk zunächst *während* des Produzierens, dann schließlich *vor Beginn* der Tätigkeit. Jetzt erst steuert ein gesetztes, vorgestelltes Ziel sein bildnerisches Gestalten, jetzt erst korrigiert sich das Kind während der Herstellung seines Werkes, weil es Unterschiede zwischen Absicht, Wunsch und Realität bemerkt, dies als Mißerfolg verbucht und daraus die Notwendigkeit von Verbesserungen ableitet. In ähnlicher Weise können wir die Regulation von Zielsetzungen in Sportspielen, bei der Erfüllung vorschulischer Bildungsanforderungen im Kindergarten oder im Vollzug komplizierterer Konstruktionsspiele beobachten.

Mit dem Eintreten in die Phase der realistischen Leistungshaltung erfolgt ein qualitativer Sprung in der Erziehbarkeit des Kindes. Lob und Tadel, Lohn und Strafe des Erziehers verarbeitet das Kind als Erfolge und Mißerfolge und baut in Abhängigkeit von ihnen sein zielgerichtetes Handeln *selbständig* auf, verändert planmäßig seine Zielbemühungen, macht sich widerstandsfähig gegenüber Belastungen. In diesem Zusammenhang gewinnt die Art und Weise des Fertigwerdens mit Mißerfolgen eine besondere erzieherische Bedeutung. Nur bestimmte Formen der Bewältigung dieser Problemlage sind für die weitere Entwicklung des Kindes günstig. Andere bedürfen einer behutsamen, aber konsequenten pädagogischen Korrektur. Anzustreben ist das Hinführen zu der Einsicht: »Ich selbst bin schuld an meinem Mißerfolg, ich muß mich mehr anstrengen, muß

besser lernen, muß mehr üben, muß mehr bei der Sache sein!« Es ist erforderlich, diese Lenkung zu verbinden mit der Stärkung des kindlichen Selbstvertrauens in seine Leistungsfähigkeiten, weil sonst die Gefahr entsteht, ungewollt der Herausbildung einer Versagerhaltung Vorschub zu leisten. Mit erzieherischen Mitteln zu bekämpfen sind solche Tendenzen, mit deren Hilfe das Kind die Eigenverantwortung von sich abwälzt. Dazu gehört das Herunterspielen des Mißerfolgs: Er wird verniedlicht, oder die Schuld wird auf ungünstige Umstände oder auf andere Personen abgeschoben. Manche Kinder weichen der Anforderung aus, sie »passen«, brechen die Zielbemühungen ab, geben auf, resignieren. Auch die Technik des Vorbauens gegenüber künftigen Mißerfolgen wird bisweilen versucht: »Ich bin sooo müde, es geht nicht mehr!« Oder die Aufgabe wird entwertet (»Bei so 'nem Quatsch streng ich mich nicht an!«). Der Erzieher muß wissen: Schon beim älteren Kindergartenkind festigen sich Grundeinstellungen zur Leistung und Belastung, Verfahrensweisen der Verarbeitung von Erfolgen und Versagen. Mit ihnen tritt das Kind in die Schule ein. Sie tragen entscheidend dazu bei, ob und wie es die dort einsetzenden pädagogischen Bewertungen (Lob, Tadel, Zensuren) für die Steigerung seiner Leistung ausnutzt. Und damit fallen in einem gewissen Sinne Vorentscheidungen für den Erfolg seines gesamten Bildungsweges und damit für die spätere berufliche Entwicklung.

Das Kind, dem wir am Tage der Einschulung seine Schultüte in den Arm legen, hat mit seinem Niveau des Zielsetzungsverhaltens, mit seiner realistischen Leistungshaltung den letzten Schritt der Persönlichkeitsentwicklung im Vorschulalter getan. Persönlichkeit – mit diesem Begriff beschreiben wir das menschliche Individuum, wenn wir betonen wollen: Es ist gesellschaftlich determiniert, regelt mit sprachlichen Mitteln seine gegenständlichen wie zwischenmenschlichen Beziehungen, vermag mit anderen zusammenzuarbeiten, nimmt bewußt und kritisch zu sich selbst und zu seinen Lebensumständen Stellung und gestaltet aktiv, selbständig sein Leben. Diese Eigenschaften und Fähigkeiten kennzeichnen den Status des Erwachsenen. Aber vom ersten Tag seines Lebens an befindet sich das Kind auf dem Wege dorthin. Es vergeht kein Tag, den die Erzieher nicht nutzen, um diesen Weg zu ebnen und abzukürzen.

Erinnern wir uns an früher Gesagtes. – Die kindliche *Eigenaktivität* wurde häufig betont: »Das mit Beulen und blauen Flecken gezeichnete Kind kämpft sich wahrhaft empor zum aufrechten Gang seiner Gattung« – oder: »Im manipulatorischen Umgang mit der gegenständlichen Welt erzeugt sich das Kind eigenständig Informationen über die Objekte, mit denen es umgeht, mit denen es experimentiert, die es untersucht« – und so auch: »Nach Mißerfolgen wird verbissen um den Sieg gekämpft, mit rotem Kopf und flatternden Händen«. Viele Anzeichen des Erwachens kindlicher *Bewußtheit* haben wir registriert: Im manuellen Experimentieren baut das Kind »Schritt für Schritt sein

anschaulich-konkret erfahrenes Verständnis der Natur und der sozialen Welt auf« –; ferner: »Im 2./3. Lebensjahr erwacht die kreative praktische Intelligenz, die das Kind zu Erfindungen ›im Alleingang‹ befähigt« – und schließlich: »Wenn das Kind drei oder vier Jahre alt geworden ist, dann ... ist es befähigt, mehr und mehr die sachliche oder soziale Notwendigkeit vieler Normen ... zu begreifen«. Und wir sind nicht müde geworden, die Entwicklung des Kindes als Prozeß der *Vergesellschaftung*, des Erwerbs von Fähigkeiten der sozialen Beziehungsherstellung und Kooperation auszuweisen: »Gegen Ende des ersten und im zweiten Lebensjahr problematisiert das Kind seine soziale Umwelt« – oder: »Im 2./3. Lebensjahr entsteht das kindliche Gewissen« – und endlich: »Die Vergesellschaftung des kindlichen Individuums schreitet ... mächtig voran durch das Funktions- und Konstruktionsspiel mit ihren technologischen Aufgaben. Sie vollzieht sich im Rollen- und Regelspiel ... auch als Erwerb von Fähigkeiten der Kooperation.«

Das sind nur Beispiele. Sie könnten nahezu beliebig vermehrt werden. Aber sie genügen, um noch einmal zu zeigen: Wo auch immer wir kindliche Entwicklung beobachten, analysieren, studieren – überall erkennen wir den Wegweiser, der irgendwo in der Ferne die reife menschliche Persönlichkeit als Ziel des Voranschreitens ausweist. Sie – als »höchstes Glück der Erdenkinder«, wie Goethe es formulierte – ist das erhoffte Glück des Kindes und das angestrebte Ziel des Erziehers, der die Entwicklung dorthin bewacht und beschleunigt.

So geht es zügig voran

Im Grunde . . . sind wir alle kollektive Wesen, wir mögen uns stellen, wie wir wollen. Denn wie weniges haben und sind wir, das wir im reinsten Sinne unser Eigentum nennen! Wir müssen alle empfangen und lernen, sowohl von denen, die vor uns waren, als von denen, die mit uns sind.

Johann Peter Eckermann, Gespräche mit Goethe (1836)

Wer die psychische Entwicklung des Kindes untersuchen will, muß . . . seine Tätigkeit analysieren . . . Nur auf diese Weise läßt sich die Rolle sowohl der äußeren Lebensumstände als auch der Anlagen klären. Diese Analyse macht auch die entscheidende Rolle der Erziehung verständlich, die vor allem die Tätigkeit des Kindes und seine Beziehungen zur Wirklichkeit beeinflußt und damit sein Psychisches, sein Bewußtsein, bestimmt.

Alexej Nikolajewitsch Leontjew, Probleme der Entwicklung des Psychischen (1959)

Viele Bäche nähren den Strom

Bisher haben wir vor allem beobachtbare Tatsachen der psychischen Entwicklung im Vorschulalter sprechen lassen. Natürlich wurden sie in Zusammenhänge eingebettet, wir sind Bedingungen und Ursachen nachgegangen, haben Konsequenzen abgeleitet und diskutiert. Aber stets geschah das sozu-

sagen im Kleinen, im engeren Rahmen einer ausgewählten Entwicklungsthematik.

Jetzt wollen wir den Bogen weiter spannen. So weit, daß die bislang dargestellten Daten, Beziehungen, Grundlagen einen neuen, umfassenderen Rahmen erhalten. Wir untersuchen das Netz von Bedingungen der psychischen Entwicklung des Kindes *allgemein, schlechthin*. Wir fragen: Wie kommt psychische Entwicklung zustande, wo liegen ihre Quellen, was treibt sie voran? – Wer will, der mag das eine Theorie nennen. Aber dieses Wort ist sicherlich zu anspruchsvoll. Uns geht es lediglich um eine grobe Skizze jenes vielfarbigen, verwirrenden Bildes, das sich die Kinderpsychologen über das Gefüge von Wirkungskräften der psychischen Entwicklung machen. Wir meinen, eine solche Skizze könnte demjenigen eine willkommene Hilfe sein, der hinter der Überfülle von Entwicklungserscheinungen die Säulen und Verstrebungen ausfindig machen möchte, die sie tragen und zusammenhalten.

Wiederum greifen wir zu einem bewährten Mittel der Veranschaulichung, zum Schema. Es enthält Klassen, Gruppen von Entwicklungsbedingungen, die so miteinander verbunden sind, daß sich eine Struktur von Beziehungen zwischen ihnen abzeichnet:

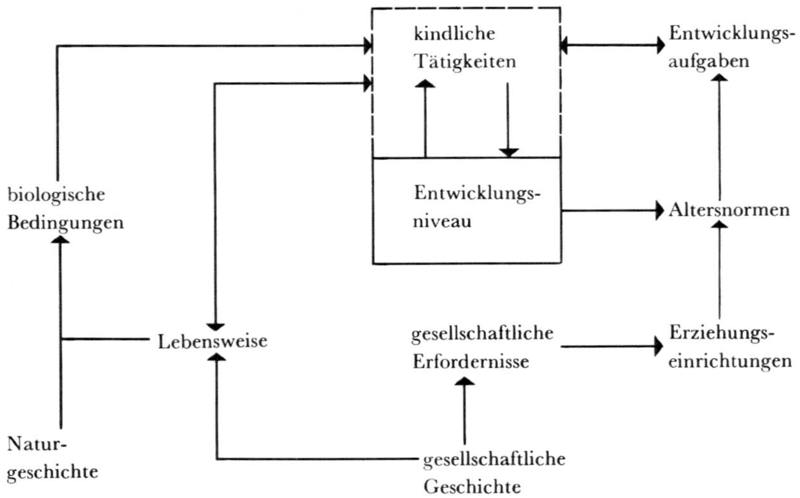

Dieses Schema muß nun mit Leben erfüllt werden. Unsere Darstellung verfolgt das Ziel, die Elemente und Beziehungen des Schemas als Komponenten der tätigen Auseinandersetzung des Kindes mit seiner dynamischen Lebenswirklichkeit zu erfassen. Die psychische Entwicklung ist das Ergebnis dieser Auseinandersetzung.

Im Mittelpunkt des Schemas steht das *Entwicklungsniveau* des Kindes. Gemeint ist damit der Stand der körperlichen, geistigen, willentlichen und sozialen Entwicklung, den das Kind in einem bestimmten Alter erreicht hat. Wir können ihn beschreiben, indem wir Eigenschaften, Fähigkeiten und Fertigkeiten kenntlich machen, die das Kind in die Lage versetzen, bestimmte Handlungen zu vollziehen, bestimmte Aufgaben zu verstehen, bestimmten Anforderungen nachzukommen.

Das Entwicklungsniveau charakterisiert also die *Tätigkeitsgrundlagen* (oder -voraussetzungen) des Kindes. Aus diesem Grunde haben wir beide Elemente im Zentrum des Schemas miteinander verknüpft. – Wir fragen nun (und kommen damit zum Wesentlichen), auf welche Weise sich dieses Niveau eigentlich *verändert*, welche Kräfte zu Wandlungen führen, wie wir sie im Erziehungsprozeß tagtäglich beobachten.

Je jünger das Kind ist, desto deutlicher treten *biologische Bedingungen* in Erscheinung. Denken wir nur an die vorgeburtliche Entwicklung, für die das ganz besonders zutrifft. Es ist zweckmäßig, zwei verschiedenartige biologische Bedingungsfaktoren voneinander abzugrenzen. Zum einen geht es um die *genetischen* Bedingungen (Erbanlagen), die Wachstums- und Reifungsvorgänge steuern und regeln. Es sei hier an die Phasen der pränatalen Ausbildung von Reflexsystemen oder Wahrnehmungsfähigkeiten erinnert, aber auch an die instinktiven Verhaltensmuster (z. B. das Saugen). Zweitens gibt es *gesundheitliche* Faktoren, die in den Entwicklungsverlauf eingreifen. Intakte Verdauungs-, Atmungs-, Ausscheidungs- und Sinnessysteme sind elementare Voraussetzungen körperlichen wie psychischen Wachstums. Als negatives Beispiel seien die frühkindlichen Hirnschäden angeführt, die zumindest zeitweilig die altersgerechte Entwicklung beeinträchtigen. Sie können im Mutterleib entstehen (etwa als Folge einer Infektionskrankheit der Schwangeren – Röteln, Masern usw.), aber auch während des Geburtsvorganges oder im Neugeborenenalter (z. B. als Folge von Atmungs- oder Ernährungsstörungen).

Gesundheitliche Bedingungen und ihre Wirkung sind abhängig von der gesellschaftlichen, familiären und individuellen *Lebensweise*. Das Niveau der materiellen Produktion und Konsumtion, der materielle Lebensstandard also, ist beispielsweise ein bestimmendes Moment der Ernährungslage. Unter unseren gesellschaftlichen Bedingungen wird uns das kaum noch bewußt. In denjenigen Entwicklungsländern jedoch, wo die Kinder der Armen, der Ausgebeuteten hungern müssen oder zu wenig tierisches Eiweiß zugeführt bekommen, werden ernährungsbedingte körperliche Schäden verursacht, die auch das Gehirn in Mitleidenschaft ziehen. Dadurch ist die geistige Entwicklung erheblich beeinträchtigt, oft sogar dauerhaft, unwiderruflich! Der materielle Lebensstandard eines Landes wirkt sich ferner auf das System der Schwangerenberatung und Mütterbetreuung, der klinischen Versorgung von Neugeborenen, von Frühgeborenen und anderen »Risikokindern« aus. Die Skala reicht hier vom faktischen Fehlen solcher Systeme in extrem unterentwickelten Ländern bis zu systematischer und komplexer medizinischer und sozialer Vorsorge für Mutter und Kind, wie wir sie kennen. Diese Unterschiede spiegeln sich wider in riesenhaften Schwankungsbreiten der Häufigkeit kindlicher Erkrankungen und Sterbefälle in verschiedenen Ländern.

Die Lebensweise beeinflußt das Entwicklungsniveau des Kindes auch unmittelbar. Der materielle Lebensstandard tritt z. B. in guten oder schlechten Wohnbedingungen in Erscheinung. Wir kennen den Gegensatz von komfortablen Mehrraumwohnungen und Elendsquartieren der Slums kapitalistischer Großstädte. Freundlichkeit und Breite oder Trostlosigkeit und Enge kindlicher Lebensfelder sind darin mitbestimmt. Auch die Zusammenhänge zwischen materiellem Lebensstandard und finanziellen Möglichkeiten, um Kindermöbel und -kleidung zu kaufen,

Spielzeug anzuschaffen und Urlaubsreisen zu machen, sind offensichtlich. Hier fallen Entscheidungen über das Ausmaß geistiger Anregung, über Wohlbefinden und soziales Ansehen des Kindes. Wesentlich ist darüber hinaus der kulturelle Lebensstandard: die Qualität der vorschulischen, schulischen, beruflichen Bildungssysteme und der Massenmedien, der Arbeits- und Wohnkultur, die Entwicklungshöhe von Wissenschaft und Kunst, der Infrastrukturen (Verkehrs-, Einkaufs-, Verwaltungseinrichtungen). Der kulturelle Lebensstandard legt wiederum fest, in welchem Grade dem Kind Zielpunkte seiner geistigen Orientierung und Erkundung angeboten werden können, wieweit der Gesichtskreis des Kindes erweiterbar ist. Er bestimmt aber auch darüber, wie gut die Erzieher gebildet sind, um die kindliche Persönlichkeitsentwicklung angemessen zu vermitteln, zu fördern. – Ob eine bestimmte Gesellschaftsform in einem bestimmten Land entwicklungsfreundlich, -hemmend oder gar -feindlich ist, das können wir zuerst und am zuverlässigsten dort studieren und einschätzen, wo die gesellschaftlichen Basis- und Überbaubedingungen in der kollektiven und individuellen Lebensweise der Bevölkerung ungebrochen zum Ausdruck kommen. Denn nicht die abstrakten gesellschaftlichen Verhältnisse, sondern die konkreten Prozesse der materiellen und kulturellen Lebensweise sind entwicklungswirksam. Sie bilden das Medium hautnahen kindlichen Kontakts mit dem gesellschaftlichen Nährboden seiner Entwicklung.

In unserem Schema haben wir die biologischen Bedingungen und die Lebensweise mit den *kindlichen Tätigkeiten* verbunden, nicht direkt mit dem Entwicklungsniveau. Warum das? – Es soll damit betont werden: Diese beiden Bedingungsgruppen beeinflussen das Entwicklungsniveau einzig und allein durch Form, Inhalt und Intensität der tätigen Auseinandersetzung des Kindes mit seiner

Umwelt. Wie das gemeint ist, erläutern die folgenden Beispiele. Nehmen wir etwa an, ein Kind sei auf erblicher Grundlage in besonderem Maße zu musikalischer Produktion befähigt. Aus diesem Kind wird nur dann ein außergewöhnlich begabter Musiker, ja unter Umständen ein »Wunder«, ein »Genie«, wenn seine Lebensumstände und seine Erziehung es gewährleisten, schon in frühem Alter Musik zu hören, ein Instrument zu spielen, zu komponieren, also musikalisch tätig zu sein.* Die Lebensläufe eines Bach, Mozart, Schubert und Beethoven können das belegen. Ein zweites Beispiel: Die negativen Entwicklungswirkungen angeborener Blindheit oder Taubheit hindern das Kind daran, seine Umwelt sehend und hörend zu untersuchen, zu analysieren, entsprechende Merkmale zu erkennen und seine Anpassung von diesen Wahrnehmungen leiten zu lassen. Der zunächst (in früher Kindheit) geminderte intellektuelle Entwicklungsstand dieser Kinder ist eine Folge des eingeschränkten Wahrnehmungs- und Aktionsfeldes. Und ein letztes Beispiel: Der hohe kulturelle Lebensstandard einer Familie – denken wir an Bücher, Musikinstrumente, an künstlerischen Wandschmuck, an kulturelle Bildungsvoraussetzungen der Eltern –, er besagt im Grunde sehr wenig für eine entsprechende Entwicklung des Kindes in dieser Familie. Wenn das alles nämlich totes Inventar bleibt (oder schlimmer: vorgezeigt wird, um Kultur angeberhaft zur Schau zu stellen), dann entfacht es keine Entwicklung. Das Kind muß dahin gelangen, in dieser kulturellen Welt handelnd heimisch zu werden. Die Erzieher müssen es dazu bringen, Bücher zu lesen (ja zu »verschlingen«) oder Instrumente zu spielen oder sich knetend und malend zu betätigen – und das alles interessant zu finden, wundervoll und unverzichtbar. Die Beispiele lassen sich verallgemeinern: Das Entwicklungsniveau des Kindes wird einzig

* Komponieren – das heißt hier auch: selbsterfundene Motive und Melodien vor sich hinträllern!

und allein durch seine umweltbezogenen Tätigkeiten bestimmt, also *eigenaktiv erzeugt und verändert*! Jetzt wird verständlich, warum auch unter widrigen Umständen eine erfolgversprechende kindliche Entwicklung aufblühen kann. Es gab dann eben noch ein Minimum fruchtbarer Anregung, hinreichend für das Ingangbringen von Handlungsbeziehungen, die Entwicklungspotenzen freisetzten. Häufig genug ist es ein Erzieher, der unerschrocken gegen den Strom der Umstände schwimmt, der das eine entscheidende Objekt findet, an dem er kindliche Handlungsbedürfnisse, Zuwendungen und damit sein Fortschreiten zu entzünden vermag. Umgekehrt gilt, wie schon gezeigt: Das Ausbleiben erwarteter Entwicklungen in einer »an sich« günstigen Umwelt erklärt sich meist aus der Tatsache, daß zwischen dieser Umwelt und dem Kind keine Tätigkeitsbeziehungen geknüpft wurden.

Gesellschaftliche Bedingungen greifen in Gestalt der Lebensweise in die Entwicklung des Kindes ein. Diese Wirkungen sind jedoch unspezifisch; sie durchtränken den gesamten Lebensraum. Die Lebensweise steckt den *ökologischen* Rahmen kindlicher Aktionsmöglichkeiten ab. Gesellschaftliche Bedingungen sind aber noch in anderer Hinsicht für die psychische Entwicklung ausschlaggebend. Aus dem aktuellen Stand der Produktivkräfte, der Eigentumsverhältnisse und der geistigen, kulturellen, politischen und ideologischen Kräfte, aus Strömungen im gesellschaftlichen Überbau erwachsen *gesellschaftliche Erfordernisse*. Denn das Gesellschaftssystem als Ganzes muß erhalten, weiterentwickelt werden. Diese Erfordernisse stehen hinter den Aufgaben und Anforderungen, wie wir sie in allen Sphären unseres Arbeitsalltags vorfinden. Sie schlagen sich aber auch nieder in Zielstellungen für die Bildung und Erziehung von Kindern und Jugendlichen.

Denn sie sind es, die aus unseren Händen das gesellschaftliche Erbe übernehmen werden. Sie sollen dieses Erbe eigenverantwortlich verwalten und vermehren, wenn sie einmal groß sind.

Die gesellschaftlichen Erfordernisse werden innerhalb der *Erziehungseinrichtungen* umgesetzt, d. h. in Prozesse der bildenden und erziehenden Einwirkung verwandelt. Was hier so einfach »Umsetzung« genannt wird, das erweist sich bei genauerer Betrachtung als ein sehr komplizierter und problemhaltiger Vorgang. Die in den verschiedenen Erziehungseinrichtungen tätigen Erzieher (Eltern, Großeltern, Krippen- und Kindergartenerzieher, in der Schule dann die Lehrer) haben nämlich ein jeweils eigenes, *subjektives* Bild von den gesellschaftlichen Erfordernissen. Einige werden von allen in übereinstimmender Weise erkannt und bewertet, andere jedoch nicht. Die Krippen und Kindergärten arbeiten mit Erziehungsplänen, in denen sich gesellschaftliche Erfordernisse abbilden; für die Familie gibt es solche Pläne nicht. Und trotz gleichartiger Pläne in den staatlichen Kindereinrichtungen vollzieht sich nicht überall der gleiche pädagogische Formungsprozeß, denn es wirken *unterschiedliche* Erzieherpersönlichkeiten mit individuell ausgewählten Inhalten und bevorzugten Stilformen der Erziehung. Außerdem muß bedacht werden: Die verbindlichen Erziehungspläne der Krippen und Kindergärten wurden von Expertenkollektiven erarbeitet, die sich bei ihrer Einschätzung gesellschaftlicher Erfordernisse irren können. Schließlich schreitet die gesellschaftliche Entwicklung stetig voran, oft mit sprunghaften Veränderungen. Somit wandeln sich die daraus erwachsenden Erfordernisse, und es entsteht ein ganz natürliches »Hinterherhinken« des staatlichen Erziehungsplans, verglichen mit dem, was eigentlich notwendig wäre. Für die Erziehung des Kindes wesentlich, charakteristisch ist nun, daß es *widersprüchlichen* Erziehungszielen und -formen ausgesetzt ist. Mehrere Erzieher sind am Werke, die gesellschaftliche Erfordernisse auf ihre Weise berücksichtigen und ausdeuten. Das bedeutet auch: Eigenwilligkeiten und Fehlinterpretationen sind nicht auszuschließen.

Der konkrete Bildungs- und Erziehungsprozeß, von dessen Vollzug sich kindliche Entwicklung nicht trennen läßt, richtet sich an *Altersnormen* aus. Sie sind nicht nur Grundlage der staatlichen Bildungs- und Erziehungsplanung; vielmehr läßt sich jeder Erzieher von verschwommenen, intuitiven oder von klaren, wohlbegründeten Vorstellungen über das leiten, was dem Kind eines bestimmten Alters abzufordern, zuzumuten

ist, was man von ihm schon oder noch nicht erwarten kann an Denkweisen, Gefühlen, Handlungsmotiven und Leistungen. Bei der Anwendung von Altersnormen muß der Erzieher stets einen *Kompromiß* schließen: Er geht einerseits von dem aus, was – seiner Sichtweise gemäß – gesellschaftlich erforderlich, wünschenswert, erstrebenswert wäre, andererseits erkennt er die Grenzen, die seinen Erwartungen und Wünschen durch das gegebene Entwicklungsniveau gesetzt sind.* Natürlich wäre es schön und würde die Erziehung sehr erleichtern, wenn er sich mit dem einjährigen Kind unterhalten könnte – aber er kann sich drehen, wie er will: Es ist unmöglich, in diesem Alter mehr zu verlangen als einfachste Einwortsätze mit außerordentlich begrenztem Wortschatz.

* Kinder ein und des selben Alters variieren noch erheblich in ihren Entwicklungsniveaus! Darum sind Altersnormen strenggenommen immer zugleich Individualnormen, bezogen auf den Entwicklungsstand der jeweiligen kindlichen Persönlichkeit!

Und natürlich hätte es, erzieherisch gesehen, Vorteile, wenn das Dreijährige flott lesen könnte – aber der immense Aufwand an Belehrung, die noch mangelnde Einsicht des Kindes (die aus der Belehrung eine drangsalierende Dressur macht) würden es nicht zweckmäßig erscheinen lassen, mit dem Leseunterricht in diesem Alter zu beginnen.

Altersnormen anwenden – das bedeutet stets die Abstimmung von Erziehungswunsch und Entwicklungsrealität, das »Einpendeln« von Anforderungen auf die gegenwärtige Persönlichkeitsreife des Kindes. Aus diesem Grunde wird das Altersnorm-Element unseres Schemas von zwei Pfeilen »getroffen«. Was hier Abstimmen oder Einpendeln genannt wird, schließt natürlich schwierige Probleme ein. Dahinter verbirgt sich nämlich die Gefahr der Unterforderung des Kindes – wenn sein gegenwärtiges Entwicklungsniveau zu niedrig angesetzt wird – oder der Überforderung, wenn man einen zu hohen Reifegrad unterstellt. Beides durchgängig zu vermeiden ist fast unmöglich; der Erzieher muß darum sehr häufig seine ersten, gleichsam versuchsweisen Maßnahmen korrigieren. Und wiederum ist es so, daß die verschiedenen Erzieher ein und desselben Kindes von unterschiedlichen Altersnormen ausgehen. Ein zweites Mal stoßen wir also auf *widersprüchliche* Bedingungen der kindlichen Entwicklung!

Aus den Altersnormen ergeben sich schließlich ganz konkrete *Entwicklungsaufgaben*, die unmittelbar in den Tätigkeitskreis des Kindes eingeführt werden. Wir drücken dem Säugling die Klapper in die Hand, wir führen die Hand des Kleinkindes mit seinem Löffel, wir setzen es aufs Töpfchen und sprechen ihm »A-a« vor, wir lassen es sein Bilderbuch umblättern und uns die Namen der dort agierenden Objekte, Tiere und Personen nennen,

wir setzen das Kind ins Fahrradkörbchen und zeigen ihm die Umgebung seines Wohnortes – das alles sind Entwicklungsaufgaben, bei deren Bewältigung es Fortschritte macht und zu guter Letzt *sein Entwicklungsniveau selbst verändert.* Inwieweit Bildungs- und Erziehungsanforderungen wirkliche Entwicklungsaufgaben sind, das hängt von vielem ab. Beispielsweise davon, ob sie die eigenständige Aktivität des Kindes in Anspruch nehmen – sein Bedürfnis nach Orientierung in der Welt, nach erforschender Untersuchung von Gegenständen, nach Beherrschung von Fähigkeiten, um Instrumente handhaben zu können, nach Wissen über die Vorgänge in der Welt, um im Wettbewerb mit Gleichaltrigen zu bestehen. Eine ganz enge Verbindung zwischen Entwicklungsaufgaben und kindlicher Tätigkeit – das ist das Wichtigste! Wir dürfen uns nichts vormachen: Predigten, Mahnungen, Bitten, Vorträge – mit und ohne den bekannten Zeigefinger – lösen kaum Entwicklungsprozesse aus. Nur *im* Rollerfahren lernt das Kind rollern, nur *im* Wartenlassen erwirbt das Kind die Fähigkeit geduldigen Wartens, nur *beim* gemeinsamen Mittagessen der Familie eignet sich das Kind die zu dieser Situation passenden Verhaltensnormen an, nur *durch* das Zusammenarbeiten bilden sich Kooperationsbefähigungen aus.

Damit haben wir unser Versprechen eingelöst, das tote Schema lebendig werden zu lassen. – Es bleibt aber noch eine wichtige Frage zu klären: Wo liegen die eigentlichen *Triebkräfte* der Entwicklung? Die allgemeine, oben bereits angedeutete Antwort darauf lautet: in den *Widersprüchen* zwischen den Elementen und innerhalb der Elemente des Schemas.

Die Lebenssituation, wie sie nach der Geburt für das Kind existiert, ist ein einziger großer Widerspruch. Zwischen der Umgebung, in die das Kind hineingeboren wird, und seinem Entwicklungsniveau, dem Reifegrad seiner Befähigungen, tut sich eine große Kluft auf. Die Welt der Gegenstände und Personen samt den in ihnen verkörperten Kräften und Funktionen – die darin verdichteten Erfahrungen und Arbeitsergebnisse jahrtausendealter Menschheitsgeschichte –: Dies alles türmt sich vor dem Kind als ein riesiger Berg von Aufgaben empor. In seiner tätigen Wechselbeziehung mit der Welt muß es sich Schritt für Schritt mit Hilfe der Erzieher Erfahrungen aneignen, die es in den Stand setzen, diese Welt zu begreifen, zu durchschauen, zu nutzen, sie sich dienstbar zu machen und zu verändern. Es muß das Gefälle zwischen dem »*Soll*« dieser Aufgaben und dem »*Ist*« seiner Fähigkeiten Zug um Zug abbauen, verringern. Das setzt sich fort – letztlich das ganze Leben hindurch, um in der Lage zu sein, in der Gemeinschaft mit anderen den permanent wachsenden Anforderungen des Lebens hinreichend zu genügen.

Das ist der Grundwiderspruch, der psychische Entwicklung bewirkt. Das Kind erlebt ihn zunächst unbewußt. Es bemerkt die Unterschiede zwischen seinen eigenen Befähigungen und denen der Größeren, der Erwachsenen. Und es *möchte*, *will* größer, stärker, klüger werden. Noch ehe es darüber nachdenkt, treibt es sein Orientierungs- und Erkundungsbedürfnis dahin, Unbekanntes zu ergründen und in Bekanntes zu verwandeln, die Unsicherheit des Sich-nicht-Auskennens in die Sicherheit der Verfügung über die Sach- und Personenwelt zu überführen. Die für die Entwicklung entscheidenden Orientierungs- und Lernbedürfnisse gehören zum Wesen des Kindes, sie entstehen in der Wechselwirkung mit der Umwelt gleichsam automatisch, sie sind unersättlich. Der Erzieher verstärkt sie nur, indem er mit pädagogischen Mitteln den Grundwiderspruch hervorhebt, ihn im kindlichen Bewußtsein verankert, so daß eine Entwicklungsmotivation entsteht.

Es sei an frühere Beispiele erinnert. – Der Gegensatz zwischen dem Berühren- und Habenwollen eines in der Ferne gesichteten interessanten Objekts und den noch unvollkommenen Möglichkeiten der Annäherung an den Gegenstand bringt als Bewegungsantrieb die Entwicklung der Lokomotorik voran. Die Mißerfolge beim manipulierenden Umgehen mit Spielzeugen akzentuieren den Gegensatz zwischen eigenen Handfertigkeiten und den objektiven Funktionsmöglichkeiten des Gegenstandes. Er veranlaßt das Kind zur übenden Vervollkommnung seiner Fertigkeiten. Schier unermüdlich ist sein Bemühen, z. B. den Ball und seinen eigenen Körper so zu beherrschen, daß ihm mehrere Kopfbälle gegen die Hauswand fehlerlos gelingen. Das Mitansehen der mit Gabeln hantierenden Eltern und Geschwister, das Nachmachenwollen dieser Eßhandlung – um den Gegensatz zu überbrücken – läßt das Kind unwillig, ja trotzig werden, wenn die Erzieher es nun weiterhin auf seinem »Löffelniveau« halten wollen.

Im Laufe der Zeit kommen noch andere Widersprüche hinzu. Das Kind registriert den Unterschied zwischen seinen eigenen Wünschen und den Absichten oder Forderungen der Erzieher, weil es für bestimmte Handlungen gelobt, für andere getadelt wird. Dabei kommt es zu sozialen Konflikten, die das Kind langsam zu lösen lernt, und zwar so, daß es seine Zielsetzungen auf die sachlichen und sozialen Erfordernisse abstimmt. Ferner bemerkt es, daß die verschiedenen Erzieher unterschiedliche, ja unter Umständen entgegengesetzte Forderungen stellen. Was die Mutti erlaubt, das kritisiert der Vati; was im Kindergarten verpönt ist, gilt zu Hause als natürliche Norm. Auch für diese Widersprüche muß das Kind eine Lösung finden. Sie sind Teil seines Lebens, und sie werden es immer bleiben. Das Kind gelangt auch dahin, irgendwann zu verstehen, daß es Kompromisse mit seinen Partnern schließen muß. Schließlich begreift es auch, warum es eigenständige Bewertungen von Gegenständen, Personen und Handlungen vorzunehmen hat, auf deren Grundlage es *sich entscheiden* kann – für oder gegen eine Sache, eine Person, eine Norm. Nur so ist es möglich, daß sich seine Moralvorstellungen, seine Prinzipien des Handelns und sein Bewußtsein entwickeln. Es lernt, selbst für sein Tun verantwortlich zu sein und die Konsequenzen zu tragen, die daraus erwachsen.

Unser Leben ist voller Gegensätze, Konflikte, Disharmonien. Wäre es nicht so, dann könnte Entwicklung in der Natur, in der Gesellschaft, im individuellen Lebenslauf nicht stattfinden. Ist das nicht ein hinreichender Grund, um den Widerspruch als Triebkraft der Entwicklung nicht nur hinzunehmen, sondern zu *begrüßen?* Den Wert von »Mühe und Arbeit« zu schätzen? Das bewahrt uns davor, das Kind in Watte zu packen, es von allen Stürmen und Schwierigkeiten fernzuhalten, es in verwöhnender Sterilität aufzuziehen. Es gebietet uns, ihm etwas zuzumuten, damit es sich anstrengen muß und Mühsal zu verkraften lernt. Es gibt uns Anlaß, dem Kind mit dem erlernten Wissen und Können zugleich Mittel, Techniken, Alternativen für die erfolgreiche, entlastende Lösung von Konflikten in die Hand zu geben. Nur so hat es die Chance, eine Persönlichkeit zu werden: aktiv, eigenständig, selbstbewußt, leistungswillig und belastungsfähig.

Wir müssen allerdings wissen: Nur dann ist das Kind fähig und willens, von selbst entstehende und pädagogisch beabsichtigte Widersprüche erfolgreich zu lösen, wenn seine elementaren Grundbedürfnisse befriedigt sind. Sie beziehen sich nicht allein auf das Essen und Trinken, sondern ebenso auf den Wunsch nach Schutz und Geborgenheit, nach Bewegung und Tätigkeit, auf das Streben nach Information und Wissen, nach sozialem Kontakt und Geselligkeit. Die relative Harmonie im Reich dieser Bedürfnisse legt den Grundstein dafür, im Einzelfalle selbst schärfsten Konflikten gewachsen zu sein, sie umzumünzen in einen Entwicklungsfortschritt. Extreme Disharmonien im Feld dieser Elementarbedürfnisse erzeugen *keine* Entwicklung. Autoritär vertretene Überforderungen gehören dazu, Zielstellungen, die dem Kind nicht erreichbar erscheinen, die es resignieren, ja verzweifeln lassen. Konflikte, die panische Ängste hervorrufen, sind dazu-

zurechnen – wenn Eheprobleme der Eltern vor den Augen des Kindes aufbrechen und ausgetragen werden, wenn die Sicherungs- und »Nest«-Funktionen der Familie zu versagen drohen und dem Kind nichts zur Verfügung steht, um diesen Zustand zu verstehen, geschweige denn zu verändern.

Oder denken wir an unvereinbare, völlig entgegengesetzte Reaktionen des Erziehers auf das gleiche Verhalten des Kindes: Heute strenge Bestrafung des eigenmächtigen Auf-die-Straße-Gehens, morgen bei gleicher Gelegenheit überschwengliches Lob für eine selbständige Entscheidung. Wie soll das Kind sich hier zurechtfinden, wenn das Handeln des Erziehers zufällig erscheint, nicht vorauszusehen ist, wenn es jäh und unerwartet über das Kind hereinbricht? Was bleibt ihm übrig? Können wir uns dann wundern über Vertrauensschwund, Kontaktmeidung, Angstträume, Lügenhaftigkeit – ja Davonlaufen?

Auch von solchen Fallstricken der Erziehung muß gesprochen werden, von der Gefahr, Fehlentwicklungen durch unzumutbare Konflikte einzuleiten. Das hat nichts mit Pessimismus, mit Schwarzmalerei zu tun. Wenn wir von unerschöpflichen Entwicklungspotenzen des Kindes sprechen, dann dürfen wir nicht allein sein ewig waches Orientierungs- und Informationsbedürfnis im Auge haben, nicht nur die ungeheure Lern- und Gedächtniskapazität. In seine erstaunliche Formbarkeit, in seine hochgradige Plastizität eingeschlossen sind auch vielfältige Möglichkeiten der Erlebnisverarbeitung widersprüchlicher Situationen. Sie versetzen das Kind in die Lage, Konflikte für die eigene Entwicklung fruchtbar zu machen. Allerdings – um es nochmals zu sagen: Die Konflikte, die Widersprüche müssen lösbar sein!

Jede Sekunde wird eine Menschenseele in die Welt geboren. Ein neues Licht wird angezündet, ein Stern, der vielleicht ungewöhnlich schön brennen wird, der jedenfalls sein eignes, nie gesehenes Spektrum hat. Ein neues Wesen, das vielleicht Genialität, vielleicht Schönheit um sich ausstreuen wird, küßt die Erde . . .

Martin Andersen-Nexö, Ditte Menschenkind

Anders als andere

Wohin wir auch in der belebten Natur blicken – überall begegnen uns unverwechselbare, einmalige, individuelle Gestalten und Formen. Kein Baum des auf den ersten Blick einförmigen Kiefernwaldes gleicht dem anderen; die bei oberflächlicher Betrachtung uniformen Streifenmuster der Tiere einer Zebra- oder Tigergruppe im Tierpark weisen große Differenzen auf, wenn man sie genauer vergleicht. Und – wie Tierforscher und -pfleger wissen: Sie sind wohlunterscheidbar im Ausmaß ihrer Bewegungs- oder Angriffslust, in Hinsicht auf kluges oder dummes Verhalten, durch die Vorliebe für diese oder jene Nahrung.

Alles das – eben *Individualität* – trifft gleichermaßen für den Menschen zu, wie alt er auch sein mag. Darum haben wir immer wieder auf individuelle Unterschiede zwischen Kindern aufmerksam gemacht, auf Abweichungen vom „Mittelwert" ihrer Altersgruppe. Dennoch wollen wir hier noch einmal darauf zurückkommen. Es war unumgänglich, die allgemeinen, durchschnittlichen Alterseigenschaften in den Mittelpunkt unserer Darstellung zu rücken; der Erzieher jedoch begegnet dem Kind allemal als einmaligem, besonderen Einzelwesen.

Wie kommt es zu individuellen Unterschieden, welche *Bedingungen* sind dafür verantwortlich zu machen? – Ein Grund liegt darin, daß jedes Kind ein Gefüge von Erbanlagen aufweist, das nur ihm zukommt. Die Ausprägung aller körperlichen und psychischen Eigenschaften wird davon mitbestimmt – der einen mehr, der anderen weniger. Besonders die körperlichen Merkmale, aber auch solche des Temperaments, der emotionalen Sensibilität und bestimmter Sonderbegabungen (für spezielle sportliche, künstlerische oder mathematische Höchstleistungen) sind in erheblichem Ausmaß an die Existenz konstitutions- oder verhaltensbestimmender Genkombinationen gebunden. Unter dem Gesichtspunkt der Erbanlagen betrachtet, sind eineiige Zwillinge mit ihrer annähernd gleichen genetischen Ausstattung auch gleichartige Individuen. – Ein zweiter Grund für die Entstehung individueller Unterschiede hängt mit der jeweils andersartigen Reaktion der sozialen Umwelt auf die biologisch bedingten Unterschiede der Kinder zusammen. Das können wir schon im Säuglingsalter beobachten. Körperlich robuste, widerstandsfähige, sehr aktive und ihre Betreuer „fordernde" Kinder erfahren ein Mehr an Zuwendung, Stimulierung und Belastung – verglichen mit krankheitsanfälligen, „mickrigen", furchtsamen und nervösen, für die eher das Gegenteil zutrifft. Und ein Kind, dessen musikalische Fähigkeiten sich schon im Kindergartenalter niveaumäßig sehr über den Durchschnitt erheben, wird in der Regel durch seine Erzieher mehr musikalisch gefördert als die anderen. Diese Beispiele bedeuten auch: Weder für Geschwister in der Familie noch für Kinder einer Krippen- oder Kindergartengruppe gibt es eine gleichartig wirkende Umwelt! – Ein dritter Grund dafür, daß sich individuelle Differenzen mit zunehmendem Alter immer stärker herausbilden, steht im Zusammenhang mit den Umweltunterschieden. Sie beginnen bei den materiellen Voraussetzungen im Elternhaus (Einkommenslage, Ernährungsweise, Wohnungslage und -größe usw.), betreffen den Bildungsstand, das berufliche Qualifizierungsniveau der Erzieher und reichen bis zu den Unterschieden in den Erziehungsstilen und -praktiken der Krippe und des Kindergartens. Die Zahl der hier wirksamen Faktoren ist so groß, daß wir sie nicht alle aufzählen können. Sie sind auch dafür verantwortlich zu machen, daß sich eineiige Zwillinge, wenn sie älter werden, immer deutlicher zu unterscheiden beginnen. Ferner darf nicht übersehen werden, daß eine reichhaltige, differenzierte Umwelt bei älteren Kindern mehr Alternativen für die eigenständige Auswahl von Tätigkeitsinhalten anbietet. Auch auf diesem Wege entstehen individuelle Verhaltensunterschiede.

Alle diese Ursachen wirken sich aus, bilden sich ab in der breiten Palette von Begabungen, Talenten, Interessen, Hal-

tungen und Charakterzügen, wie wir sie in jeder beliebigen Gruppe von Kindern vorfinden. Diese Fülle, dieser Reichtum – sind sie nicht schön in ihrer Farbigkeit, fordern sie uns nicht heraus, mit diesem „Pfund zu wuchern"? Oder – wo es sich um zurückgebliebene, sozial schwierige oder sonstwie abweichende Kinder handelt: Müssen wir hier nicht mit besonderer Zuwendung, mit verstärktem Engagement, mit speziellen Förderungsmaßnahmen frühzeitig eingreifen?

Im Kindergartenalter entwickeln sich individuelle Talente und *Begabungen.* Damit meinen wir Fähigkeiten der überdurchschnittlich guten Bewältigung von Anforderungen in den Bereichen der Motorik (z. B. sportliche Leistungen), der geistigen Tätigkeit (z. B. sprachliche Intelligenz, Lösen von Knobelaufgaben), der künstlerischen Gestaltung (z. B. musikalische oder zeichnerische Produktivität). Besonders aufschlußreich sind hier Anforderungen, die das Kind *selbständig* auswählt und bewältigt. Andererseits kommt es im gleichen Alterszeitraum zur Ausprägung spezieller Bedürfnisse, Antriebe und *Interessen,* die darauf gerichtet sind, ganz bestimmte Tätigkeiten mit besonderer Vorliebe auszuführen – seien es nun sportlich akzentuierte Spiele, das Einprägen und Aufsagen von Gedichten, das Basteln von Spielmaterial oder das Malen mit Tusche und Pinsel. Beide Komponenten – Begabungen und Interessen – sind durch Wechselbeziehungen miteinander verbunden, fördern sich gegenseitig. Die gekonnte Lösung einer Aufgabe führt zu Erfolgen, und die Erfolge schlagen in die Entstehung und Festigung von Interessen um.

Wenn der Erzieher aufmerksam ist, dann kann er Begabungen und Neigungen leicht entdecken. Er braucht nur darauf zu achten, wo und wie das Kind die Betätigungsangebote seiner Umwelt für sich nutzt und ausschöpft. Freilich müssen diese Angebote reichhaltig sein und viele Möglichkeiten des Handelns und Gestaltens einschließen: Spielzeuge, ungeformtes Material, Bilderbücher, Zeichen- und Malgeräte, Knete, Bälle, kindgerechte Werkzeuge usw. usf. Dabei geht es nicht um die Menge (die häufig zu beobachtende Überfülle lenkt mehr ab, als daß sie zu konzentriertem Tätigsein auffordert), sondern um die *Vielfalt!* Andererseits ist ein dürftiges, anregungsarmes Milieu nicht dazu angetan, Talente und Interessen entstehen zu lassen Aber auch ein reichhaltiges Angebot nutzt wenig, wenn dem Kind nicht ein angemessener Betätigungs*raum* zur Verfügung steht. In modernen Kindergärten ist diese Bedingung gewöhnlich erfüllt, nicht aber in zahlreichen Kleinwohnungen. Hier sollten die Eltern dem Kind wenigstens eine Zimmerecke zur Verfügung stellen, in der es frei schalten und walten kann.

Begabungen und Interessen entstehen nicht immer aus dem Eigenantrieb des Kindes heraus. Oft ist die Anregung des Erziehers notwendig, der sich in eine gemeinsame Tätigkeit einfügt und zusätzlich als Helfer und Informant des Kindes dient. Erfahrungsgemäß geschieht gerade das zu wenig. Bei bestimmten begabungs- und interessenfördernden Tätigkeiten ist es sogar unerläßich, daß der Erzieher zum Handlungspartner des Kindes wird: Ohne ihn kann das Kind nicht in den Genuß des Anhörens von Geschichten und Märchen gelangen, ohne ihn bleibt ihm der wesentliche Gehalt seiner Bilderbücher verschlossen. Ein solches Mittun des Erziehers darf jedoch nicht zu einem gängelnden Erzwingen bestimmter Begabungs- und Interessenentwicklungen ausarten, solcher etwa, die den Eltern besonders am Herzen liegen. Wir betonen das, weil Alltagserfahrungen dieses Gefahrenmoment belegen. Es gibt z. B. aktiv musizierende Eltern, die bei ihren Kindern unbedingt eine gleichartige Neigung erzeugen wollen; so mancher Vater möchte sein eigenes Modelleisenbahn-Hobby mit aller Gewalt auf den Sohn übertragen, bemerkt dabei nicht das Anwachsen der kindlichen Abneigung ihm gegenüber, die hinter dem sanften oder trotzigen Widerstand sichtbar wird. Wohl dem Kind, das in einem solchen Falle die mütterliche Unterstützung erfährt: „Nu behalt doch deinen Eisenbahnfimmel für dich! Merkst du nicht, daß der Junge lieber mit Kasperlpuppen spielt und sich Stücke dafür ausdenkt?!" Dem anregenden Erzieher kommt oftmals auch der gleichaltrige oder ältere Spielgefährte zur Hilfe. Denn auch er kann ein Modell der Zuwendung zu bestimmten Gegenständen, der handelnden Gestaltung an und mit ihnen sein, so daß auf dem Wege über das nachahmende Probieren Interessen geweckt werden. Auch aus diesem Grunde ist die

Eingliederung des Kindes in die Kindergarten- und Freizeitgruppen enorm wichtig.

Wir müssen davor warnen, mit erzieherischen Mitteln einer sehr einseitigen Entwicklung von Talenten und Neigungen vorzuarbeiten. Beides ist wichtig: Immer wieder vielfältige Möglichkeiten motorischer, geistiger, künstlerisch gestaltender Aktivitäten anbieten, vorschlagen, empfehlen – und gleichzeitig das, was inzwischen an speziellen Interessen und Begabungen „gewachsen" ist, hüten, stabilisieren, auf höhere Leistungsniveaus heben. Diese *Einheit von Vielseitigkeit und Spezialisierung* ist ein Grundprinzip unserer Pädagogik – wohldurchdacht und vernünftig.

Die Gefahren der Einseitigkeit kennen wir beispielsweise aus den Lebensläufen von sogenannten Wunderkindern (etwa solchen mit außergewöhnlichen musikalischen oder schachlichen Fähigkeiten). Sie sind bisweilen so isoliert auf ihrer »Spezialstrecke« gefordert und gefördert worden, daß es in der Kindheit nicht zu einer vielseitigen, harmonischen Persönlichkeitsentwicklung kommen konnte und sie in späteren Lebensperioden in dieser Hinsicht viel nachzuholen hatten – wenn das überhaupt noch möglich war. Auch die gegenwärtigen Tendenzen des Hochleistungssports – mit ihrer Talentsuche und -entwicklung in möglichst frühen Lebensperioden – sind mit diesem Risiko verbunden. Das bedeutet natürlich nicht, erwachte Begabungen und dominierende Interessen auf einem niedrigen Niveau zu fixieren. Es geht lediglich darum, gleichgewichtige Proportionen von vielseitiger und spezialisierter Entwicklung zu wahren.

Die Begabungs- und Interessenentfaltung ist eine wesentliche Seite der Persönlichkeitswerdung des Kindes. Der Grundstein, der hier gelegt wird, wirkt sich positiv auf das Wohlbefinden, auf den Erfolg im Leben, auf die Arbeitsfreude aus. Noch der Mensch in hohem Alter kann vielleicht von den Neigungen zehren, die im Kindergartenalter bei ihm entstanden sind! Außerdem sollte nicht vergessen werden: Unsere Gesellschaft braucht – als Grundlage ihrer erfolgreichen Weiterentwicklung, als Motor dieser Dynamik – begabte und interessierte Menschen, die danach streben, ihre Fähigkeiten und damit ihre Leistungen auf den Gütemaßstab zu beziehen, der oberhalb von einfallsloser Mittelmäßigkeit und von primitiven Konsuminteressen liegt.

Nicht nur Begabungen und Interessen, sondern auch *charakterliche Eigenarten* gehören zu den markanten individuellen Persönlichkeitszügen. Sie sind besonders für das zwischenmenschliche Verhalten des Kindes wesentlich – für seine sozialen Kontakte, für kooperatives Verhalten, für die hier erforderliche Anpassung an und Einflußnahme auf andere. Wenn wir von Charakter sprechen, so denken wir vor allem an Eigenschaften wie Ehrlichkeit/Unehrlichkeit, Hilfsbereitschaft/Egoismus, Offenheit/Hinterhältigkeit, Freundlichkeit/Unfreundlichkeit. Es gibt eine enge Beziehung zwischen Charakter und moralischem Verhalten.

Viele psychologische Untersuchungen hinterfragen die Entwicklung des kindlichen Charakters (vgl. das Buch von Staub). Sie geben auf die wichtigste Frage – welche Bedingungen formen den kindlichen Charakter? – eine recht klare Antwort: Entscheidend ist das Ausmaß der emotionalen *Bindung* Kind-Erzieher, die – davon abhängige – erzieherische *Vorbildwirkung* und der *Erziehungsstil*, dem das Kind in seinem Milieu ausgesetzt ist. (Erziehungsstil – damit ist die Art und Weise gemeint, wie erzieherische Maßnahmen und Praktiken in die soziale Beziehung Kind-Erzieher eingebracht werden; s. dazu die kommenden Ausführungen auf S. 242ff.). Wo es an emotionaler Bindung mangelt, kommt es eher zur Ausbildung negativer Charaktereigenschaften. Das gleiche gilt für den Fall, daß eine negative Charakterstruktur von Erziehern dem Kind als Modell dient (wie es häufig in asozialen Familien geschieht) oder wo Härte, Strenge, Intoleranz und Desinteresse an kindlichen Bedürfnissen das Erziehungsregime der Familie beherrschen. Wir wollen das Gesagte an einigen Beispielen verdeutlichen:

Die für das moralische Verhalten wichtige Herausbildung des kindlichen Gewissens (erkennbar an Schuldgefühlen, an der Bereitschaft, für Getanes die Verantwortung zu übernehmen, sich dazu zu bekennen) ist vor allem das Produkt liebevoller Beziehungen, von Zuneigungsbekundungen, des Prinzips, mehr zu loben als zu tadeln, und des Verzichts auf körperliche Züchtigung. Auch der vorübergehende Liebesentzug ist als Strafmaßnahme oft erfolgreich. Allerdings muß das Kind dabei stets wissen, daß der

Erzieher fähig ist zu verzeihen und zu vergessen!

Auch die Bereitschaft des Kindes, anderen ohne Entgelt zu helfen oder von eigenem Besitz (z. B. an Süßigkeiten) abzugeben, ist von den eben genannten Voraussetzungen – im positiven wie negativen Sinne – abhängig. Eine Familienatmosphäre der Wärme, Fürsorglichkeit, Großzügigkeit fördert die kindliche Hilfsbereitschaft. Wo das Kind jedoch die Erfahrung macht, daß der Mutter das Wirtschaftsgeld vom Vater zugeteilt wird, obwohl sie mitverdient, daß jedes Familienmitglied seine eigenen Süßigkeiten kauft, »verwaltet« und verzehrt (auch in Form getrennter »bunter Teller« unter dem Weihnachtsbaum), daß gegenseitiges »Bewachen« und Schlechtmachen an der Tagesordnung sind – dort wird es keine Hilfsbereitschaft ausbilden, sondern sehr früh darauf aus sein, nur seinen eigenen Vorteil zu wahren.

Die Neigung zu aggressivem Verhalten läßt sich im wesentlichen auf drei Bedingungen zurückführen. Die erste hängt mit negativen Vorbildern zusammen: Das Kind erlebt in seiner sozialen Umwelt, daß agressives Verhalten (wie Drohungen, Beschimpfungen, ja Tätlichkeiten) regelhaft für die Lösung sozialer Konflikte eingesetzt wird – und das mit Erfolg. Dazu gehören auch Prügelstrafen, die es an sich selbst erfährt! Auf dieser Grundlage kann aggressives kindliches Verhalten als Folge eines Nachahmungslernens entstehen. Eine zweite Bedingung ist folgendermaßen zu beschreiben: Das Kind wird für aggressives Verhalten nicht etwa getadelt, sondern im Gegenteil gelobt, ja belohnt: »Das war richtig! So setzt man sich durch! Ohne Fäuste und Ellbogen

kommst du im Leben nicht zurecht!« Was Wunder, wenn das Kind aggressive Akte zur Durchsetzung eigener Absichten wiederholt, um dafür belohnt zu werden. Die dritte Bedingung erwächst aus der Vereitelung der Bedürfnisbefriedigung, beispielsweise wenn es gegängelt, wenn mit ihm herumkommandiert wird, wenn es dauernd Hänseleien ausgesetzt ist, wenn es starke Einschränkungen seiner spontanen Bewegungs- und Aktivitätswünsche erleidet. Umgekehrt gilt – von diesen Bedingungen her gesehen: Das Vorbild friedlicher, kompromißbereiter Lösungen sozialer Konflikte, das konsequente Nicht-durchgehen-lassen aggressiver Handlungen und die weitgehende Berücksichtigung der natürlichen kindlichen Bedürfnisse sind geeignet, die Ausformung eines aggressiven Charakters zu unterbinden.

Ist kindliches Lügen als Hinweis auf einen »schlechten Charakter« zu deuten? – Nein, keineswegs. Wir müssen zunächst beachten, daß es verschiedene Formen von Lügen gibt, die unterschiedlich zu bewerten sind. Wunsch- oder Phantasielügen haben eine ähnliche Quelle wie die Illusionsspiele. Das nicht befriedigte Bedürfnis, mit den Eltern den schönen Auslandsurlaub am Schwarzen Meer genossen zu haben, kann der Grund dafür sein, daß das Kind den Erzieherinnen im Kindergarten erzählt, was es am Schwarzen Meer beim Baden alles erlebt hat. Zu Notlügen greifen die Kinder überall dort, wo sie Bestrafungen fürchten und sich ihnen entziehen wollen. Wenn solche Lügen sehr oft auftreten, sollten sich die Erzieher fragen, wie viel sie selbst (vor allem durch unangemessen harte Strafen für geringfügige Vorkommnisse) dazu beigetragen haben. Eine ruhige, affektfreie Diskussion ist hier anzuraten, um die Ursachen – sei es übertriebene Ängstlichkeit des Kindes oder erzieherisches Fehlverhalten – aufzudecken und zu beseitigen. Kritisch und problematisch ist eigentlich nur die häufige absichtlich-bewußte Täuschung des Partners. Dahinter verbergen sich in der Regel intensive egoistische Bedürfnisse des Kindes. Die sind aber nicht angeboren! Hier ist genau und selbstkritisch zu prüfen, ob diese Art lügenhaftes Verhalten nicht ihren natürlichen Nährboden in der sozialen Umwelt hat: Täuschen sich nicht die anderen Mitglieder der Familie auch auf diese Weise? Ist die Familienatmosphäre von Eigennutz oder von wechselseitiger Fürsorge bestimmt?

Vieles, was zuletzt hinsichtlich der Entwicklung des kindlichen Charakters gesagt wurde, läuft auf folgendes hinaus. Wir wären schlecht beraten, die positiven oder negativen Charakterzüge des Kindes auf sein Erbgut (»Von wem hat er das bloß?«) oder auf solche inneren Bedingungen zurückzuführen, für deren Entstehung das Kind allein verantwortlich gemacht wird. Die charakterlichen Eigenarten sind in hohem Grade ein Abbild dessen, was das Kind an charakterlichen und moralischen Qualitäten in der von den Erziehern geschaffenen Welt um sich herum vorfindet.

Noch ein letztes, ernstes Wort sei gesagt. Jedes Kind hat als Individuum ein *Recht auf sein eigenes Wesen*! Wir sollten seine Begabungen wecken, seine Interessen fördern, seine charakterlichen Merkmale so zu formen versuchen, daß sie zu den Erfordernissen des sozialen Zusammenlebens passen. Was dann schließlich herauskommt, sieht aber oft anders aus, als wir es uns gewünscht und vorgestellt haben. Wir wollten einen Jungen, der belastungstüchtig, stark und zielstrebig die Welt zu verändern versucht; nun ist er ängstlich, zach und vorsichtig. Wir wollten ein Mädchen, das adrett, folgsam und fleißig ist; nun ist es ein Tober und Draufgänger geworden, schwer zu bändigen. Solche Differenzen zwischen unseren Idealen und der Realität kindlichen Wesens müssen wir verkraften. Wir können es, wenn wir bedenken, daß die Bewährungsfelder des Lebens den sensiblen Menschen ebenso brauchen wie den harten Zupacker, und davon überzeugt sind, daß nichts schädlicher wäre für unsere gesellschaftliche Entwicklung als ein homogener, »konfektionierter« Menschentyp. Und wir können es auch, wenn wir uns als Eltern zu dem bekennen, was wir gezeugt und erzogen haben, wenn wir es in seiner ureigenen Wesensart lieben, wertschätzen und achten.

SC 97-60
147920
A19377

Lust und Last der Verantwortung

Wir sind nicht müde geworden, immer wieder zu zeigen: Die psychische Entwicklung des Kindes ist nicht von seiner Erziehung zu trennen. Wie drückte Rubinstein das aus? Das Kind entwickelt sich, *indem* es erzogen

Ich habe dich nicht ersehnt
und war auch nicht dagegen.
Jetzt aber, seit du gekommen bist,
geht mein Blick
sorgenvoller zum Himmel,
lese ich die Zeitung
nachdenklicher
und höre ich aufmerksamer
auf jede Nachricht.
Du hast mich wieder an allem
beteiligt,
was zu erwarten wäre.

Heinz Kahlau,
Gedichte für Anja

und gebildet wird. Diese unanfechtbare Tatsache soll nun ein letztes Mal Anlaß sein, die Tätigkeit des Erziehers zu untersuchen.

Dabei schwebt uns eine Zusammenschau dessen vor, was früher, verstreut über den ganzen Text, zu diesem Thema gesagt wurde. Von zwei Fragen wollen wir uns leiten lassen. Welche Funktionen übt der Erzieher aus, wenn er als wachsamer Vermittler der psychischen Entwicklung des Kindes tätig ist? Und wie übt er sie aus, welche Alternativen erzieherischer Mittel treffen wir an? Mit der Beantwortung dieser beiden Fragen verfolgen wir das Ziel, dem Erzieher gleichsam ein Röntgenbild seiner *Entwicklungs*wirkungen vor Augen zu führen, aus dem er psychologische wie pädagogische Einsichten und Konsequenzen ableiten kann.

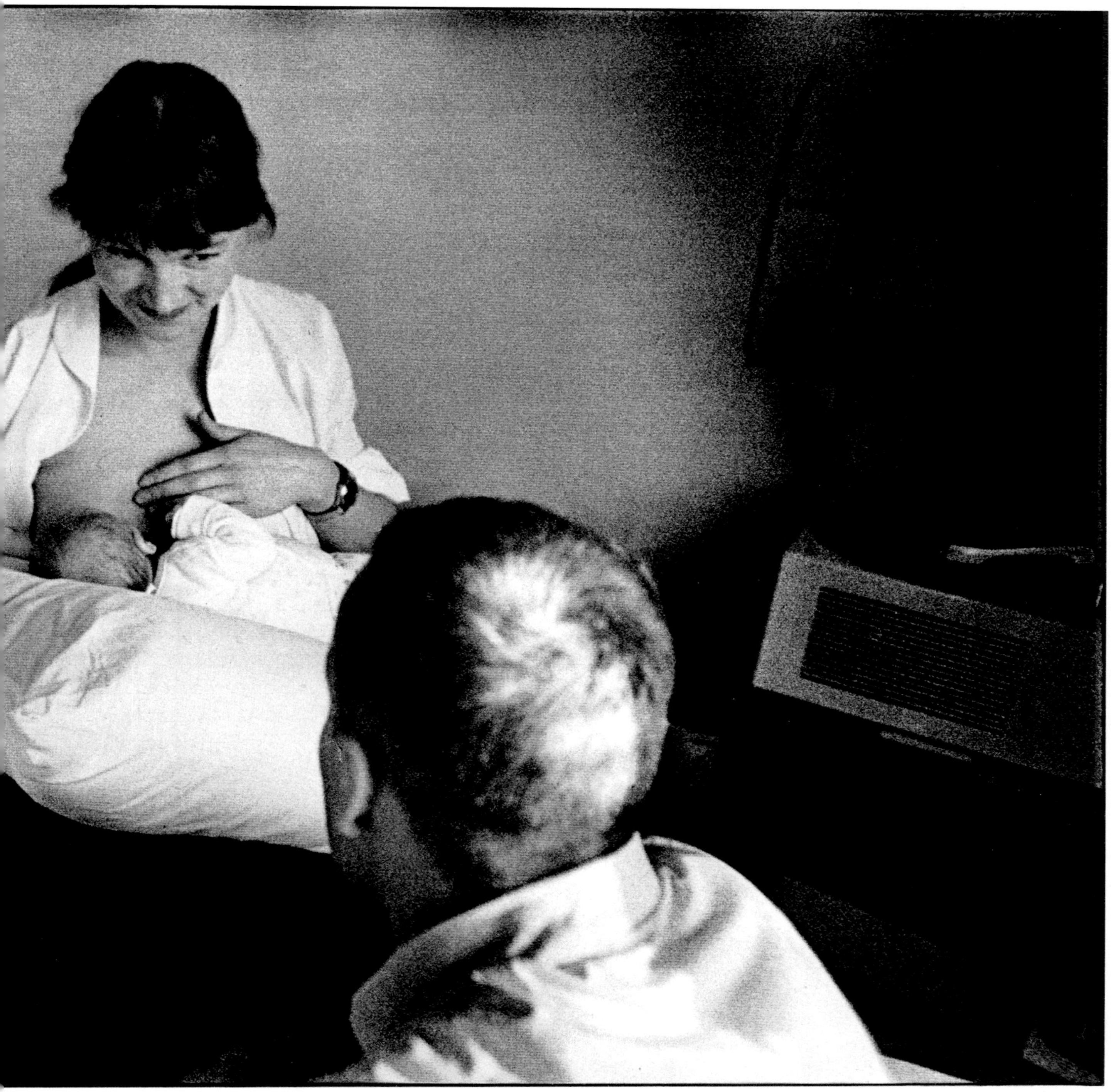

Fragen wir also zunächst: *Was tun wir eigentlich, wenn wir ein Kind erziehen?* Oben wurde bereits gesagt: Der Erzieher *vermittelt* die psychische Entwicklung des Kindes. Er schafft bestimmte Bedingungen, die gewährleisten sollen, daß Entwicklung stattfindet, daß sie eine bestimmte Richtung einschlägt, ein bestimmtes Ziel erreicht. Der Erzieher erzeugt die Entwicklung nicht; das tut das Kind selbst – in seiner Tätigkeit, durch seine Tätigkeit! Der Erzieher befindet sich hier in einer ähnlichen Lage wie der Arzt, der nur dafür sorgt, daß die natürlichen Kräfte des Körpers den Heilungsprozeß vollziehen. Es ist wichtig, sich das klarzumachen. Unangebracht ist eine hochmütige Selbstüberschätzung des Erziehers. Vermittlung der Entwicklung – dieses Wort bedeutet in unserem Zusammenhang eben auch: Bescheidenheit des erzieherischen Anspruchs und Hochachtung vor der Selbstentwicklung des Kindes.

Der Erzieher *beschützt*, bewacht die kindliche Entwicklung, er sichert sie ab gegen Unbill und Bedrohung. Er sorgt für einen warmen Schlafraum, solange die Temperaturregulierung des Säuglings noch instabil ist. Der Kontakt des Kleinkindes mit Gegenständen wird von ihm kontrolliert, damit es keine Stecknadeln verschluckt oder an Gashähnen spielt. Er steht hinter dem kletterlustigen Knirps, wenn er seine ersten Steigversuche am Gerüst des Spielplatzes wagt. Unermüdlich und streng verfolgt er die Anpassung des Kindes an die Verkehrsbedingungen der Hauptstraße. – Erschöpft sich sein Handeln in einer solchen Fürsorge? Nein! Der Erzieher allein vermag die erforderlichen Schutzfunktionen gar nicht auszuüben. Sie müssen in der Familie abgestimmt werden. Beratungen, Rücksprachen mit dem Erzieherkollektiv der Krippe oder des Kindergartens sind notwendig. Oft ist der Rat des Arztes einzuholen. Und – viel

mehr noch: Der Schutz der kindlichen Entwicklung ist eine Angelegenheit der ganzen Gesellschaft! Darum ist die aktive Teilhabe des Erziehers an den gesellschaftlichen, den politischen Prozessen gefordert. Es muß ihn interessieren, ob das Gesellschaftssystem, in dem er lebt, entwicklungsfördernd oder -hemmend ist. Er muß dafür wirken, die – darauf bezogen – positiven Kräfte zu verstärken. Es kann ihn nicht kalt lassen, wenn in Asien oder Afrika Kinder verhungern. Das muß ihm Anlaß sein, Partei zu ergreifen, wirksame Solidarität zu üben, wann und wo immer das möglich ist. Die große, ernste Frage von Krieg oder Frieden richtet sich auch und nicht zuletzt an den Beschützer kindlicher Entwicklung.

Der Erzieher *lenkt* die kindliche Entwicklung, gibt ihr eine Richtung, ein Ziel. Er tut das, wenn er ein Geburtstagsgeschenk auswählt: Puppe oder Auto oder beides? Welche Bilderbücher sind die richtigen? Nehmen wir das Kind in den anstrengenden, belastenden Gebirgsurlaub mit, oder soll es bei der Oma auf dem Lande bleiben? Jetzt schon Taschengeld oder noch nicht? Und wenn ja, wieviel? Kaufen wir dem Kind die Geige, die es sich wünscht, und schicken wir es in die Musikschule? Ist es möglich, daß es jetzt schon allein in den Kindergarten geht, über die belebte Straße hinweg? Sollen wir das Zählen zu Hause üben? – So viele Fragen, so viele Ziele von Bildung und Erziehung. Es geht letztlich immer um die Auswahl von Entwicklungsaufgaben. Wenn sie gut sind, dann sind sie stellvertretend für die Welt von Objekten, Personen, Handlungen, Normen, in die das Kind hineinwächst – also für eine *künftige* Welt, die anders sein wird als die Gegenwart des Erziehers! Er sollte sich somit fragen: Sind die von mir gestellten Aufgaben passende Modell-Situationen einer absehbaren Zukunft? – Die Zahl der Alternativen ist groß; viele, viele sind geeignet, um die Entwicklung günstig zu lenken.

Wir müssen nur wissen, was wir wollen, und das bewußt, kritisch, als Frucht unseres Nachdenkens und Beratens mit anderen, nicht aber plötzlicher Einfälle. Vor den einzelnen Lenkungsmaßnahmen müssen die allgemeinen, langfristig gültigen Ziele klar sein: Das Kind soll eines Tages selbständig, unabhängig werden von unserem Dasein und unserer Führung – nicht nur ökonomisch, sondern auch sozial und vor allem geistig; das Kind soll imstande sein, als Erwachsener das eigene Leben durch gesellschaftlich nützliche Arbeit erfolgreich zu gestalten; das Kind soll seinem gegenwärtigen und künftigen Leben zustimmen, es soll ja sagen zu Glück und Unglück, zu Erfolg wie Mißerfolg; es soll späterhin kämpfen können und wollen für die Durchsetzung wahrhaft menschlicher Lebensverhältnisse; das Kind soll lernen, daß es nirgendwo allein ist, daß ihm Hilfe zuteil wird, wenn es selbst andern helfen will; es soll begreifen: Mein Leben findet im gemeinschaftlichen Handeln vieler zum Nutzen aller und des einzelnen seine Grundlage. Diesen übergreifenden Entwicklungszielen müssen sich die konkreten tagtäglichen Entwicklungsaufgaben harmonisch, sinnvoll einfügen, unterordnen. Dabei sollten wir uns immer wieder vor Augen führen: Der gute Erzieher macht sich durch seine Erziehung überflüssig, er befähigt das Kind, seiner Vermittlung schließlich nicht mehr zu bedürfen!

Indem der Erzieher die Entwicklung lenkt, *schränkt er zugleich ein.* Die Auswahl einer bestimmten Entwicklungsaufgabe läßt eine andere mögliche zurücktreten. Spielzeuge werden ebenso wie Spielgefährten, Betreuer oder Lernaufgaben weitgehend »zugeteilt« – dies kraft der Verfügungsgewalt von Erziehern über den Tagesablauf des Vorschulkindes. Und wer etwas zuteilt, muß etwas anderes entziehen. Das gilt auch für Normen des Verhaltens, die erlaubt, zugebilligt oder aber gemieden, verboten und damit ausgeschlossen werden. Das alles ist unvermeidlich, völlig natürlich und bedeutet an sich nichts Negatives für die Entwicklung des Kindes. Im Extremfalle jedoch – das muß man in Betracht ziehen – ist es gleichbedeutend mit einer Unterdrückung des Kindes, mit der Hemmung, ja Abtötung fruchtbarer Entwicklungsimpulse. Gerade diese Tatsache verleiht dem Wort von der »Last der Verantwortung« sein volles Gewicht. – Wer sein Kind an Märchenschallplatten gewöhnt, läuft Gefahr, ihm Lust und Mühe des selbständigen Lesens, die entwicklungsnotwendige Freude am Buch zu nehmen. Das Vorlesen, vom Erzieher getätigt, wäre ein besseres Mittel. Was tut ein Vater, der seine eigenen technischen Interessen und Hobbys in den Sohn hineinverlegt, ihm nur Autos, Krane, Eisenbahnen und Raketen zum Spielen gibt – gegen den Wunsch des Kindes, eine Puppe zu besitzen? Er unterdrückt eine

Rollenspieltendenz, die Bildung einer Einstellung, die dem späteren Ehemann und Vater zur Hilfe kommen könnte, wenn es um die gerechte Arbeitsteilung in der Familie geht. Jene unsichere, ängstliche Mutter, die erschrocken die sexuellen Spielereien ihrer Fünfjährigen beobachtet und sie hart dafür bestraft, weiß oft nicht: Das kann die Auslösung einer verklemmten, unfreien, unbefriedigenden Sexualentwicklung sein, die unbeabsichtigte Störung erfolgreicher Intimbeziehungen ihrer erwachsenen Tochter.

– Übertreibungen? Verzeichnen der Wirklichkeit? Pedanterie des Psychologen? Wohl kaum. Die Abhängigkeit des Kleinkindes vom Erzieher, von seinen weithin unkontrollierten Befugnissen – sie ist eine Gefahr der Entwicklung, die wir erkennen sollten. Nur so läßt sie sich bannen.

Der Erzieher *hilft* dem Kind bei seiner Entwicklung, er unterstützt es bei der Lösung von Entwicklungsaufgaben. Hilfe – das ist zunächst die feste Einbettung des Kindes in den sozialen Beziehungsrahmen der

Familie, der Krippe, des Kindergartens. Er garantiert, wenn er entwicklungsfreundlich ist, Geborgenheit, gefühlsmäßige Bindung der Partner aneinander, wirkliches (nicht geheucheltes) Interesse der Erzieher an allen Belangen des Kindes, das Wissen des Kindes um die Hilfsbereitschaft der anderen. Hilfe – das ist weiterhin handelnde Mitwirkung der Erzieher bei der Lösung von Entwicklungsaufgaben. Hier gibt es falsche und richtige Hilfe. Die falsche nimmt dem Kind die Lösung ab, sie hält das Kind dadurch auf dem erreichten Entwicklungsstand fest, anstatt ihm seine Überwindung – also *Höher*entwicklung – zu ermöglichen. Das Kind fällt hin, die Mutter hebt es auf; es wird mit dem Löffel gefüttert, man überläßt ihm den Löffel nicht, weil man das Bekleckern vermeiden will; beim Stadtspaziergang muß das Kind dauernd anfassen, der Vater befürchtet, es könnte unter ein Auto kommen. Das sind falsche Hilfen. Die richtigen unterstützen die *Selbst*entwicklung des Kindes. Der Erzieher stellt die Entwicklungsaufgabe, vermittelt unerläßliche Lösungsvoraussetzungen, läßt das Kind aber eigenständig die Lösung finden. Makarenko demonstriert das an folgendem Beispiel:

»Wenn Sie Ihrem Kind ein Pferdchen gekauft haben, und es begeistert sich an der Aufgabe, mit ihm Lasten zu befördern, so wird ihm selbstverständlich ein Wagen fehlen. Beeilen Sie sich nicht, ihm diesen Wagen zu kaufen. Sorgen Sie dafür, daß es sich diesen selbst aus Schachteln, Garnspulen oder Pappe anfertigt. Hat es sich auf diese Weise einen Wagen gebaut, ausgezeichnet: Das Ziel ist erreicht. Braucht es aber noch mehr Fahrzeuge und reichen die selbstgefertigten nicht mehr aus, dann ist es nicht nötig, daß es auch den zweiten Wagen herstellt, den können Sie ihm dann ruhig kaufen.«

Es ist notwendig, so sagt Makarenko, im Konstruktionsspiel die Kinder daran zu gewöhnen, »Schwierigkeiten zu überwinden, selbständig die Verbesserung ihrer Leistung anzustreben«, sonst »entwickelt sich der Unglaube an die eigenen Kräfte und die Angst vor Mißerfolgen«.

Fragen wir nun weiter: *Wie vollzieht sich Erziehung, mit welchen Mitteln wird erzogen?*

Der Erzieher *kontrolliert* die kindliche Entwicklung, er überprüft seine Maßnahmen des Schutzes, der Lenkung, der Einschränkung und der Hilfe, er verstärkt oder korrigiert sie, je nachdem, welcher Effekt eingetreten ist. Vor allem die Mittel der Entwicklungskontrolle sind es, die uns einen Einblick in das Wie und das Wodurch der Erziehung gestatten. Sie legen bloß, wie der Erzieher sein Verhältnis zum Kinde deutet, in welcher sozialen Rolle er sich gefällt, ob er das Kind nur als Objekt der Erziehung ansieht oder es als Subjekt eigener Entwicklung respektiert. Damit stoßen wir auf Fragen des *Erziehungsstils*. – Die Psychologen haben seit längerer Zeit viel Mühe darauf verwendet, Stilformen der Erziehung zu beschreiben, zu ordnen und ihre Wirkung auf die Entwicklung zu untersuchen.

für gute
und schlechte
Kinder

Dabei stellt sich heraus, daß sich sämtliche in der Praxis auffindbaren Erziehungsformen im wesentlichen mit Hilfe von drei Beschreibungsaspekten erfassen lassen, die wir jeweils durch ihre extremen, polaren Eigenschaften kennzeichnen können (nach Littmann/Kasielke):

1. Art und Weise der Mithilfe bei der Lösung von Entwicklungsaufgaben: kooperativ-kameradschaftlich-helfend gegen administrativ-gängelnd-überstreng-hart;

2. Art und Weise der Durchsetzung von Entwicklungszielen: inkonsequent-nachgiebig-milde gegen konsequent-fordernd;

3. Art und Weise der Bekundung erzieherischer Verantwortung: überbesorgt-ängstlich-behütend gegen gleichgültig-vernachlässigend-teilnahmslos.

Wenn man den Versuch macht, gleichsam einen Mittelwert aller vorkommenden Entwicklungsaufgaben zu bilden und dieser durchschnittlichen Situation den besten Erziehungsstil zuzuordnen, dann müßte man sagen: Der Erzieher sollte sich kooperativ-kameradschaftlich, zugleich konsequent-fordernd und schließlich hilfreich-besorgt (dabei optimistisch in Hinsicht auf Risiken) verhalten. Aber dieser Weg führt in der Praxis des Erziehungsalltags nicht weiter. Strenge Härte ist in manchen Fällen kindlichen Fehlverhaltens im Straßenverkehr unerläßlich. Der Erzieher, der mit dem Fünfjährigen einen Gebirgsweg entlangwandert, neben dem ein tiefer Abgrund klafft, tut gut daran, überbesorgt zu sein und das Kind um keinen Preis loszulassen. Daraus erwächst eine natürliche Forderung an den Erzieher: Du mußt deinen Erziehungsstil der jeweiligen konkreten Entwicklungsaufgabe *anpassen;* hüte dich davor, einen be-

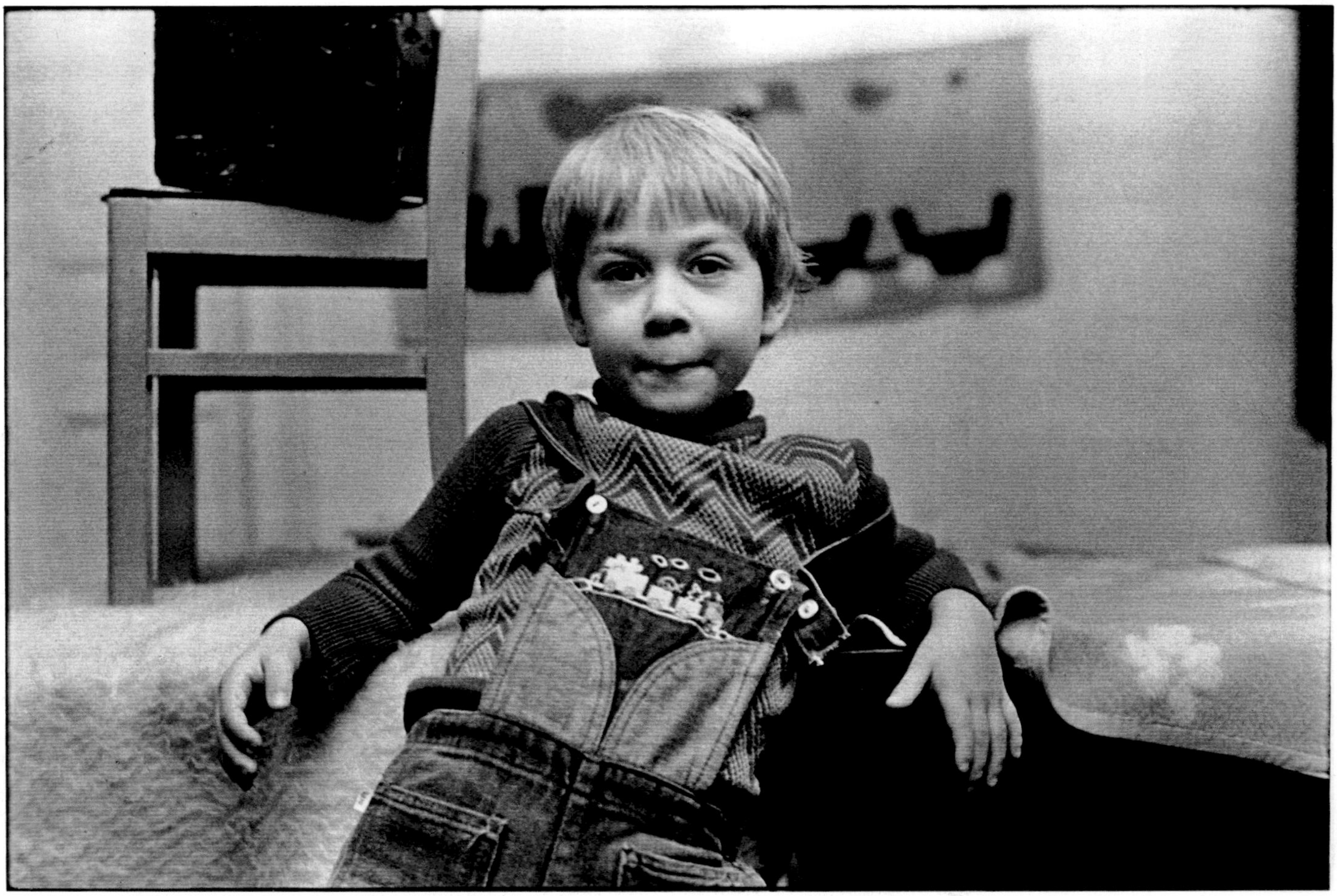

stimmten Stil zur Gewohnheit werden zu lassen! – Viele psychologische Untersuchungen widmeten sich darum der Wirkung gewohnheitsmäßig praktizierter Stilformen. Einige dieser Ergebnisse seien mitgeteilt, um vor der Gefahr einer solchen »Automatisierung« zu warnen. Zu häufig begegnen wir in unserem Erziehungsalltag der Anwendung administrativ-gängelnder Techniken auch dort, wo die Möglichkeit bestünde, kooperativ-helfend – unter Einschluß des Einsichtigmachens einer Entwicklungsaufgabe – vorzugehen. Wer kennt nicht die peinlichen, völlig unnötigen Ohrfeigen, die überaktive oder nervöse Kinder in der Eisenbahn oder am Tisch im Restaurant einstecken müssen? Zu wenige Erzieher wissen, daß dauernde Strenge und Härte, verbunden mit aggressiven Handlungen (als Schimpfwort oder Tätlichkeit), kindliche Opposition und Aggression nicht etwa hemmen oder beseitigen, sondern im Gegenteil fördern.

Auch hier wirkt sich die Vorbildhaltung des Erziehers aus. Der harte, machtvollkommen sich durchsetzende Erzieher ist eine Respektsperson, und das Kind sagt sich: So also muß man's machen, wenn man siegen will! Von der inkonsequent-nachgiebigen Erziehung ist bekannt, daß sie sehr ungünstige Entwicklungseffekte zeitigt. Das Kind weiß oft nicht, worin die Aufgabe eigentlich besteht, die von ihm verlangt wird. Überdies lernt es sehr schnell, die Inkonsequenz auszunutzen, sich Anforderungen zu entziehen und Belastungen auszuweichen. Überbesorgte Ängstlichkeit, als »Dauerstil« gehandhabt, bewirkt eine auf längere Sicht verhängnisvolle Unselbständigkeit und Hilflosigkeit des Kindes, das Versagen vor Schwierigkeiten und Barrieren. Es gibt auch Kinder, die gerade durch Verwöhnung und Verzärtelung zu oppositionellen, aggressiven, ja asozialen Verhaltensweisen gelangen, sobald sie im späteren Schul- und Jugendalter der Obhut des Elternhauses entwachsen.

Alle Erziehung wird getragen, ist durchsetzt von *Vorbild*wirkungen. Das Kind ist ein aufmerksamer Beobachter seiner Umwelt, des Verhaltens seiner Erzieher. Den Löwenanteil dessen, was es im Vorschulalter lernt, erwirbt es durch diese Beobachtung und durch die von ihr geleitete Nachahmung. Was die Erzieher tagtäglich vor den Augen des Kindes tun (meist, ohne dabei an Erziehung zu denken), bewirkt Entwicklung in einem Ausmaß, das oft nicht einkalkuliert wird. Je älter das Kind wird, desto mehr ist sein Beobachtungslernen von der Autorität der Erzieher, vom Ansehen, das sie beim Kind genießen, abhängig. Alle Erzieher bemühen sich bewußt oder unbewußt um die Gewährleistung dieser Autorität – dies mit verschiedenen Mitteln. Makarenko hat sich intensiv mit dieser Frage beschäftigt. Er kritisiert falsche Methoden der Autoritätssicherung: Unterdrückung des Kindes und Machtmißbrauch, prahlerische Wichtigtuerei und kleinliche Pedanterie, predigerhaftes Moralisieren, verwöhnende und verzärtelnde Liebe und Güte, kumpelhafte »Freundschaft«, Bestechung durch Geschenke und Versprechungen. Diesen falschen Mitteln setzt er die seiner Ansicht nach richtigen entgegen. Den Eltern rät er:

»Die wichtigste Grundlage der elterlichen Autorität kann nur das Leben und die Arbeit der Eltern, ihr Gesicht als Staatsbürger, ihr Verhalten sein ... Erfüllen die Eltern ihre Aufgabe ehrlich und vernünftig, setzen sie sich bedeutende und schöne Ziele, legen sie sich selbst volle Rechenschaft über ihr Tun und Handeln ab, dann besitzen sie auch Autorität, und es ist nicht nötig, sich mit Gewalt etwas auszudenken.«

»Die Kinder müssen auch die Verdienste anderer Menschen ... sehen. Die ... Autorität der Eltern steht nur dann auf der richtigen Höhe, wenn es nicht die Autorität von Strebern und Prahlern ist, sondern die Autorität von Mitgliedern eines Kollektivs.«

»Unser Leben ist das Leben einer sozialistischen Gesellschaft. Väter und Mütter müssen vor ihren Kindern als Mitwirkende an diesem Leben dastehen ... Sie müssen dieses Leben aufrichtig, tatsächlich leben und brauchen sich nicht zu bemühen, es ihren Kindern extra vorzuführen.«

Dem ist nichts hinzuzufügen. Das Plädoyer Makarenkos stellt die unbefangen *gelebte Autorität* des ehrlichen, offenen, kritischen, werktätig schaffenden, der Gemeinschaft verpflichteten Erziehers heraus; es brandmarkt jede Form geborgter, aufgeblähter, künstlich geschaffener Autorität.

Eine solche natürliche Autorität mindert die Last der erzieherischen Verantwortung. Sie schafft zugleich Voraussetzungen dafür, die Lust der Verantwortung zu empfinden und daraus Kräfte zu schöpfen, um den Ernst, die Bürde der erzieherischen Arbeit bereitwillig, ja freudig auf sich zu nehmen. Der Lohn bleibt nicht aus: Das natürliche Wunder der kindlichen Entwicklung blüht vor den Augen des Erziehers auf, er kann sich daran ergötzen, er kann es studieren, er kann stolz darauf sein, an seinem Vollzug und seinem Ergebnis – der aktiven, bewußt handelnden und gemeinschaftsfähigen kindlichen Persönlichkeit – mitgewirkt zu haben.

Für den interessierten Leser

In unserem Text sind zahlreiche Veröffentlichungen direkt oder indirekt zitiert worden, ohne die Quelle genau zu bezeichnen. Das holen wir mit nebenstehender Liste nach. Kursiv hervorgehoben sind zusammenfassende Darstellungen zu unserem Thema, die in der DDR erschienen sind.

Aksarina, N. M.: Die Erziehung von Kindern im frühen Alter. Berlin 1978

Beauvoir, S. de: Memoiren einer Tochter aus gutem Hause. Berlin 1975

Böttcher, H.-F.: Trainingsverfahren zur Entwicklung des Zahlbegriffs im Vorschulalter. Probleme und Ergebnisse der Psychologie, Heft 19, 1966

Clauss, G. u. H. Hiebsch: Kinderpsychologie. 3. Aufl. Berlin 1962

Dannhauer, H.: Geschlecht und Persönlichkeit. Berlin 1973

Elkonin, D. B.: Psychologie des Spiels. Beiträge zur Psychologie, Bd. 7, Berlin 1980

Elkonin, D. B.: Zur Psychologie des Vorschulalters. Berlin 1965

Engen, T., L. P. Lipsitt u. H. Kaye: Olfactory Responses and Adaptation in the Human Neonate. Journal of Comparative and Physiological Psychology, Bd. 56, 1963

Fantz, R. L.: Visual Perception and Experience in Early Infancy, in: H. W. Stevenson, E. H. Hess u. H. L. Rheingold (Hrsg.), Early Behavior. New York 1967

Gesell, A.: Säugling und Kleinkind in der Kultur der Gegenwart. Bad Nauheim 1954

Grassel, H.: Jugend – Sexualität – Erziehung. Berlin 1967

Hassenstein, B.: Verhaltensbiologie des Kindes. München 1973

Heberer, G.: Der Ursprung des Menschen. 3. erw. Aufl. Jena 1972

Heckhausen, H. u. L. Kemmler: Zur Genese der kindlichen Selbständigkeit. Zeitschrift für experimentelle und angewandte Psychologie, Bd. IV, 1957

Heckhausen, H. u. J. Roelofsen: Anfänge und Entwicklung der Leistungsmotivation: I. im Wetteifer des Kindes. Psychologische Forschung, Bd. 26, 1962

Hilgard, E. R., R. C. Atkinson u. R. L. Hilgard: Introduction to Psychology, Harcourt Barce Jovanovich, Inc. New York 1975

Hurlock, E. B.: Die Entwicklung des Kindes. Weinheim 1970

Johst, V. (Hrsg.): Biologische Verhaltensforschung am Menschen. 2. Auflage Berlin 1982

Johst, V.: Zur psychischen Entwicklung des Säuglings. Neuere Erkenntnisse der Verhaltensbiologie. Wissenschaft und Fortschritt, Bd. 28, Heft 2, 1978

Kagan, J.: Das Auftreten von Angst während der frühen Kindheit. In: U. M. Lehr u. F. E. Weinert (Hrsg.), Entwicklung und Persönlichkeit. Stuttgart 1975

Kässner, R.: Anfänge des kindlichen Denkens in Umwegversuchen. Probleme und Ergebnisse der Psychologie II, 1961

Kessen, W.: Sucking and Looking: Two Organized Congenital Patterns of Behavior in the Human Newborn, in: H. W. Stevenson u. a. 1967 (oben zitiert)

Klix, F.: Information und Verhalten. Berlin 1971

Klix, F. (Hrsg.): Psychologische Beiträge zur Analyse kognitiver Prozesse. Berlin 1976

Köhler, W.: Intelligenzprüfungen an Menschenaffen. Abhandlungen der Preußischen Akademie der Wissenschaften, Jg. 1917, Phys.-Math. Klasse Nr. 1. Berlin 1917

Lawick-Goodall, J. v.: Wilde Schimpansen. Hamburg 1971

Leontjew, A. N.: Probleme der Entwicklung des Psychischen. Berlin 1964

Lipsitt, L. P.: Learning in the Human Infant, in: H. W. Stevenson u. a. 1967 (oben zitiert)

Littmann, E. u. E. Kasielke: Zur Diagnostik elterlichen Erziehungsverhaltens. Probleme und Ergebnisse der Psychologie, Beiheft 2, 1970

Ljublinskaja, A. A.: Die psychische Entwicklung des Kindes (von der Geburt bis zum Schuleintritt). Berlin 196

Makarenko, A. S.: Werke. Bd. 4. Berlin 1968

Mills, M. u. E. Melhuish: Recognition of mother's voice in early infancy. Nature, Bd. 252, 1974

Mussen, P. H., J. J. Conger u. J. Kagan: Lehrbuch der Kinderpsychologie. Stuttgart 1976

Nickel, H.: Entwicklungspsychologie des Kindes- und Jugendalters. 2. Aufl., Bd. I, Bern 1974

Oerter, R.: Moderne Entwicklungspsychologie. Donauwörth 1968

Oerter, R. u. L. Montada (Hrsg.): Entwicklungspsychologie. Ein Lehrbuch. München 1982

Parten, M. u. S. M. Newhall: Social Behavior of Preschool Children. In: R. G. Barker u. a. (Hrsg.), Child Behavior and Development. New York 1943

Peiper, A.: Die Eigenart der kindlichen Hirntätigkeit. 3. Aufl. Leipzig 1961

Piaget, J.: Das Erwachen der Intelligenz beim Kinde. Stuttgart 1975

Poddjakow, N. N.: Die Denkentwicklung beim Vorschulkind. Beiträge zur Psychologie, Bd. 9, Berlin 1981

Rubinstein, S. L.: Grundlagen der Allgemeinen Psychologie. Berlin 1958

Saporoshez, A. W. u. M. I. Lissina (Hrsg.): Kommunikation mit Kindern. Beiträge zur Pädagogik, Bd. 11, Berlin 1978

Schmidt, H.-D.: Allgemeine Entwicklungspsychologie. Berlin 1970

Schmidt, H.-D.: Die psychische Entwicklung des Menschen als Sozialisationsprozeß. Probleme und Ergebnisse der Psychologie, Heft 52, 1975

Schmidt, H.-D.: Soziale Kompetenzen des Säuglings und Kleinstkindes. Zeitschrift für Ärztliche Fortbildung. 71. Jg., Heft 22, 1977

Schmidt, H.-D. u. B. Schneeweiß (Hrsg.): Schritt um Schritt. Entwicklung des Kindes bis ins 7. Lebensjahr. Berlin 1985

Schmidt-Kolmer, E.: Verhalten und Entwicklung des Kleinkindes. Berlin 1959

Schmidt-Kolmer, E. (Hrsg.): Die soziale Adaptation der Kinder bei der Aufnahme in Einrichtugen der Vorschulerziehung. Berlin 1979

Schmidtchen, S., u. A. Erb: Analyse des Kinderspiels. Köln 1976

Schweitzer, A.: Die Lehre der Ehrfurcht vor dem Leben. Berlin 1962

Smith, M. E.: An Investigation of the Development of the Sentence and the Extent of Vocabulary in Young Children. University of Iowa Studies in Child Welfare. Bd. 3, Heft 5, 1926

Staub, E.: Entwicklung prosozialen Verhaltens. Zur Psychologie der Mitmenschlichkeit. München 1982

Stern, W.: Psychologie der frühen Kindheit. 6. Aufl. Leipzig 1930

Wazuro, E.: zitiert nach J. Dembowski, Psychologie der Affen. Berlin 1956

Bildnachweis

Ursula Arnold
S. 30, 70, 90, 104, 107
Sibylle Bergemann
S. 200/201, 217, 220/221, 238
Christian Borchert
S. 222, 223
Margit Emmrich
S. 46/47, 52/53, 81, 84/85, 99, 115, 127, 150/151, 152/153, 183, 203, 205, 210, 240/241, 248
Peter Franke
S. 231 links, 233
Christa Grams
S. 167, 211, 224, 225, 237
Thomas Härtrich
S. 144, 236
Bernd Heyden
S. 103, 163, 168/169, 202
Peter Leske
S. 162
Ute Mahler
S. 33, 96, 97, 137
Werner Mahler
S. 28, 29, 87
Peter Meissner
S. 185, 214/215
Klaus Morgenstern
S. 91
Katharina Müller
S. 62, 63, 64, 65
Carla Neumann
S. 23
Anton Neusel
S. 253
Lennart Nilsson
S. 12, 13, 14, 15, 20/21
Peter Oehlmann
S. 239
Helga Paris
S. 17, 18, 19, 22, 58, 249
Sylvia Rümmler
S. 72, 73, 76
Evelyn Richter
S. 3, 27, 31, 32, 34/35, 37, 39, 40/41, 44, 45, 50, 51, 55, 58/59, 61, 69, 71, 74, 75, 78, 79, 82, 83, 88, 94, 95, 98, 101, 105, 106, 108/109, 111, 113, 116/117, 119, 122/123, 124/125, 128, 129, 131, 133, 134, 135, 138/139, 140, 141, 143, 145, 146, 147, 148, 149, 156, 157, 158, 159, 160/161, 164, 165, 170, 171, 173, 174/175, 176, 177, 178, 179, 180/181, 182, 186, 187, 188, 189, 190, 191, 192, 193, 194/195, 196/197, 198, 199, 204, 207, 208/209, 212/213, 216, 219, 227, 229, 231 rechts, 234/235, 242, 243, 244, 245, 246/247, 250, 252
Erasmus Schröter
S. 251
Norbert Vogel
S. 11
Brigitte Voigt
S. 166, 206
Marion Wenzel
S. 66/67

Titel und Rücktitel, Schutzumschlag Evelyn Richter